公益法人・一般法人の
運営と立入検査対応

Q&A110

新日本有限責任監査法人
梶谷綜合法律事務所 編著

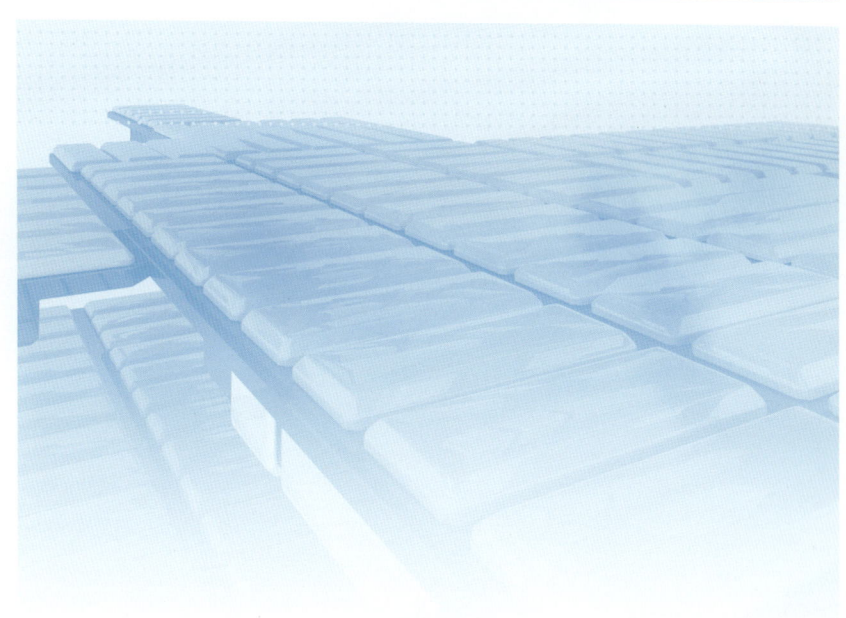

清文社

刊行にあたって

　公益法人・一般法人のガバナンスや公益認定基準等に係る実務対応に資するべく、公益法人実務に精通した梶谷綜合法律事務所の弁護士及び弊法人の公認会計士等の執筆による本書を刊行することといたしました。
　本書では、公益法人・一般法人の運営において必要となる法人のガバナンスや公益認定基準の遵守、ならびに定期提出書類の作成について、判断に迷う論点をできる限り網羅的に取り上げております。また、複数の行政庁が公表している「立入検査チェックリスト」を参考にして、検査項目とＱ＆Ａの対応関係を明示いたしました。
　公益法人は、明治29年の民法制定以来、我が国における民による公益活動において、大きな役割を果たしてきました。平成13年以降、公益法人制度の抜本的な改革に向けた取り組みが行われ、平成18年６月２日公益法人関連３法案が成立し、平成20年12月１日をもって施行されました。これを受け、平成20年時点での民法法人のうち、約9,000もの法人が公益法人、約11,500法人が一般法人となり、民による公益活動を引き続き支えております。さらに、新設の一般法人や公益法人も増加し、その公益活動が拡大されてきております。
　この新しい公益法人制度では、公益法人・一般法人自らが責任をもって自主的・自律的に運営を行っていけるよう、法令等により必要とされるガバナンスや遵守すべき公益認定基準等が明確にされました。また、行政庁の関与も事前指導から事後的な監督行政にシフトし、公益法人・一般法人の役職員の方々がそれぞれの役割をより能動的に果たしていくことが求められています。
　本書に記載した項目は、公益法人制度改革の背景や制度概要に始まり、公益法人が遵守すべき公益認定基準やガバナンス、定期提出書類や公益目的支出計画等の留意点、ならびに公益法人が受ける立入検査まで多岐に渡り、い

ずれも具体的な実務上の論点について実践的な対応方法を記述しております。

　本書が、公益法人・一般法人の実務に携わる役職員の方々に役立つ書となれば幸いです。

　最後になりますが、本書の執筆・編集に際し多大なるご尽力をいただいた清文社の鶴崎敦氏、折原容子氏に心より御礼申し上げます。

平成27年5月

新日本有限責任監査法人
理事長　英　　公一

刊行にあたって

　平成18年6月の公益法人関連3法案の成立によってなされた公益法人制度改革への対応に関しては、これまで、旧民法法人からの移行期間（平成25年11月）ということもあり、ともすれば、公益法人と一般法人のいずれの法人に移行すべきかとの議論や、移行認定、移行認可の申請作業に追われていた感があります。

　しかしながら、今般の公益法人制度改革では、過去の一部の公益法人の不祥事事件を受けて、特に法人の統治機構、ガバナンスについて、株式会社と同様の規律を導入するなど、大幅な充実、強化がなされています。公益法人制度改革によって意図された法人のガバナンスを実現するためには、移行法人、新たに設立された法人のいずれにおいても、役職員の方々がガバナンスの重要性を理解し、確実に実行していくことが必要とされています。

　しかし、旧民法法人からの移行法人の中には、従来の意識のまま、旧来の運用を継続しているところも未だに見受けられます。意識変革のないまま、漫然と旧来の運用を続けていては、法に違反することとなって、公益法人、一般法人やこれをとりまく関係者に損害を及ぼし、ひいては、法人の役職員が責任を問われる事態にもなりかねません。

　本書は、公益法人、一般法人の運営実務について豊富な経験を有する新日本有限責任監査法人の公認会計士と弊法律事務所の弁護士とが協力し、公益法人制度改革の趣旨を踏まえ、公益法人が遵守すべき公益認定の基準やガバナンス、定期提出書類や公益目的支出計画等の留意点、立入検査への対応といった、多岐にわたる事項について、会計、法務の両面から検討を加え、記載をしております。

　本書が、公益法人、一般法人の実務に携わる役職員の方々やこれに限られ

ない多くの方々に役立つ書となれば幸いです。

　最後になりますが、本書を世に出すことができましたのは、清文社の鶴崎敦氏、折原容子氏のお力添えの賜物でありますので、この場を借りてあらためて御礼を申し上げます。

平成27年5月

梶谷綜合法律事務所
代表　岡　　正　晶
（日本弁護士連合会副会長・
第一東京弁護士会会長）

目　次

■ 序　章

- **Q1** 公益法人制度改革が行われた背景はどのようなものでしょうか。 …… 2
- **Q2** 公益法人制度改革のポイントはどのようなものでしょうか。 …… 7
- **Q3** 公益法人に対してはどのような監督がなされるのでしょうか。 …… 12

■ 第1章　公益認定の基準

1　法人の主たる目的

- **Q4** 公益目的事業を行うことが、その法人の主たる目的かどうかを、どうやって判断するのでしょうか。 …… 18
- **Q5** 立入検査時に、検査官はどのような観点で、法人の公益目的事業の実施状況を確認しているのでしょうか。 …… 21

2　経理的基礎及び技術的能力

- **Q6** 公益法人に求められる経理的基礎、技術的能力とはどのようなものでしょうか。 …… 25
- **Q7** 当年度の決算を実施した結果、債務超過となりました。経理的基礎がないと判定されるのでしょうか。 …… 27
- **Q8** 当年度に過年度の決算の誤りが発見されました。行政庁から経理的基礎がないと判断されてしまうのでしょうか。 …… 29
- **Q9** 公益目的事業として検査事業を実施しています。当該事業を外注に出すことは技術的能力の観点から問題となりますか。 …… 31

Q10	当法人は、前期に資産の横領が発覚しました。対応方法を教えてください。	33
Q11	経理的基礎の観点から、内部統制を再構築したいと考えています。どのような点に留意すればよいでしょうか。	37
Q12	社員総会の終了後に、当該年度の計算書類等の誤りが発見されました。どのように対応したらよいでしょうか。	39
Q13	公益財団A県環境保全公社は、県知事からの許可が取り消されました。技術的能力の欠如となりますか。	42

3 特別の利益

Q14	特別の利益とは、どのようなものでしょうか。	44
Q15	当法人は、理事が代表取締役を務める会社から多額の寄附を受けていますが、何か問題になるでしょうか。	46
Q16	当法人は理事から運転資金を借りています。このような取引は、特別の利益に該当するでしょうか。	47
Q17	役員が代表を務める会社との取引があります。このような取引は特別の利益に該当するでしょうか。	48
Q18	公益財団法人の美術館が寄附先の会社に、入場券を無償で提供することは、特別の利益になるでしょうか。	49
Q19	多額の利益が出たので、期末に決算賞与を支払いました。これは特別の利益の問題となるでしょうか。	51
Q20	法人の福利厚生の一貫として役職員に対して、法人の費用負担で慰安旅行を行いました。これは特別な利益の問題となるでしょうか。	53

4 投機的な取引を行う事業

| Q21 | 取引のある金融機関から貸株取引をすすめられています。これは認定法上、何か問題になるでしょうか。 | 54 |
| Q22 | 法人の事業財産を捻出するため、多数の有価証券を頻繁に売買している場合、「投機的な取引」に該当するのでしょうか。 | 56 |

5 公益目的事業の収入

Q23 収支相償の基準を満たせませんでした。この場合、公益認定が取り消されてしまうのでしょうか。 ……58

Q24 収支相償の第1段階で生じた黒字（剰余金）の解消方法として、当期の公益目的保有財産取得に充当した旨の説明は認められますか。 ……61

Q25 収支相償で剰余金が発生しました。原因は、特定費用準備資金の取崩しですが、問題ないと考えてよいでしょうか。 ……64

Q26 当期遺贈を受けたため、当期の正味財産増減計算書内訳表において、公益目的事業会計区分が黒字になりました。収支相償基準との関係でどのように考えればよいでしょうか。 ……66

Q27 公益目的保有財産として保有していた債券の買替えに伴い、予算外の売却益が出ました。そのため収支相償を満たさなくなるおそれがあるのですが、どのような対策をとればよいでしょうか。 ……69

Q28 当期は公益目的事業で黒字となっていますが、来期以降、収入減となり、法人の規模を縮小せざるをえない状況です。当期の黒字を将来の事業縮小過程の事業費不足に充当することはできますか。 ……71

Q29 コスト削減の努力をした結果、事業費が減少し、収支相償を満たすことができませんでした。どうすればよいでしょうか。 ……73

6 公益目的事業の実施に支障を及ぼすおそれ

Q30 収益事業の物品販売事業は、規模が小さいため、どうしても赤字になってしまいます。何か対応は必要でしょうか。 ……75

Q31 病院経営を行う公益法人で、病院内の売店は収益事業ですが、赤字経営です。収益事業から公益目的事業へその位置づけを変更することは可能でしょうか。 ……77

7 公益目的事業比率

Q32 自己所有の土地については、みなし費用として賃料相当額の費

　　　　用算入が認められていますが、自己所有の建物の賃料相当額を
　　　　みなし費用として公益目的事業比率の計算に算入できるでしょ
　　　　うか。　　　　　　　　　　　　　　　　　　　　　　　　80
　Q33　特定費用準備資金について多額の取崩しのため、公益目的事業
　　　　比率が50％を下回ってしまったのですが、どのように対応す
　　　　ればよいでしょうか。　　　　　　　　　　　　　　　　　82

8　遊休財産の保有制限
　Q34　金融資産で保有する公益目的保有財産の取崩しは認められるで
　　　　しょうか。　　　　　　　　　　　　　　　　　　　　　　84
　Q35　資産取得資金を積み立てています。積立期間中に当該資金を他
　　　　の目的に流用することは可能でしょうか。　　　　　　　　86
　Q36　控除対象財産とは、どのようなものでしょうか。　　　　　88
　Q37　控除対象財産の1号財産と2号財産の割合を変更することは可
　　　　能でしょうか。　　　　　　　　　　　　　　　　　　　　90
　Q38　どのようなものが控除対象財産として取り扱われますか。　91
　Q39　業績の悪化で、特定費用準備資金を当初の計画どおり積み立て
　　　　られなくなってしまいました。そのような状況でも積み立てな
　　　　ければならないのでしょうか。　　　　　　　　　　　　　94
　Q40　控除対象財産について、情報開示や法人のガバナンス上の留意
　　　　点はありますか。　　　　　　　　　　　　　　　　　　　96

9　理事と特別の関係がある者
　Q41　理事の改選を予定しています。理事長が代表取締役を務める会
　　　　社の総務課長が理事候補者として挙げられています。どのよう
　　　　な点に注意すればよいでしょうか。　　　　　　　　　　　98

10　同一の団体の範囲
　Q42　当公益法人Aの理事は7人います。7人のうち2人が一般法
　　　　人Bの理事、1人が一般法人Bの使用人でした。当公益法人A
　　　　は、認定法の規定に抵触するのでしょうか。　　　　　　　100
　Q43　当公益法人Cの監事は3人います。3人のうち2人が一般法人

　　　　Dの監事でした。当公益法人Cは、認定法の規定に抵触するのでしょうか。　　　　102

11　会計監査人の設置
Q44　どのような場合に、会計監査人を設置しなければなりませんか。　　　　104

12　役員等の報酬の支給基準
Q45　不当に高額な役員報酬は禁止されていますが、「不当に高額」とはどのくらいの金額でしょうか。　　　　106

13　社員資格の得喪に関する条件
Q46　会員の数が増加してきており、円滑な社員総会の招集や開催が困難になってきました。代議員制を採用して、社員総会開催負担の軽減を図っても差し支えないでしょうか。　　　　108

Q47　社員の会費の滞納が増えてきています。長期間滞納している社員については、社員資格を失わせたいのですがどのような手続を経るべきでしょうか。　　　　110

14　他の団体の意思決定に関与することができる財産
Q48　財産保有制限の趣旨と対象は、どのように定められているのでしょうか。　　　　113

15　不可欠特定財産
Q49　不可欠特定財産とは何でしょうか。　　　　116

Q50　認定取消し時に、不可欠特定財産も贈与対象の財産となるのでしょうか。　　　　118

16　財産の贈与、帰属先
Q51　財産の贈与・帰属先を変更したいのですが、可能でしょうか。　　　　121

17　公益目的事業財産
Q52　公益目的保有財産と公益目的事業財産の関係はどのようになっているのでしょうか。　　　　124

Q53　行政庁に提出する事業報告書で、公益目的取得財産残額がマイナスになりました。計算が間違っているのでしょうか。　　　　127

| Q54 | 公益目的事業会計の区分の資金繰りのため、法人会計区分の流動資産を費消しました。当該費消金額は、公益目的事業財産として計算する必要があるのでしょうか。 | 129 |

18 収益事業等の区分経理

Q55	公益目的事業の他にはわずかな収益事業しかなく、法人会計をまかなう十分な財源がありません。公益認定等ガイドラインにあるように、管理費財源に必要な額を公益目的事業の対価収入等から振り替えることが可能でしょうか。	131
Q56	公益目的事業のみを実施している法人です。法人会計の財源がないため、公益目的保有財産の運用益から管理費財源の不足分を法人会計に振り替えています。このような処理は可能でしょうか。	134
Q57	事業費と管理費に共通して発生する経費についての配賦基準はどのように定められているのでしょうか。	136
Q58	事業費の配賦基準を変更したいのですが、可能でしょうか。また、配賦基準は毎回変更してもよいのでしょうか。	138
Q59	配賦計算が煩雑です。配賦計算は必ず行わなければならないのでしょうか。	139
Q60	事業費と管理費の概念がわかりません。どのようなものが事業費で、どのようなものが管理費なのでしょうか。	143

第2章 公益法人のガバナンス

1 公益法人のガバナンス

| Q61 | 新しい公益法人制度では「法人のガバナンスが強化された」といわれていますが、「ガバナンス」とはどのような意味なのでしょうか。 | 148 |

2 機関

| Q62 | 公益法人・一般法人にはどのような機関が設置されるのでしょ

うか。　157

- Q63　公益社団法人・一般社団法人では社員はどのような地位にあるのでしょうか。また、社員総会はどのようなことを決定するのでしょうか。　161
- Q64　公益財団法人・一般財団法人において評議員はどのような地位にあるのでしょうか。また、評議員会はどのようなことを決定するのでしょうか。　166
- Q65　理事は、どのような地位や権限を有するのでしょうか。　171
- Q66　理事は、法人に対してどのような義務や責任を負っているのでしょうか。　177
- Q67　理事会は、どのような機能と権限を有するのでしょうか。　183
- Q68　監事はどのような地位や権限を有するのでしょうか。また、法人に対してどのような義務や責任を負っているのでしょうか。　190
- Q69　役員(理事・監事・評議員)の報酬等は、どのように決定しなければならないのでしょうか。　194

3　法人の運営

- Q70　法人の業務の適正性を確保するためには、どのような点に注意すればよいでしょうか。　199
- Q71　社団法人の社員総会は、どのように開催・運営を行えばよいのでしょうか。　205
- Q72　立入検査への対応という観点から、公益社団法人の社員総会の運営上、特に留意しておくべき事項にはどのようなものがあるでしょうか。　214
- Q73　財団法人の評議員会は、どのように開催・運営を行えばよいのでしょうか。　219
- Q74　立入検査への対応という観点から、公益財団法人の評議員会の運営上、特に留意しておくべき事項にはどのようなものがあるでしょうか。　224
- Q75　理事会の開催・運営はどのようにすればよいでしょうか。　229

Q76	立入検査への対応という観点から、理事会の運営上、特に留意しておくべき事項にはどのようなものがあるでしょうか。	234
Q77	公益法人において作成・備置きあるいは行政庁に提出すべき書類にはどのようなものがあるでしょうか。また、作成すべき書類の情報開示についての留意点にはどのようなものがあるでしょうか。	237
Q78	法人に不祥事が生じた場合、どのような点に注意して対応を行えばよいでしょうか。	243
Q79	公益法人において粉飾決算が行われていることが発覚した場合、公益法人として、どのように対応すればよいでしょうか。	249
Q80	公益法人として、反社会的勢力を排除するためにはどのような点に留意して取り組んでいけばよいのでしょうか。	255
Q81	公益法人が定款を変更することは可能でしょうか。また、可能である場合、どのような手続で行うのでしょうか。	262
Q82	公益法人は、その事業を他の法人に譲渡することができますか。また、他の法人と合併することはできますか。	264
Q83	公益法人は、どのような場合に解散するのでしょうか。	266

第3章 定期提出書類等

1 事業計画書

Q84	事業計画書等は、いつまでに作成しなければならないでしょうか。	270

2 事業報告書

Q85	公益目的取得財産残額の趣旨、計算方法はどのようなものでしょうか。	272
Q86	これまでの勧告の事例や公益認定取消しの事例には、どのようなものがありますか。	275

3 変更認定申請書

- **Q87** どのような場合に、変更認定申請をしなければなりませんか。 279
- **Q88** 新規に公益目的事業を立ち上げたいと思っています。準備段階での費用はどの会計区分集計にすればよいでしょうか。 286

4 変更届

- **Q89** どのような場合に、変更届を提出しなければなりませんか。また、変更届出はどのようなタイミングで行えばよいでしょうか。 287
- **Q90** 当法人は、街路の花壇等の手入れを公益目的事業として認定されています。加えて、低木の街路樹の剪定についても公益目的事業として実施しようと考えています。変更認定が必要か、どのように判断したらよいでしょうか。 292

第4章 一般法人（移行法人）

1 公益目的支出計画

- **Q91** 当期、経費削減に努めました。そのため、実施事業が黒字になりました。どのような対応をしたらよいでしょうか。 296
- **Q92** 運転資金が不足して、公益目的支出計画が予定どおり実施できなくなってしまいました。どうしたらよいでしょうか。 297
- **Q93** 一般法人（移行法人）において、立入検査の際の留意点を教えてください。またどのような頻度で実施されるのでしょうか。 299
- **Q94** 移行法人として公益目的支出計画を順調に実施してきましたが、このたび他の移行法人と合併することを検討しています。この場合、誰が公益目的支出計画を実施する義務を負うことになるのでしょうか。また、合併にあたっては、主にどのような手続が必要となるでしょうか。 301

2 公益目的支出計画実施報告書

- **Q95** 公益目的支出計画実施報告書の作成上の注意点には、どのようなものがありますか。 304

Q96	実施事業資産とはどのような資産ですか。	310
Q97	事業所を移転するために、実施事業資産として位置づけてきた土地と建物を売却しました。何か問題はあるでしょうか。	315
Q98	公益目的支出計画実施報告書に不備や法令等違反があった場合に、行政庁はどのような監督手段をとるのでしょうか。	317
Q99	公益目的支出計画実施報告書は監事監査が必要と聞いています。注意すべきポイントにはどのようなものがあるでしょうか。	319

3 変更認可申請
| Q100 | どのような場合に、変更認可申請をしなければなりませんか。 | 324 |

4 変更届出
| Q101 | どのような場合に、変更届を提出しなければなりませんか。 | 328 |

5 公益目的支出計画の完了確認
| Q102 | 公益目的支出計画の年数が終了しました。終了後の手続はどのようにすればよいですか。 | 332 |

第5章 立入検査

1 立入検査の概要
Q103	立入検査とは、どのようなものなのでしょうか。	336
Q104	立入検査はどのようなスケジュールで実施されるのでしょうか。	338
Q105	立入検査はどのような目的で、何に重点をおいて、検査されるのでしょうか。	340

2 立入検査の実務
Q106	立入検査は、どのような体制で実施され、どのように対応したらよいのでしょうか。	343
Q107	一般的に、立入検査ではどのような指摘が多いのでしょうか。	345
Q108	立入検査の通知が届きました。どのような準備をすればよいのでしょうか。	345
Q109	立入検査の結果は、いつどのようなかたちで知らされるので

しょうか。また、立入検査で指摘があった場合には、何らかの
処分を受けることになるのでしょうか。　　　　　　　　　346
Q110　事業報告に不備や法令等への違反があった場合には、行政庁は
どのような監督手続をとるのでしょうか。　　　　　　　348

コラム1　債務超過は一日にしてならず〜債務超過にならないために　29
コラム2　適切な資産運用　55
コラム3　収支相償の剰余金と借入金の返済　63
コラム4　公益法人は「他の同一の団体」の対象？　102
コラム5　［勧告事例に学ぶガバナンス］①
　　　　　新制度移行後の勧告事例　154
コラム6　［勧告事例に学ぶガバナンス］②
　　　　　社員総会の運営について是正勧告がなされた事例　218
コラム7　［勧告事例に学ぶガバナンス］③
　　　　　評議員会による役員の選出手続について勧告がなされた事例　228
コラム8　［勧告事例に学ぶガバナンス］④
　　　　　法人の経理的基礎に欠けているとして勧告を受けた事案　242
コラム9　［勧告事例に学ぶガバナンス］⑤
　　　　　暴力問題・不正経理等の不祥事に関し勧告を受けた事案　248
コラム10　［勧告事例に学ぶガバナンス］⑥
　　　　　暴力団との関係に関して勧告がなされた事案　260
コラム11　移行法人は相当の理由があるときのみ立入検査が行われる。　301

巻末資料　立入検査チェックリスト　352

【凡例】
本文中の主な法令や判例等は、以下のように略記しています。

・一般社団法人及び一般財団法人に関する法律：法人法
・公益社団法人及び公益財団法人の認定等に関する法律：認定法
・一般社団法人及び一般財団法人に関する法律及び公益社団法人及び公益財団法人の認定等に関する法律の施行に伴う関係法律の整備等に関する法律：整備法
・一般社団法人及び一般財団法人に関する法律施行規則：法人規則
・公益社団法人及び公益財団法人の認定等に関する法律施行規則：認定規則
・一般社団法人及び一般財団法人に関する法律及び公益社団法人及び公益財団法人の認定等に関する法律の施行に伴う関係法律の整備等に関する法律施行規則：整備規則
・公益社団法人及び公益財団法人の認定等に関する法律施行令：認定令
・公益認定等に関する運用について（公益認定等ガイドライン）平成20年4月（平成25年1月改定）内閣府公益認定等委員会：公益認定等ガイドライン
・公益認定等に関する運用について（公益認定等ガイドライン）平成20年4月（平成25年1月改定）内閣府公益認定等委員会公益目的事業のチェックポイントについて（参考）：公益目的事業のチェックポイント
・新たな公益法人制度への移行等に関するよくある質問（FAQ）平成26年3月版　内閣府：FAQ
・企業が反社会的勢力による被害を防止するための指針について（平成19年6月19日犯罪対策閣僚会議幹事会申合せ）：企業が反社会的勢力による被害を防止するための指針について
・公益法人の設立許可及び指導監督基準（平成8年9月20日閣議決定、平成9年12月16日一部改正、平成18年8月15日一部改正）：公益法人の設立許可及び指導監督基準
・監督の基本的考え方（平成20年11月21日）内閣府：監督の基本的考え方
・立入検査の考え方（平成21年12月24日）（平成26年5月14日一部改正）内閣府：立入検査の考え方
・非営利法人委員会実務指針第34号公益社団・財団法人及び一般社団・財団法人における監査上の取扱い（平成22年3月12日平成24年4月10日改正　平成25年1月15日最終改正）日本公認会計士協会：公益社団・財団法人及び一般社団・財団法人における監査上の取扱い
・移行認定のための「定款の変更の案」作成の案内（平成21年11月改訂版）内閣府：移行認定のための「定款の変更の案」作成の案内
・移行後の法人の業務運営と監督について内閣府：移行後の法人の業務運営と監督について
・「変更認定申請・変更届出の手引き（公益法人が変更認定申請・変更届出をする場合）」（平成21年6月15日現在版）内閣府／都道府県：変更認定申請・変更届出の手引き
・「公益目的支出計画の完了確認請求の手引き（移行法人が公益目的支出計画の確認を求める場合）」平成25年6月28日現在版）内閣府／都道府県：公益目的支出計画の完了確認請求の手引き

- 公益法人会計基準（平成20年4月11日（平成21年10月16日改正））内閣府公益認定等委員会：平成20年基準
- 「公益法人会計基準」の運用指針（平成20年4月（平成21年10月改正））内閣府公益認定等委員会：平成20年基準の運用指針
- 非営利法人委員会報告第28号公益法人会計基準に関する実務指針（平成17年6月13日）日本公認会計士協会：公益法人会計基準に関する実務指針
- 企業会計基準第24号会計上の変更及び誤謬の訂正に関する会計基準（平成21年12月4日）企業会計基準委員会：過年度遡及会計基準
- 非営利法人委員会研究資料第3号非営利法人会計の現状と展望（平成20年9月2日）日本公認会計士協会：非営利法人会計の現状と展望

序　章

公益法人制度の概要

 公益法人制度改革が行われた背景はどのようなものでしょうか。

A

　従前の公益法人は、民法に根拠規定がありましたが、明治以来抜本的な改正がなされておらず、特にガバナンスに関する規律が不足していました。そのため、近年、公益法人を舞台として、横領や贈収賄といった不祥事が続発し、従前の公益法人制度の抜本的改革が求められることとなりました。そして、一般社団法人及び一般財団法人に関するいわゆる「改革三法」が、平成18年6月に公布され、平成20年12月1日に施行されました。この法律改正は、「公益法人制度改革」といわれ、これにより、従前の民法上の公益法人制度は廃止されました。

解説

1 従前の公益法人制度の問題点と制度改革の背景

(1) 100年以上改正がなかった従前の公益法人制度

　従前の公益法人制度は、民法第3章に「法人」という項目で、第34条から第84条の3まで規定されていました。しかし、明治時代に現行民法が定められてから100年以上抜本的な改正がなされておらず、公益法人のガバナンスに関する規定はわずか16条しか定めがない不十分な内容となっていました。

また、公益法人の設立は主務官庁の許可によりなされることとされ、主務官庁による公益性の認定と法人の設立認可との判断が連動して行われ、その運営も主務官庁の監督のもとで行われていました。そこで、実際の公益法人の運営においては、不十分な法律上の規定を補うため、主務官庁（各行政庁）で定められた指導監督基準（通達）を基礎に対応が図られてきました。

　他方で、戦前まで民法上の公益法人と扱われてきた私立学校、社会福祉施設については、それぞれ私立学校法、社会福祉法人法が制定され、それぞれの事業内容に特化した事業運営、財政運営に関するガバナンスが実施され、その他に特別法に基づく公益を担う法人制度が多数創設されました。また、特定非営利活動促進法（いわゆる「NPO法」）や中間法人法を整備する等、様々な特別法上の法人制度を創設することで、公益法人制度を補っていました。

（2）従前の公益法人制度の問題点

　このような従前の公益法人制度に関しては、以下の問題点が指摘されていました。

① 主務官庁制・許可主義による制度の煩雑さ

　主務官庁の広範な裁量による許可主義を採用しているため、法人設立が煩雑であり、また、同一法人に対して事業分野ごとに主務官庁が重複して指導監督を行う等、制度が煩雑でした。

② 多様な公益法人の存在と税制の不公平

　国民の目からみて必ずしも「公益」とはいえない事業を行っている公益法人も多数存在し、なかには収益性の高い事業を行う公益法人まで税の恩典を受けているものもあったことから、そのような法人も公益法人として税法上の優遇措置を受けるのは不公平であるとの批判がありました。

③ 主務官庁による指導監督の不足

　主務官庁の指導監督が必ずしも行き届いていない場合があり、場合によっては、公務員の天下り先として利用される等とされ、指導監督自体が

甘くなっている場合があるのではないかとの批判がありました。

④　法人を規律する規定の不足

　公益法人の適切な運営を確保するための内部管理機能（ガバナンス）を定める法律上の規律が不十分であり、また、税制上の優遇が認められているにも関わらず、法人の事業・財務に関するディスクロージャーに関する規定もないため、十分な情報開示がなされていない法人が多くありました。

(3) 続出した公益法人の不祥事

　このような公益法人制度の問題点の指摘がなされていたなかで、制度改革に向けた機運が生じる契機となったのは、「KSD事件」をはじめとする公益法人の一連の不祥事です。

　KSD事件は、平成8年、技能スペシャリストを育成するための「ものつくり大学」の設置を目指していた財団法人ケーエスデー中小企業経営者福祉事業団（現財団法人中小企業災害補償共済福祉財団。以下「KSD」）の理事長が、ものつくり大学設置のために政界工作を行った事件です。

　この事件において、KSD理事長は、参議院議員に対し国会においてものつくり大学の設置のため有利な質問をしてほしい等の請託を行い、同議員は、その報酬として現金を収受したとされています。この事件が発覚した平成12年には、KSD理事長から複数の国会議員が現金収受した等として政界を巻き込む一大スキャンダルに発展し、最終的には、議員2名が受託収賄罪、KSD理事長自身は贈賄罪等で有罪判決を受けました。

　KSDは、主務官庁である厚生労働省からの天下りも受け入れていたことから、公益法人に対する主務官庁の指導監督体制にも疑問が呈されました。このようにKSD事件では、公益法人の様々な問題点が浮き彫りとなり、公益法人制度改革の必要性が認識される契機となりました。

　公益法人を舞台とした近年の事件としては、他にも、財団法人日本相撲協会を舞台とした一連の不祥事（兄弟子らから暴行を受けた力士が死亡した「時

津風部屋力士暴行死事件」(平成19年)、数人の力士による大麻吸引・所持が発覚した「大相撲力士大麻問題」(平成20年)、数多くの力士や親方が野球賭博に関与していたことが発覚した「大相撲野球賭博問題」(平成22年)、八百長行為が明るみに出た「大相撲八百長問題」(平成23年)等)、財団法人日本漢字能力検定協会の理事長らによる協会資産の私的流用問題が発覚した「漢検事件」(平成21年)等があり、いずれも社会的に大きな関心事となりました。

　これらの事件は、各法人の主務官庁の監督が十分に機能しておらず、法人内部のガバナンスが十分に機能していないために生じたものと考えられ、公益法人制度改革に向けた流れを後押ししました。

2 公益法人制度改革3法の制定

　上記のような問題点、不祥事を背景として行われた公益法人制度改革においては、従前の民法上の公益法人に関する規定が廃止され、新たに公益法人に関する三つの法律が整備されました。これらの法律は、「公益法人制度改革三法」とよばれ、その概要は以下のとおりです。

(1) 一般社団法人及び一般財団法人法 (法人法)

　一般社団法人及び一般財団法人の設立、機関、運営、管理等について定めており、非営利法人(剰余金の分配ができない法人)の基本法としての意義を有する法律です。

(2) 公益社団法人及び公益財団法人の認定等に関する法律 (認定法)

　認定法は、一般的な非営利法人が公益法人として認定されるために必要な要件、公益性を認定する主体、ならびに公益法人の適正な運営を確保するための事業、財務、機関運営に関する規律等について規定した法律です。

(3) 一般社団法人及び一般財団法人に関する法律及び公益社団法人及び公益財団法人の認定等に関する法律の施行に伴う関係法律の整備等に関する法律（整備法）

整備法は、上記のとおり、公益法人の認定方法が抜本的に見直されたことを受け、従来の公益法人が新たな制度に円滑に移行するための手続について規定したものです。

公益法人制度改革の背景と概要

旧公益法人制度

[法律上の根拠]
民法（100年以上抜本的改正なし）
＋
主務官庁による指導監督

[問題点]
① 主務官庁制・許可主義による制度の煩雑さ
② 主務官庁による指導監督が不十分
③ 法人のガバナンスを規律する規定が不十分

[背景]
不祥事の発生
KSD事件、相撲協会事件、漢検事件etc.

公益法人制度改革

新制度

[法律上の根拠]
公益法人制度改革3法
① 法人法： 非営利法人の基本法。法人のガバナンス等の規定を充実
② 認定法： 一般社団法人のうち公益性が認められる法人を認定・監督
③ 整備法： 従来の公益法人の新制度への移行
＋
公益認定等委員会による認定・監督

[改革された点]
① 法人設立・監督における主務官庁制・許可主義の廃止（法人の設立と公益性の判断の分離）
② 公益認定等委員会による公益性の認定と行政庁による監督
③ ガバナンス規定の充実

 公益法人制度改革のポイントはどのようなものでしょうか。

A

　新しい公益法人制度では、旧制度で採用されていた設立における主務官庁制・許可主義が廃止され、法人の設立と公益性の判断が分離されました。公益性の有無に関わらず、一般社団法人・財団法人を登記により簡便に設立できることとされ（準則主義）、一般社団法人・一般財団法人のなかから、公益性を有する法人が公益法人として認定される、いわゆる2階建ての制度が設けられました。また、従前不足していた法人の運営・管理（ガバナンス）に関する規定が大幅に充実されました。

解説
1 公益法人制度改革のポイント

　公益法人制度改革のポイントは、大きくいうと、以下の3点です。

（1）法人設立における主務官庁制・許可主義の廃止（法人の設立と公益性の判断の分離）

　従来の公益法人の設立に係る許可主義を改め、法人格の取得と公益性の判断を分離し、公益性の有無に関わらず、登記により簡便に設立できる一般的な非営利法人制度（一般社団法人・一般財団法人、以下本章では併せて「一般法人」という）が新たに規定されました。

（2）公益認定等委員会による公益性の認定と行政庁による監督

　新制度では、一般法人のうち、目的及び事業等において特に公益性を有する法人が公益社団法人・公益財団法人（以下、併せて「公益法人」という）と

して認定されることとされました。

　公益法人の認定に関しては、民間有識者からなるいわゆる公益認定等委員会の意見に基づき、目的、事業等の公益性その他の公益認定基準の充足性が判定されます。

　また、設立された公益法人について、行政庁（内閣総理大臣または都道府県知事、以下「内閣総理大臣等」）は、公益法人に対し、その運営組織及び事業活動の状況に関し必要な報告を求めたり、立入検査を行う等して調査を行い、必要に応じて勧告・命令・公益認定の取消し等の措置を行うこととされました。

（3）ガバナンスを中心とする法人を規律する規定の充実

　法人法の制定により、一般法人、公益法人の共通の規律として、従前不足していた法人のガバナンスやその他の法人の規律に関する規定が大きく充実されました。これにより、公益法人についても、会社法における株式会社や他の特別法上の法人と同レベルのガバナンス規定が整備されました。

2 法人設立・監督における主務官庁制・許可主義の廃止（法人の設立と公益性の判断の分離）

（1）従前の公益法人制度の問題点

　従前の公益法人制度では、社団や財団といった法人の設立について、例えば学術研究を行う団体であれば文部科学省、労働者に関する活動を行う団体であれば厚生労働省等、主務官庁の許可を得て設立されることとされ、この設立許可と指導監督に関する権限は、主務官庁の裁量によるものとされていました（法人設立等の主務官庁制・許可主義）。そして、主務官庁により法人の設立が認められると、同時に法人の公益性も認められることとなり、営利法人（株式会社等）にはない数々の税制上の恩恵（優遇措置）が与えられて

いました。

　しかし、こうした制度については、KSD事件をはじめとする公益法人の不祥事を契機に、①公益法人の設立許可基準や公益性の定義が明確でなく公益性の判断が主務官庁の自由裁量でなされている、②公益の名のもとに税金を免除されながら公益法人としてもっぱら収益事業に力を入れ民間ビジネスを阻害（民業圧迫）しているケースがある、③公務員の天下りの受け皿となっており補助金や助成金が無駄に使われている、あるいは十分な監督が行われていない等の批判がなされていました。

（2）一般法人と公益法人の2階建て制度への移行

　そこで、新しい公益法人制度においては、法人設立等における主務官庁制・許可主義を廃止し、法人の設立と公益性の判断を分離しました。

　すなわち、法人の設立については、一般法人として、一定の基準を満たしたうえで届出を行えば設立が認められることとし（これを「準則主義」という）、そのなかから公益性を有すると判断される「公益法人」を認定する2階建ての仕組みとなりました。また、従前、公益法人と営利法人の隙間を埋めるものとして定められていた中間法人制度は廃止されることとなりました。この結果、新しい制度のもとで、一般法人は、営利事業を行わない法人制度の基本形としての地位を占めることとなりました。

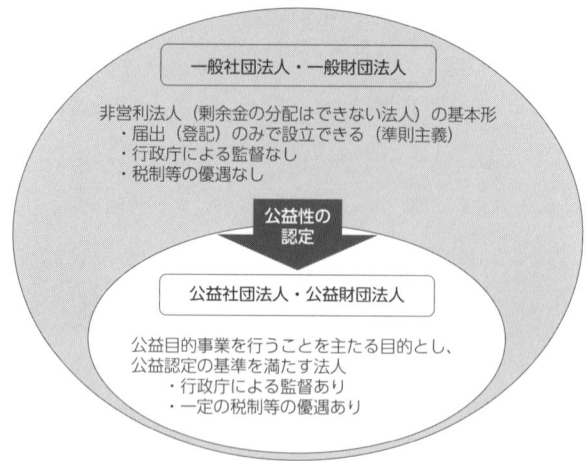

(出典「公益法人制度改革の概要」(内閣官房行政改革推進本部事務局)を一部修正)

3 公益認定等委員会による公益性の判断と行政庁による認定

　そして、公益性の認定については、主務官庁の裁量によっていた従前の制度を改め、内閣総理大臣が任命する民間有識者7名の委員から構成される公益認定等委員会の意見に基づいて行政庁が認定することとされました。

　そのうえで、従前すべての公益法人について認められていた税制上の優遇措置は、公益等認定委員会により公益性を認められた法人にのみ適用されることとなりました。

　また、従前主務官庁が行っていた法人の監督については、公益認定等委員会の勧告や答申に基づいて行政庁が、勧告・命令・認定取消しの各措置を行うこととされました。

法人の設立と公益性の判断の分離

【旧公益法人制度】
◎法人設立等の主務官庁制・許可主義
（法人の設立と公益性の判断は一体）

（社団法人・財団法人）

法人の設立
主務官庁の許可が必要

一体

公益性の判断
主務官庁が自由に判断できる

●税との関係
法人格と税の優遇が連動
・法人税は収益事業のみ課税
※更に一定の要件を満たす特定公益増進法人については寄附金優遇

【新制度】
◎主務官庁制・許可主義の廃止
（法人の設立と公益性の判断を分離）

（一般社団法人・一般財団法人）

法人の設立
登記のみで設立

分離

（公益社団法人・公益財団法人）

公益性の判断
一般社団法人・一般財団法人のうち希望する法人に対して、民間有識者による委員会の意見に基づき行政庁が認定
・統一的な判断　・明確な基準を法定

●税との関係
公益性を認定された法人・これに寄附する者について一定の税制上の措置

（出典「公益法人制度改革の概要」（内閣官房行政改革推進本部事務局）を一部修正）

4 ガバナンスを中心とする法人を規律する規定の充実

　従前の民法上の公益法人の規定においては、社団について、社員総会、理事、監事に関する規定しかなく、理事会や代表理事等の機関の定めはありませんでした。多くの社団法人では、これらの機関は主務官庁の指導によって設置していましたが、法律上の根拠のない任意設置機関にすぎませんでした。同様に、財団についても、理事・監事の定めしかなく、多くの財団法人で設置されていた評議員や評議員会、理事会、代表理事といった機関は、法律上の根拠規定のない任意設置機関の位置づけでした。

　新制度では、法人法によって、会社法が定める株式会社の運営・管理に関

する法規制と同レベルの規定が整備されました。

　すなわち、機関については、社員総会（社団）、評議員・評議員会（財団）、理事、理事会、代表理事、監事、会計監査人の機関の設置を定めると共に、理事、監事、会計監査人、評議員といった役員の善管注意義務や各種の役員責任を定めました。また、計算書類・事業報告等の作成や会計監査人・監事の監査、社員総会、評議員会への提出・承認等、法人の情報開示（ディスクロージャー）に関する規定も整備されました（Q61参照）。

 公益法人に対してはどのような監督がなされるのでしょうか。

A

　公益法人に対しては、公益認定の基準に適合しなくなったと疑うに足りる相当な理由がある場合等に、行政庁による勧告や勧告に係る措置をとるよう命令がなされます。さらに、行政庁は、正当な理由がなく命令に従わないときや、公益法人に欠格事由が生じたとき、偽りその他不正の手段により公益認定等を受けたとき等には、公益認定を取り消します。これらの措置は、行政庁が内閣総理大臣である場合には公益認定等委員会、都道府県知事である場合には都道府県に設置される合議制の機関（各県公益認定等審議会等、以下併せて「公益認定等委員会等」という）の答申または勧告に基づいて行われ、措置の内容が公表されます。

　また、公益法人の国民に対する情報開示の規定も整備され、これにより、公益法人の適正な活動を、国民自身が監視することも期待されています。

> 解説

1 主務官庁による監督の廃止と行政庁による監督制度への移行

　新しい公益法人制度では、従前の主務官庁による個別の監督が廃止され、公益認定等委員会の勧告、答申に基づいて、行政庁が勧告・命令・認定取消し等の措置を行うこととなりました。その具体的な流れは、以下のとおりです。

2 行政庁による監督

(1) 監督の端緒

　行政庁は、公益法人から、毎事業年度ごとに、事業計画書、収支予算書、財産目録等の書類の提出を受けます（認定法第22条第1項）。基本的には、これらの書類をもとにして行政庁による監督がなされることになります。

(2) 監督方法

① 行政庁による報告の徴収と調査

　行政庁は、公益法人の事業の適正な運営を確保するために必要な限度において、公益法人に対し、その運営組織及び事業活動の状況に関し必要な報告を求め、またはその職員に、当該公益法人の事務所に立ち入り、その運営組織及び事業活動の状況もしくは帳簿、書類その他の物件を検査させ、もしくは関係者に質問させることができます（認定法第27条第1項）。

　この行政庁による報告の徴収と調査は、公益認定等委員会等に委任されるので（認定法第59条）、実際にはこうした調査等は、公益認定等委員会等により行われます。

② 行政庁による勧告・命令

　行政庁は、公益法人について、公益認定の基準に適合しなくなったとき等に該当すると疑うに足りる相当な理由がある場合には、当該公益法人に

対し、期間を定めて、必要な措置をとるべき旨の勧告をすることができます。この場合、行政庁は、勧告の内容を公表します（認定法第28条第1項・第2項）。

　勧告を受けた公益法人が、正当な理由がなく勧告に係る措置をとらなかったときは、行政庁は、当該公益法人に対し、勧告に係る措置をとるべきことを命ずることができます。命令をしたときは、行政庁はその旨を公示します（認定法第28条第3項・第4項）。

　行政庁が、上記の勧告・命令をしようとする場合、公益認定等委員会等の行政庁に対する勧告、または、行政庁か公益認定等委員会等に対する諮問に対する答申に基づいて行われます（認定法第43条第1項第2号、第51条）。上記のとおり、行政庁による調査等は公益認定等委員会等に委任され、公益認定等委員会等によって行われますので、実際の公益法人に対する勧告措置は、公益認定委員会等から行政庁に対する勧告に基づいて行われることが多いと考えられます。

③　認定取消し

　行政庁は、公益法人に欠格事由が生じたとき、偽りその他不正の手段により公益認定等を受けたとき、正当な理由がなく勧告に係る措置をとるべき命令に従わないとき、公益法人から公益認定取消しの申請があったときには、公益認定を取り消さなければなりません（認定法第29条第1項）。また、行政庁は、公益法人が公益認定基準に適合しなくなったとき、公益法人の事業活動等に関する諸規定を遵守していないとき、法令または法令に基づく行政機関の処分に違反したときには、公益認定を取り消すことができます（認定法第29条第2項）。

　これらの事由による認定取消しについても、公益認定等委員会等の勧告・答申に基づいて行われます（認定法第43条第1項第2号、第51条）。

3 公益法人の情報開示と国民による監視

(1) 国民に対する情報開示

　公益法人は、国民に対して公益目的事業を実施する公益性を有する法人として、税制上の優遇措置を受けています。そこで、新制度では、国民に対する情報開示の規定も整備され、これにより、公益法人の適正な活動を国民自身が監視することも期待されることとなりました。

(2) 書類作成と備置きの義務づけ

　公益法人は、毎事業年度開始の日の前日までに、当該事業年度の事業計画書、収支予算書その他内閣府令で定める書類を作成のうえ、当該事業年度の末日までの間、当該書類をその主たる事務所に、その写しを従たる事務所に備え置かなければならず（認定法第21条第1項）、毎事業年度経過後3か月以内に、財産目録、役員等名簿、報酬等の支給基準等を作成のうえ、当該書類を5年間主たる事務所に、その写しを3年間その従たる事務所に備え置かなければならないとされています（認定法第21条第2項）。

　そして、これらの書類は、業務時間内であればいつでも、正当な理由なき限り、何人に対しても、請求に応じて閲覧させなければなりません（認定法第21条第4項）。

　このような備置きないし閲覧制度は、税金その他で一般法人に比して優遇されている公益法人の適正な活動を国民が監視するために重要な機能を担っています。

4 公益法人に対する行政庁・国民による監督・監視の概要

　以上の公益法人に対する行政庁・国民による監督・監視体制の概要をまとめると、以下の図のとおりです。

公益法人に対する行政庁・国民による監督・監視の概要

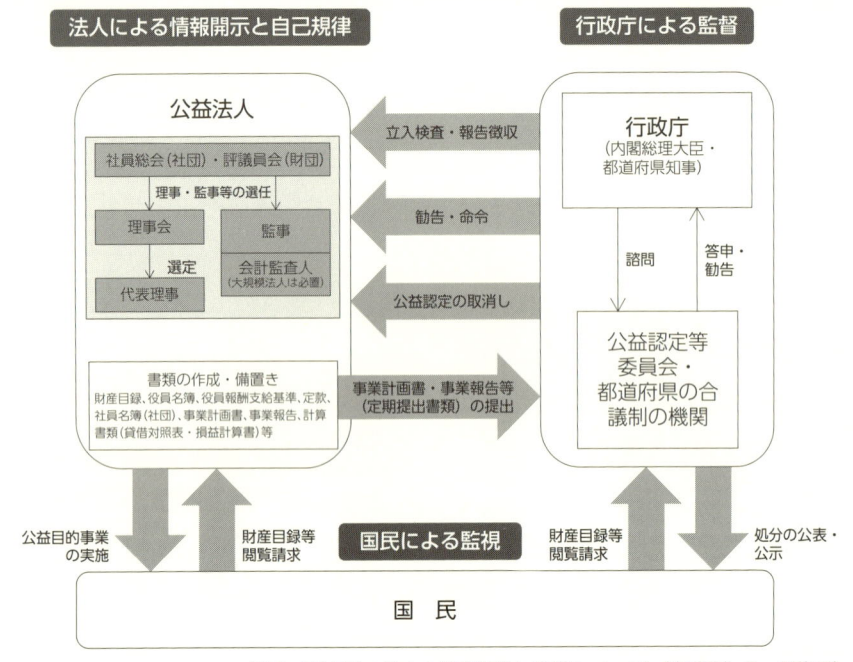

法人による情報開示と自己規律

公益法人
- 社員総会(社団)・評議員会(財団)
  - 理事・監事等の選任
- 理事会
- 監事
- 会計監査人(大規模法人は必置)
- 選定
- 代表理事

書類の作成・備置き
財産目録、役員名簿、役員報酬支給基準、定款、社員名簿(社団)、事業計画書、事業報告、計算書類(貸借対照表・損益計算書)等

行政庁による監督

行政庁（内閣総理大臣・都道府県知事）

- 立入検査・報告徴収
- 勧告・命令
- 公益認定の取消し
- 事業計画書・事業報告等（定期提出書類）の提出
- 諮問
- 答申・勧告

公益認定等委員会・都道府県の合議制の機関

国民による監視

- 公益目的事業の実施
- 財産目録等閲覧請求
- 財産目録等閲覧請求
- 処分の公表・公示

国 民

（出典「移行後の法人の業務運営と監督について」（内閣府）を一部修正）

第 **1** 章

公益認定の基準

1 法人の主たる目的

Q4 公益目的事業を行うことが、その法人の主たる目的かどうかを、どうやって判断するのでしょうか。

A

　公益法人は、公益目的事業の実施を主たる目的としなければなりません（認定法第5条第1号）。公益目的事業は定款に掲げられ、行政庁によって認定を受けることになります。公益目的事業を行うことが、法人の主たる目的といえるためには、法人の全事業規模に占める公益目的事業の規模が過半を占める必要があります。

解説

1 公益目的事業

　公益目的事業とは、①学術、技芸、慈善その他の公益に関する別表各号に掲げる種類の事業であって、かつ②不特定かつ多数の者の利益の増進に寄与するものをいいます（認定法第2条第4号）。
　このうち①の部分については、認定法の別表に23項目の事業が列挙されており、法人の行う事業がどの事業に該当するかを確認することができます。また、②の不特定かつ多数の者の利益の増進に寄与する事実があるかどうかの判断においては、不特定かつ多数の者の利益の増進に寄与することを法人がそもそもの目的として位置づけ、適当な方法でこれを明らかにしているか、実施される事業の受益者が特定の者に限られていないか等に留意する

必要があります。なお、内閣府の「公益目的事業のチェックポイント」には、事業区分ごとの詳細な留意点が記載されています。

2 公益目的事業比率

公益目的事業は、不特定多数の者の利益の増進に寄与する事業であるため、これによって多額の利益が発生することは適当ではなく、公益事業に係る収入は、その費用を弁償する程度にすべきです。一方で、法人運営においては公益目的事業が赤字となった場合の補填や法人の管理運営費を捻出する必要があり、公益目的事業以外の事業（収益事業等）を行うことが認められています。

ただし、公益法人が、収益事業等を行う場合には、その収益事業が法人の主たる目的と判断されないようにする必要があり、公益目的事業費の合計が法人の費用全体に占める割合が100分の50以上となることが見込まれなければなりません。なお、この比率は、原則として経常費用額の割合で測定されます（認定法第5条第8号）。詳細については、本書第1章 **7**「公益目的事業比率」を参照ください。

3 目的及び事業の定款への記載

法人は、法令の規定に従い、定款に定められた目的の範囲内において、権利を有し、義務を負うため、事業内容を具体的に定款に記載する必要があります。

定款に記載されていない事業を行おうとする場合には、定款の変更が必要であると共に（法人法第146条、第49条第2項第4号、第200条第1項本文、第189条第2項第3号）、公益法人が公益目的事業の種類または内容、収益事業等の内容を変更する場合には、行政庁による認定が必要です（認定法第11条）。

認定法 第2条 別表

①	学術及び科学技術の振興を目的とする事業
②	文化及び芸術の振興を目的とする事業
③	障害者若しくは生活困窮者又は事故、災害若しくは犯罪による被害者の支援を目的とする事業
④	高齢者の福祉の増進を目的とする事業
⑤	勤労意欲のある者に対する就労の支援を目的とする事業
⑥	公衆衛生の向上を目的とする事業
⑦	児童又は青少年の健全な育成を目的とする事業
⑧	勤労者の福祉の向上を目的とする事業
⑨	教育、スポーツ等を通じて国民の心身の健全な発達に寄与し、又は豊かな人間性を涵養することを目的とする事業
⑩	犯罪の防止又は治安の維持を目的とする事業
⑪	事故又は災害の防止を目的とする事業
⑫	人種、性別その他の事由による不当な差別又は偏見の防止及び根絶を目的とする事業
⑬	思想及び良心の自由、信教の自由又は表現の自由の尊重又は擁護を目的とする事業
⑭	男女共同参画社会の形成その他のより良い社会の形成の推進を目的とする事業
⑮	国際相互理解の促進及び開発途上にある海外の地域に対する経済協力を目的とする事業
⑯	地球環境の保全又は自然環境の保護及び整備を目的とする事業
⑰	国土の利用、整備又は保全を目的とする事業
⑱	国政の健全な運営の確保に資することを目的とする事業
⑲	地域社会の健全な発展を目的とする事業
⑳	公正かつ自由な経済活動の機会の確保及び促進並びにその活性化による国民生活の安定向上を目的とする事業
㉑	国民生活に不可欠な物資、エネルギー等の安定供給の確保を目的とする事業
㉒	一般消費者の利益の擁護又は増進を目的とする事業
㉓	前各号に掲げるもののほか、公益に関する事業として政令で定めるもの

Q5 立入検査時に、検査官はどのような観点で、法人の公益目的事業の実施状況を確認しているのでしょうか。

A

　公益法人の立入検査は、その目的を「公益法人の事業の適正な運営を確保するため」と法律上定め（認定法第27条第1項）、その目的の範囲内で、認定法令等の遵守状況を確認していくという明確なものとされました。したがって、検査官は法人のどの部分が、認定法令等のどの部分に照らして問題があるのか、あるいは、ないのかという視点で実施されると考えられます。つまり、認定時の申請書類や、その後の定期提出書類の記載のとおり、法人の体制が整備され、かつ、公益目的事業を中心とした事業の適正な実施ができているかどうかという観点から確認すると考えられます。

解説

1 立入検査とは

　立入検査とは、行政庁が公益法人・一般法人（移行法人）を監督するための一つの手段になります。

　検査官が法人の事務所に立ち入り、関係者への質問や各種書類、会計帳簿等の閲覧を通して、行政庁が法人の運営組織や事業活動の状況を把握するうえで重要な手段として位置づけているものです。立入検査がどんなものであるかを理解するためには、まず、行政庁による「監督」について理解する必要があります。

(1) 監督の基本的考え方

　内閣府からは、「監督の基本的考え方」が公表され、監督行政に対するスタンスを明らかにしています。そこには以下の四つのポイントが示されてい

ます。
① 法令で明確に定められた要件に基づく監督を行うことを原則とする。
② 法人自治を大前提としつつ、民による公益の増進のため新公益法人が新制度に適切に対応できるよう支援する視点を持つ。
③ 制度への信頼確保のため必要がある場合は、問題ある新公益法人に対し迅速かつ厳正に対処する。
④ 公益認定申請等の審査、定期提出書類等の確認、立入検査等あらゆる機会を活用して法人の実態把握に努める。

(2) 立入検査の考え方

立入検査は、監督を具体的に実施するための重要な方法として位置づけられていますが、この立入検査についても「監督の基本的考え方」に沿ったかたちで「立入検査の考え方」が示されています。

2 公益法人の立入検査（移行法人はＱ93参照）

旧公益法人制度においては、主務官庁によって立入検査は実施されていましたが、これは「公益法人の設立許可及び指導監督基準」に基づくものであり、具体的な法令の定めはなく、実際には、主務官庁による裁量的な指導監督が行われていました。

一方、新公益法人の立入検査は、認定法第27条第1項で示された、「公益法人の事業の適正な運営を確保するために必要な限度において」、すなわち法令で明確に定められた公益法人として遵守すべき事項に関する公益法人の事業の運営実態を確認するという観点から行われます。

また立入検査は、行政庁が、法人の事業場に赴き、法人の役職員にヒアリングしたり、各種の書類を閲覧したりする唯一の機会の場です。そのため、立入検査でなければ確認困難な事項（公益目的事業の実態等）を中心に、重

点的に検査が実施されます。

（1）公益目的事業の実態に係る留意事項

　公益目的事業等の実施状況に係る主な留意点として、以下四つのポイントが挙げられます（「移行後の法人の業務運営と監督について」）。

① 公益目的事業等が認定申請書や定期提出書類に記載された内容のとおり実施されているか。
② 認定申請書に記載されていない事業が実施されていないか。
③ 公益目的事業において不特定多数の者の利益の増進は図られているか。
④ 事業の実施にあたり、法人関係者や特定の個人・団体等に対し特別の利益を与えていないか。

　また、公益目的事業が認定申請時の事業内容どおりかどうか、チェックポイントに沿って行われているかどうかについて、滋賀県の公益認定等委員会から「滋賀県公益法人等立入検査実施要領（立入検査チェックリスト）」、鹿児島県公益認定等審議会から「鹿児島県公益法人等立入検査実施要領（別表）」等が発出されており、立入検査のチェックリストがありますので、日常の業務運営の管理に役立つと思われます。

　これら、立入検査のチェックリストについて、統一してみられるポイントとしては、以下のものがあります。

・公益目的事業を行うことを主たる目的としているか（公益目的事業の種類の確認を含む）。
・事業は適切に実施されているか（認定申請書）。
・公益目的事業の種類（別表の号）及びチェックポイントについて、適当なものが用いられているか。また、種類（別表の号）及びチェックポイントの説明は適切か（認定法第5条第1号関係）。

（2）立入検査の頻度と事前通知

　公益法人に対する立入検査は事前に計画的に実施されます（移行法人と異なる）。また「立入検査の考え方」において、立入検査の実施頻度は、概ね3年を目途にすべての公益法人に対する立入検査が一巡するスケジュールで実施する旨の記載があります。ここでの立入検査は、定期立入検査を想定していると考えられますが、これは必ずしも3年に一度立入検査を行うということではなく、認定法令等に照らして問題があれば、3年よりも短く、逆に問題がなければ、3年よりも長い間隔で立入検査が実施されると考えられます。

　また、立入検査の対象となる法人に対して、検査実施予定日の概ね1か月前に立入検査の実施日時、場所等が通知されます。

（3）問題のある法人に対する立入検査の実施

　公益認定の基準や欠格事由等に関連する法人の問題点が発覚した場合には、問題点の重大さを勘案して、適時適切に立入検査を実施することとなります。ここで想定しているのは、年間を通じた計画的な立入検査ではなく、計画外の臨時立入検査と考えられます。新公益法人制度に対する信頼を揺るがしかねない事案に対しては、臨機に立入検査を実施することを予定していると考えられます。

2 経理的基礎及び技術的能力

Q6 公益法人に求められる経理的基礎、技術的能力とはどのようなものでしょうか。

A

経理的基礎は、財政基盤の明確化、経理処理、財産管理の適正性、情報開示の適正性の三つの要素から構成されます。また、技術的能力とは、事業実施のための技術、専門的人材や設備等の能力の確保とされています。これらについては、公益認定の申請時だけではなく、公益法人として常に満たしておく必要があります。

解説

1 経理的基礎

経理的基礎の具体的な内容は、財政基盤の明確化、経理処理、財産管理の適正性、情報開示の適正性の3点です（公益認定等ガイドラインⅠ2.）。以下で、それぞれの内容を解説します。

（1）財政基盤の明確化

法人は、不特定かつ多数の者の利益の増進に寄与する社会的存在として、公益目的事業を継続的、安定的に実施できるだけの体力を有している必要があります。行政庁も、この観点から法人の財政基盤を確認することになります。

このため、法人は、適切な貸借対照表、収支（損益）予算書等を作成し、

将来にわたって公益目的事業を継続的、安定的に実施できることを立証する必要があります。具体的には、これらの書類を、定期提出書類に含めて毎期行政庁に提出します。

(2) 経理処理、財産管理の適正性

法人の財産が適切に管理され他に流用されないよう、①法人の財産の管理、運用について理事、監事が適切に関与する体制がとられていること、②開示情報や行政庁への提出資料の基礎となる十分な会計帳簿を備えつけていること、③法人の支出に使途不明金がないこと、会計帳簿に虚偽の記載がないことその他の不適正な経理を行わないことが求められます。

(3) 情報開示の適正性

法人のガバナンスを強固なものとし、適正な計算書類等によって法人が外部への説明責任を果たせるようにする必要があります。以下①～③のいずれかに該当する場合には、適正な情報開示が行われているものと扱われます。

①	外部監査を受けている場合	
②	費用及び損失の額または収益の額が1億円以上の法人	監事（2人以上の場合は少なくとも1名、以下同じ）に公認会計士または税理士がいる場合
③	費用及び損失の額または収益の額が1億円未満の法人	監事に企業やその他の非営利法人の経理事務を例えば5年以上従事した者がいる場合

なお、上記の体制にない法人においては、公認会計士、税理士またはその他の経理事務の精通者が法人の情報開示にどのように関与するかについて、説明できる体制が求められると考えられます。

2 技術的能力

技術的能力とは、事業実施のための技術、専門的人材や設備等の能力の確保をいいます。

例えば「検査検定事業」においては、人員や検査機器の能力の水準の設定とその確保が求められます。法人の中核的な事業を遂行するうえでの技術的能力を備える必要があり、また、事業を行うにあたり必要な法令上の許認可等を有することも含まれます。

また、事業実施のための前提として、法人のガバナンス体制が確立されていることも必要です。この点については、本書第2章を参照ください。

Q7 当年度の決算を実施した結果、債務超過となりました。経理的基礎がないと判定されるのでしょうか。

A

必ずしも経理的基礎がないと判定されることはありません。ただし、一般的に債務超過の状態は、法人にとっては財務的な健全性に問題があるといわざるをえません。そこで行政庁に対しては、具体的な債務超過の解消計画等を提示する等して、今後も安定的に公益目的事業を遂行できる点を説明できるようにする必要があると考えられます。

解説

公益法人には、「公益目的事業を行うのに必要な経理的基礎」（認定法第5条第2号）が備わっていることが求められます。経理的基礎の具体的な内容は、①財政基盤の明確化、②経理処理、財産管理の適正性、③情報開示の適正性の3点です（公益認定等ガイドラインⅠ2.）。債務超過の問題については、財政基盤の明確化の問題としてとらえられます。

1 財政基盤の明確化

　財政基盤の明確化とは、法人が公益目的事業を継続的、安定的に実施できるだけの体力を有しているかどうかといった基準です。

　行政庁は、この財政基盤の明確化について、貸借対照表や予算等により、法人の財務状態を確認し、必要に応じて今後の財務の見通しについて説明を求めることとなっています。また、寄附金収入については大口拠出上位5者の見込み、会費収入についてはその積算根拠等の情報を求め、今後の事業実施のための収入が適切に見積もられているかどうかを確認します。

2 具体的な対策

　債務超過といった場合、一般的には、同じような事業環境が継続すれば、法人の事業継続の可能性に疑義が生じることとなります。そのため、財政基盤の明確化の基準をクリアするために、今後どのように財務の健全化を図るのかを具体的に行政庁に説明する必要があります。例えば、実施している公益目的事業の単価を引き上げる方法（収支相償の問題をクリアする必要はある）や寄附金を募るといった方法の他、収益事業を拡大するといった方法（公益目的事業比率の問題をクリアする必要はある）も考えられます。いずれにしても、財務健全化のプランを具体的に示すことによって、財政基盤の明確化に対する行政庁の懸念を払しょくする必要があります。

　また、財団、社団の別や法人の財務構造によっても、対応は様々と考えられます。公益財団法人の場合には、ある事業年度及びその翌事業年度に係る貸借対照表上の純資産額が300万円未満となっている場合には、当該翌事業年度に関する定時評議員会の終結時に解散することとなります（法人法第202条第2項）ので、債務超過解消計画は、2年間で実行されなければなりません。2年間での達成について、高い確度をもって説明できない場合には、

財政基盤の明確化の基準は満たされていないと判断されると考えられます。

一方で、公益社団法人であって、主な収入源が会費収入であるような場合には、毎年の法人運営を収支均衡するかたちで行っているケースもあり、会費の値上げ等で対応できる場合には、債務超過解消計画の説明は、比較的容易なものと考えられます。

COLUMN 1

債務超過は一日にしてならず
～債務超過にならないために

災害等で資産が毀損するといったような突発的な事象に起因する場合を除き、一般的に債務超過は、日々の損益バランスが悪いことから累積的に発生していきます。そのため、債務超過に陥る前の段階から、損益バランスの改善に向けた具体的な施策の実行を行っていくことが肝要です。

Q8 当年度に過年度の決算の誤りが発見されました。行政庁から経理的基礎がないと判断されてしまうのでしょうか。

A

決算の誤りの内容や原因、その金額の大小により、経理的基礎の問題として、行政庁から監督上の措置が講じられる可能性があります。また、立入検査時には、その原因や対応について説明が求められます。

過年度の決算の誤りが発見された場合には、直ちに正しい決算になるよう適切な修正を行い、誤りの原因を調査して再び誤りが生じないような改善をしなければなりません。また、修正後の財務諸表において財政基盤が脆弱となっていないか、財務の3基準を満たすのかを確認する必要があると思われます。

解説

1 決算の誤りの影響

　公益法人に求められる経理的基礎の具体的内容は、「財政基盤の明確化」、「経理処理・財産管理の適正性」、「情報開示の適正性」ですが、過年度の決算の誤りが発見された場合は、「経理処理・財産管理の適正性」に問題があることになります。

「経理処理・財産管理の適正性」とは、以下のとおりです。

①	法人の財産の管理、運用について理事、監事が適切に関与する体制がとられていること
②	開示情報や行政庁への提出資料の基礎となる十分な会計帳簿を備えつけていること
③	法人の支出に使途不明金がないこと、会計帳簿に虚偽の記載がないこと、その他の不適正な経理を行わないこと

　この設問での過年度の決算の誤りは、正しい決算ができていなかったことであり、上記の会計帳簿の虚偽の記載にあたるため、しかるべき対応が必要です。

2 会計上の修正処理方法

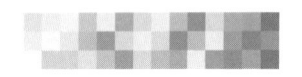

　多くの公益法人・一般法人では、定期提出書類や公益目的支出計画実施報告書の作成の効率化を図るため、公益法人基準を採用しているものと考えられます。この平成20年基準では、過年度修正項目は一般正味財産増減の部における経常外増減として処理する旨が記載されています。よって、過年度の誤った決算を正しく修正するための修正差額は、当年度の決算において会計処理されます。

平成20年基準

> （注14）一般正味財産増減の部における経常外増減に属する項目について
> 　一般正味財産増減の部における経常外増減に属する項目には、臨時的項目及び過年度修正項目がある。
> 　なお、経常外増減に属する項目であっても、金額の僅少なもの又は毎期経常的に発生するものは、経常増減の区分に記載することができる。

3　必要とされる対策・対応

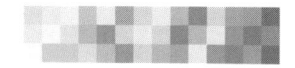

　過去の決算に誤りがあったことは、経理的基礎が満たされていないことになりますので、原因を調査して、再発防止のための対策を行う必要があります。例えば、誤りの原因が担当者の単純なミスの場合は、ミスが発見できるようにダブルチェックを行う等の体制を準備するといった改善を行います。そして、これらの対策や対応を取りまとめて行政庁に説明できるようにしておきます。

　また、上記により決算を適切に修正した結果、財政基盤に影響を与え、事業継続の可能性に疑義が生じるような場合には、本章Q7に記載したように、財政基盤の明確化の基準をクリアするために、今後どのように財務の健全化を図るのかを具体的に行政庁に説明する必要があります。

Q9　公益目的事業として検査事業を実施しています。当該事業を外注に出すことは技術的能力の観点から問題となりますか。

A

法人自らがすべての技術的能力を保有する必要はありませんが、いわゆる丸投げを行うのではなく、自己のリスクのもと、主体的に検査の質等をコントロールする必要があると考えられます。

解説

1 検査検定事業に求められる要点

公益目的事業としての「検査検定事業」は、例えば製品については、安全性、性能等について適切に確認ができる等、審査の公正性に加えて、その質が確保されているかが重要となります。なぜなら、審査の質が低いとかえって不特定多数の者の利益を害することになるからです。

そのため、検査検定事業が公益目的事業として認められるためには、検査の公平性に加えて、一定の技術的能力が常に確保される体制が求められます。

なお、「検査検定事業」を公益目的事業とするためのチェックポイントは以下のとおりです。

①	当該検査検定が不特定多数の者の利益の増進に寄与することを主たる目的として位置づけ、適当な方法で明らかにしているか
②	当該検査検定の基準を公開しているか
③	当該検査検定の機会が、一般に開かれているか
④	検査検定の審査にあたって公正性を確保する仕組みが存在しているか (例:個別審査にあたって申請者と直接の利害関係を有する者の排除、検定はデータ等客観的方法による決定)
⑤	検査検定に携わる人員や検査機器についての必要な能力の水準を設定し、その水準に適合していることを確認しているか (例:検査機器の定期的点検と性能向上／能力評価の実施／法令等により求められる能力について許認可を受けている)

2 検査検定事業における技術的能力

「検査検定事業」においては、技術的能力として、人員や検査機器の能力の水準の設定とその確保が求められます。例えば、検査機器の定期的点検と性能向上、能力評価の実施、法令等により求められる能力について許認可を受けていることが必要です。

事業に必要な技術的能力は、法人自らがすべてを保有していることを求めているわけではありませんが、法人の中核的な事業を遂行するうえでの技術的能力を備える必要があり、例えば、実態として自らが当該事業を実施しているとは評価されない程度にまで事業に必要な資源を外部に依存しているときには、技術的能力を備えていないものと判断され、公益法人として不認定または認定取消しとなることもありえます。

外注を行うことそれ自体は否定されるものではありませんが、その法人が責任を持って、自己のリスクのもと、主体的に検査の質をコントロールすることが必要と考えられます。

Q10
当法人は、前期に資産の横領が発覚しました。対応方法を教えてください。

A

資産の横領といった不正が発覚した場合には、横領を行った個人への責任追及や弁済を行うのみでなく、法人としての内部統制について問題がないか検討することが必要です。対応方法としては以下の7項目が考えられます。

① 不正の具体的事実関係を正確に把握すること
② 不正の手口を把握し内部統制の欠陥を把握すること
③ 不正を働いた者への適切な法的手段の措置を講ずること

④ 横領された資産と不正を働いた者への求償権の経理処理
⑤ 各種提出書類の訂正
⑥ 再発防止
⑦ 信頼回復

解説

1 事実関係の把握

　まず、横領された資産は何か、横領された資産の総額、横領に関与した者を把握する必要があります。発覚した横領以外にも関連する不正や横領が同時進行的に行われていることがあるため、その全体を把握することは重要です。

　また、単純な個人の使い込みではなく、複数の人が関わっている場合や、役員による不正の場合には、独立性と専門性が強く求められるため、外部の弁護士・公認会計士等第三者による調査委員会に調査を依頼すべき場合も考えられます。複数の人が関わっている場合や、役員による横領といった場合には、組織的な横領であることが想定され法人の内部の者だけでは、事実関係の把握が困難となるからです。

2 手口の把握

　次に、資産の横領が、どのような手口で行われたのかを把握する必要があります。横領が可能ということは内部統制上の不備が必ずあります。内部統制上の不備を是正するための情報として、手口を把握する必要があります。また、同様の手口を用いて、他にも資産の横領が行われていないかについての検討も可能となります。

3 法的措置

上記1と2によって判明した事実に応じて、関係者への必要かつ適正な処分を行います。

資産の横領を行った者が団体の内部の役員・職員であった場合には、内規に応じて解任・解雇といった処分を行う必要があります。また、内容に応じては、刑事事件として告訴することも考えられます。

また、横領した者に対し、返還請求を行い、法人へ資産を回収する措置を講じる必要があります。

4 経理処理

横領された資産は、横領を行った者への返還請求権となります。会計処理としては、横領された資産を取り崩し、返還請求権を「未収金」等の科目で計上します。横領された者の資力によっては、回収可能額と思われる額まで「貸倒引当金」を計上する必要があります。

前期に不正が行われていた場合には、会計帳簿に記帳する時期が問題となります。すなわち、不正が行われた前期の決算を修正するのか、不正が発覚した今期に会計処理するのかです。一般の事業会社の場合、過年度遡及会計基準が適用され、不正が行われた前期の決算を修正することになります。一方、公益法人会計基準では過年度遡及会計基準は適用関係は明確に示されておりません。したがって、横領された資産の額が比較的軽微である場合には、不正が発覚した今期に会計処理を行うこととなります。しかしながら、横領された資産が巨額にのぼる場合には、過年度の決算書を修正し、再度、社員総会や評議員会の決議が必要となる場合もあります。

5 各種提出書類の訂正

上記4で過年度の決算書を訂正し、すでに行政庁へ提出済みの書類と齟齬が生じる場合には、提出済みの各種提出書類を訂正し、再提出する必要があります。事前に行政庁担当官に訂正を行う旨を報告し、再提出の方法等を確認しておくと便宜です。

6 再発防止

横領が行われた場合には、上長等による確認作業が行われていない場合や、相互チェックがない等の内部統制の不備が考えられます。団体の資産の保全のため、同様の手口で横領が行われないよう内部統制整備等の再発防止策を施す必要があります。なお、内部統制の欠陥を知りながら再発防止策を怠り、横領がくり返されるような状況では、法人の役員の責任が問われる可能性もあります（法人法第76条第3項第3号参照）。

7 信頼回復

多くの法人は、その公益事業を行うことに賛同した社会一般からの寄附や会員からの会費等で成り立っています。資産の横領が生じるような内部統制の不備がある法人には、寄附や会費も集まりにくくなります。責任の所在を明確にして、再発防止に努めることで法人の信用や信頼を回復していくことが法人運営に求められます。

Q11 経理的基礎の観点から、内部統制を再構築したいと考えています。どのような点に留意すればよいでしょうか。

A

経理的基礎の具体的な内容は、①財政基盤の明確化、②経理処理、財産管理の適正性、③情報開示の適正性（公益認定等ガイドラインⅠ2.）の3点になります。

内部統制を構築する際に留意すべき事項としては、過度に厳格な統制を構築するのではなく、法人の規模に応じて必要十分な身の丈にあった内部統制を構築することです。

解説

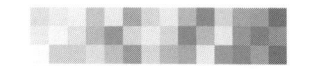

1 財政基盤の明確化

財政基盤の明確化とは、法人が公益目的事業を継続的、安定的に実施できるだけの体力を有しているかどうかといった基準です。

この基準を達成するためには、法人の予算実績管理が備わっていることが必要となります。例えば予算編成の際には、希望的観測に基づく収入見込みではなく、過去の趨勢・現在の経済状況等を勘案し、現実的な収入予算を編成することが必要となります。また、法人の収入・支出の頻度に応じて、例えば月次等により実際の損益と予算との対比をし、差異分析することにより、必要な措置を適時にとれることが必要となります。予算管理の仕組みが有効に機能することによって、法人の財政基盤が盤石なものとなり、事業を安定的に実施可能となります。

2 経理的基礎及び技術的能力

2 経理処理、財産管理の適正性

　経理処理、財産管理の適正性の一般的な意味としては、①法人の財産の管理、運用について理事、監事が適切に関与する体制がとられていること、②開示情報や行政庁への提出資料の基礎となる十分な会計帳簿を備えつけていること、③法人の支出に使途不明金がないこと、会計帳簿に虚偽の記載がないことその他の不適正な経理を行わないこととされています。

(1) 管理体制

　①法人の財産の管理、運用について理事、監事が適切に関与する体制がとられていることとは、例えば、運用益を得るための有価証券の購入・売却等が行われる場合には、法人内の稟議決裁が行われる仕組みを有していることが考えられます。また、後日監事が当該取引をチェックできる体制が備わっていることも必要となります。また、年度においては、例えば、銀行・証券会社からの残高証明と会計帳簿との照合が行われていることを理事・監事が確認できる体制を整えることが必要です。

(2) 経理処理

　②開示情報や行政庁への提出資料の基礎となる十分な会計帳簿を備えつけていること、③法人の支出に使途不明金がないこと、会計帳簿に虚偽の記載がないことその他の不適正な経理を行わないこととは、具体的には、会計帳簿とそれに関連する証票類（領収書・請求書等）とが連番等により関連づけられ、整理保存されていることが必要となります。会計帳簿から、当該取引事実となった証票類を連番等により後から検証可能な状態にすることにより、使途不明金・不適正な経理を防ぐことが可能となり、公告や行政庁への提出書類の信頼性が確保されます。

3 情報開示の適正性

　公益法人は、定時社員総会（評議員会）の終結後遅滞なく貸借対照表（大規模法人においては、損益計算書を含む）の公告（法人法第128条、第199条）が必要となりました。法人が外部への説明責任を果たすためにも、情報開示の適正性が必要となります。

　公益認定等ガイドラインⅠ2.(3)で会計監査人設置法人は、情報開示の適正性は確保されているものとされます。

　法的に会計監査人の設置を要求されない場合であっても、任意で監査法人等の外部の監査を受けている場合には、情報開示の適正性は確保されていることになります。なお、外部監査は監査法人である必要はなく、個人の公認会計士でも可能です。

　外部監査を受けていない場合においては、費用及び損失の額または収益の額が1億円以上の法人については監事（2人以上の場合は少なくとも1名、以下同じ）に公認会計士または税理士がいること、当該額が1億円未満の法人については監事に企業やその他の非営利法人の経理事務を例えば5年以上従事した者がいれば、適切に情報開示が行われるものとして取り扱います。

Q12
社員総会の終了後に、当該年度の計算書類等の誤りが発見されました。どのように対応したらよいでしょうか。

A

　計算書類等については、招集通知を発した後でも修正することができます。また、社員総会当日でも修正可能です。しかしながら、社員総会において計算書類が承認されると、決算が確定します。確定した決算について、後日計算書類等に誤りが発見された場合の修正及び変更の手続について、明確

な定めはありません。実務的には、誤りが比較的軽微である場合には、翌年以後の計算書類等に過年度修正項目として計上することになりますが、誤りが重大な場合には、過年度の計算書類等を修正し、再度、社員総会の決議が必要となる場合も考えられます。

解説

1 決算の手順

公益社団法人における事業報告及び収支決算は、概ね次の要領で行います。

（1）事業報告書・計算書類等の作成

事業年度が終了したら、以下のものを作成します。

- 事業報告書及びその附属明細書（以下、「事業報告書等」という）
- 貸借対照表、損益計算書（正味財産増減計算書）、その附属明細書及び財務諸表に対する注記
- 財産目録（以下、「計算書類等」という）

（2）監事による監査

事業報告書等及び計算書類等につき、監事による監査を受けます。

（3）理事会の承認

監事による監査を受けた事業報告書等及び計算書類等について、理事会で承認します。

（4）社員総会への提出

事業報告書等及び計算書類等を、社員総会に提出します。事業報告書については、その内容を社員総会に報告します。

貸借対照表及び損益計算書（正味財産増減計算書）については、社員総会の承認を受けます。

(5) 貸借対照表の公告
　社員総会の承認を受けた貸借対照表については、定款で定めた公告の方法によって、公告を行います。
　(4) の社員総会の承認を受けた段階で、決算が確定します。確定した決算については、後日誤りが発見された場合の修正及び変更の手続につき、明確な定めはありません。

2 計算書類等の修正について

　1で述べたように、社員総会の承認を受けた計算書類等について、後日誤りが発見された場合の修正及び変更の手続につき、明確な定めはありません。仮に誤りを発見した場合には、営利企業（株式会社等）においては、過年度遡及会計基準に準じた処理を適用し、過年度修正として計算書類等を修正することになりますが、公益法人会計における過年度遡及会計基準の適用の要否が明らかでないため、翌年以降の計算書類等において、原則過年度修正項目として計上していくことになります。その場合、損益計算書（正味財産増減計算書）上、経常外増減の部の経常外損益として、過年度の修正であることを示す科目名を付して計上します。ただし、誤りの金額に重要性がない場合には、経常収益または費用の部の雑収益または雑損失として計上することも認められると考えられます。

　また、発見された誤りの金額が重要であると判断される場合には、過年度の計算書類を修正し、修正された計算書類につき再度社員総会の決議をとることも考えられますので、計算書類等の作成には十分な配慮が必要になります。

Q13 公益財団Ａ県環境保全公社は、県知事からの許可が取り消されました。技術的能力の欠如となりますか。

A

　環境保全（廃棄物受入）事業を行うにあたっては、法令上許認可が必要です。県から免許を得て事業を実施していたが、許可を取り消されたのであれば、事業実施のための能力の確保ができないと判断され、技術的能力が欠如していると考えられます。

　当該事業が法人の中核的な事業の場合には、公益法人としての認定を取り消されることもありえます。再度事業許可を得られるよう直ちに業務改善するとともに、事業の早期再開を目指している旨を行政庁に説明していくこと等が考えられます。

解説

1 技術的能力

　公益法人には、「公益目的事業を行うのに必要な」「技術的能力」（認定法第5条第2号）が備わっていることが求められます。

　技術的能力とは、事業実施のための技術、専門的人材や設備等の能力の確保です。

　事業を行うにあたり法令上許認可等を必要とする場合には、申請時に添付する当該許認可等があったこと等証する書類で技術的能力を確認します（認定法第7条第2項第3号）。

2 公益認定の取消しの可能性

　事業に必要な技術的能力については、法人自らがすべてを保有していること

とを求めているものではありません。しかし、実態として自らが当該事業を実施しているとは評価されない程度にまで事業に必要な資源を外部に依存しているときには、技術的能力を備えていないものと判断される場合もありえます（公益認定等ガイドラインⅠ２.）。したがって、許可を取り消された場合、当該許認可に係る免許を有する他の法人等に依存して事業を実施しても、公益目的事業としては認められない可能性があります。

　認定法第29条第２項第１号において、第５条各号が掲げる基準のいずれかに適合しなくなったとき、すなわち許認可の取消しを受け、技術的能力の欠如と認められた場合で、許認可を取り消された事業が法人の中核的事業であれば、公益認定の取消しとなる可能性があります。

3 公益認定取消し後

　公益認定が取り消された場合、認定法第５条第17号の定款の定めに従い、公益認定の取消しから１か月以内に、公益目的取得財産残額（17「公益目的事業財産」参照）があるときは、これに相当する額の財産を、類似の事業を目的とする他の公益法人等に贈与することになります。

　また、再度公益認定を受けようとする場合には、欠格事由にも注意する必要があり、公益認定を取り消された場合（認定法第29条第１項、第２項）、その取消しの原因となった事実があった日以前１年内に当該公益法人の理事であった者で、その取消しの日から５年を経過しない者が理事、幹事及び評議員である場合には、公益認定を受けることができません（認定法第６条第１号イ）。

3 特別の利益

Q14 特別の利益とは、どのようなものでしょうか。

A

　公益法人は、会費や寄附金、補助金等を受け入れ、税制優遇を受けて活動する社会的存在です。特定の個人や団体の利益を図ることは、認められません。特定の個人や団体に社会通念に照らして合理性を欠く不相当な利益の供与を、特別の利益として禁止しています。

解説
1 特別の利益

(1) 特別の利益の定義

　公益法人は不特定多数の人々の利益の増進に寄与することが求められている社会的存在であるため、特定の個人や団体の利益を図る行為は規制されています（認定法第5条第3号及び第4号）。そして、公益認定等ガイドラインⅠ3.において特別の利益は「利益を与える個人又は団体の選定や利益の規模が、事業の内容や実施方法等具体的事情に即し、社会通念に照らして合理性を欠く不相当な利益の供与その他の優遇」であると規定されています。つまり、特定の個人や団体への利益のうち、取引の相手や内容等、個別具体的な事情を総合的に考慮したうえで、社会通念上の合理的でない不相当な利益や優遇を取引相手に供与していると判断された場合に特別の利益となります。

（2）法人税法における特別の利益の例示

　また、法人税法基本通達1-1-8において、特別の利益が六つ例示されています。あくまで法人税法上の例示であり、認定法とは設定目的が異なりますが、この例示の考えの背後には共通する部分があります。特別の利益はこの例示だけに限られるものではありませんが、認定法の特別の利益を考えるにあたって参考となるため、下記に示します。

① 法人が、特定の個人又は団体に対し、その所有する土地、建物その他の資産を無償又は通常よりも低い賃貸料で貸し付けていること。

② 法人が、特定の個人又は団体に対し、無利息または通常よりも低い利率で金銭を貸し付けていること。

③ 法人が、特定の個人又は団体に対し、その所有する資産を無償又は通常よりも低い対価で譲渡していること。

④ 法人が、特定の個人又は団体から通常よりも高い賃借料により土地、建物その他の資産を賃借していること又は通常よりも高い利率により金銭を借り受けていること。

⑤ 法人が、特定の個人又は団体の所有する資産を通常よりも高い対価で譲り受けていること又は法人の事業の用に供すると認められない資産を取得していること。

⑥ 法人が、特定の個人に対し、過大な給与等を支給していること。

　このように、特定の個人または団体に対して、通常とは異なる条件によってなされた取引であり、合理的に考えて公益法人の業務の遂行上、通常では実施されないと想定されるものが特別の利益に該当することとなります。

2 問題となりうるケース

　特別の利益が問題となるのは、法人と法人の役員や役員の親族等の関係者との取引や法人の株式会社その他の個人や団体との取引の場合です。例え

ば、公益法人内の理事等に対し公益法人が所有する土地や建物等の資産を無償または通常よりも低い対価で譲渡することが考えられます。過去の取引や類似の取引と比較して低い対価、あるいは無償で公益法人が所有する資産を理事等に譲渡することは、理事等という法人内部の人間がその地位を利用して公益法人の資産を不当に私的利益の獲得のため利用したとして、特別の利益の供与とみなされる可能性があります。

　また、法人外部の株式会社等に対して無利息または通常よりも低い利率で金銭を貸しつけている場合も問題となりえます。無利息または通常よりも低い利率で金銭を貸しつけることで、通常の貸付けを実施したときに得られる利息との差額が、公益法人から金銭を貸しつけている法人への利益の供与となります。このような外部の法人への利益の供与は金銭の貸付けをする取引相手や内容を吟味し合理的な理由がない限り、合理性を欠く不相当の優遇となると考えられ、特別の利益の供与とみなされる可能性があります。

Q15 当法人は、理事が代表取締役を務める会社から多額の寄附を受けていますが、何か問題になるでしょうか。

A

　法人が、理事が代表取締役を務める会社から多額の寄附を受けている事実のみをもって問題となることはありません。公益法人の運営にとって、理事が役員となっている会社から寄附を受け入れることは想定されうるものと考えられます。

　しかし、当該多額の寄附によって、理事が公益法人内での立場が有利になり、理事自身または理事が代表を務める会社へ通常の条件から逸脱した取引等により利益の供与を行っている等の事情がある場合には問題となります。

解説

　Q14の記載のように、取引の相手や内容等、個別具体的な事情を総合的に考慮したうえで、社会通念上、合理的でない不相当な利益や優遇を取引相手に供与していると判断された場合に、特別の利益となります（認定法第5条第3号、第4号及び公益認定等ガイドラインⅠ3.）。

　例えば、寄附への見返りとして寄附をした会社に対して無償または通常よりも低い価格で資産の譲渡を行ったり、法人の資産を貸しつけたりする場合は、公益法人の財産が営利を目的とする会社に利用されることとなり、不特定多数の人々への利益の増進という公益の目的から外れた財産の利用となってしまいます。そのような場合には、特別の利益を法人が与えているとみなされ、公益法人が満たすべき基準が遵守されていないこととなります。

Q16　当法人は理事から運転資金を借りています。このような取引は、特別の利益に該当するでしょうか。

A

　理事からの借入れをもって、直ちに特別の利益に該当することにはなりません。公益法人が外部から運転資金を借り入れることは通常想定され、また、その借入先が理事の場合もその借入取引が合理的であれば問題となりません。

　ここで問題となるのは運転資金の借入れそのものに合理性がない、また、その借入取引の内容が通常の取引から逸脱している等理事からの借入取引に合理性がない場合です。

　例えば、法人の運営において運転資金の借入れが必要ないにも関わらず、理事からの借入れを行っている場合には、無駄な借入であり、支払利息は本来

必要がなく、理事への不相当な利益の供与となりえます。

　また、法人の運営において運転資金の借入れが必要であったとしても、借入取引の内容が通常の取引から逸脱している場合があります。具体的には、借入金利が不相当に高く、通常の借入金利との差額について公益法人の資産が不当に理事へ移転することとなり、理事への特別の利益の供与となります。

解説

　特別の利益とは、Q14の解説に記載したように、公益認定等ガイドラインにおいて「利益を与える個人又は団体の選定や利益の規模が、事業の内容や実施方法等具体的事情に即し、社会通念に照らして合理性を欠く不相当な利益の供与その他の優遇」と規定されています。

　そのため、理事等法人内部の関係者との特定の取引をもって、直ちに特別の利益ととらえられることは通常ありません。取引相手や取引の規模、個別の事業内容を考慮したうえで、「社会通念上合理性を欠く不相当な利益の供与その他の優遇」となるか総合的に判断することとなるため、一律に理事等法人内部の関係者との取引が特別の利益に該当するということにはなりません。

　理事等法人内部の関係者との取引については、立入検査があった場合等に当該取引の合理性を説明するため、適切な承認手続を経て作成された会計帳簿や事業計画書、契約書、稟議書等の書類を作成し保管しておくことが必要となります。

Q17 役員が代表を務める会社との取引があります。このような取引は特別の利益に該当するでしょうか。

A

　公益法人は、社員、評議員、理事、監事、使用人等法人の関係者に対し特別の利益を与えてはなりません。役員が代表を務める会社との取引がある場合、取引があることのみで特別の利益に該当することはありませんが、取引の内容が社会通念上に照らして合理的でない場合には、特別の利益を供与していると判断されるおそれがあります。

解説

　特別の利益に該当するか否かについては、その取引が合理的かどうかの実質的な判断となります。取引を行っている会社をどのように選定したのか。また、取引価格が合理的かどうかが判断のポイントとなります。例えば、理事が代表取締役を務める会社に業務を委託している場合は、その委託価格が他の業者より高額で、同じ内容でも高額に発注しているようであると、それが特別の利益に該当すると思われます。公益法人の役員等との直接の取引だけでなく、役員等の関係する会社との取引においても、特別の利益に該当しないように、取引先の選定、取引条件等が合理的であるように留意しておくことが必要です。

Q18 公益財団法人の美術館が寄附先の会社に、入場券を無償で提供することは、特別の利益になるでしょうか。

A

　社会通念上認められる範囲内であれば、特別の利益に該当しないと考えられます。当該法人の事業に賛同し多額な寄附をいただいた会社に対して、法

人が運営している美術館の入場券を提供することは、より法人の活動を理解してもらうことになります。その総額が少額であれば、認定法上特別の利益の提供と判断される可能性は高くないと思われます。

解説

1 特別の利益

　特別の利益とは、利益を与える個人または団体の選定や利益の規模が、事業の内容や実施方法等具体的事情に則し、社会通念に照らして合理性を欠く不相当な利益の供与その他の優遇のことをいいます（公益認定等ガイドラインⅠ3.）。詳細はQ14を参照ください。

2 当該法人からの視点

　特別の利益の提供にあたる場合、認定法第5条第4号に抵触することになり、行政庁による公益認定の取消しが行われる可能性があります（認定法第29条第2項第1号）。

　一般的に、財団法人の会員等に対しては、当該法人の情報誌を送付したり、主催セミナーへの参加費の割引等が行われており、その会費も税制優遇されていると謳っている法人も多いです。

　設問のケースでは、多額な寄附を法人が受けている一方で、当該法人が運営している美術館限定で利用できる入場券を提供することを検討しています。この場合、無償ではあるものの、明らかに受け取った寄附金額に比較して、少額であれば、不相当な利益供与の提供ではないと考えられ、特別の利益に該当するとは判断されないと考えられます（FAQⅣ-1-①）。

3 寄附者からの視点

　当該法人に対して寄附を行った法人からみると、法人税法上全額損金となるかあるいは、寄附金の対象となり一定の限度額までしか損金とならないかが問題となります。

　認定法上は、FAQⅥ-1-①にあるように、公益財団法人の会員が納める会費については、一般的に、サービス等への対価として支払われるものではないため、基本的には寄附金として扱われます。

　法人税法においても、対価性があるか否かが問題となります。寄附金額に応じて、またほぼ見合いの金額の美術館の入場券を得ているのであれば、対価性があると判断され、寄附した会社にとっては、美術館入場券の仕入行為とも考えられ、全額損金計上できる可能性があります。一方、寄附金額に比較して、極めて少額の入場券を法人が得た場合には、対価性がないと判断され、寄附金として扱われる可能性があります。それぞれ、消費税の扱いも変わってきますので、慎重な検討が必要だと考えます。

Q19 多額の利益が出たので、期末に決算賞与を支払いました。これは特別の利益の問題となるでしょうか。

A

　公益法人は公益事業を実施することを目的としている法人です。そのため、多額の利益が計上されることが見込まれるため、利益配分として決算賞与を支払うことは、合理的な報酬の額を超える可能性があり、特別の利益に該当するとみなされる可能性があり、慎重な判断が必要です。

解説

1 特別の利益

　公益法人においては、認定法第5条第3号、第4号において、「特別の利益」を与えることを禁止しています。また、公益目的支出計画を実施中の一般社団・財団法人においては、整備法第117条第2号（公益認定等ガイドラインⅡ1.）において、認定法と同じ考え方を示しています。詳細はQ14を参照ください。

2 決算賞与

　利益の獲得を法人の目的としている株式会社では、多額の利益が計上されることが見込まれる場合には、期末に決算賞与を支払うことは珍しくありませんが、公益法人の場合は、公益事業を実施することが目的であり、利益の獲得は公益事業の実施のためといえます。そのため、公益法人の場合には、業者との取引だけでなく、法人職員への給与や賞与についても、社会通念上、労働の対価として合理的な水準であることが求められます。たんに多額の利益の見合いとして決算賞与を支払うことは、特別の利益に該当する可能性があります。

3 理事等に対する報酬制限の観点

　一般法人では、理事の報酬等を定款で定めていないときは、いわゆるお手盛りの防止のため、社員総会や評議員会の決議により定めることになっています（法人法第89条、第197条）。公益法人では、さらに理事等の報酬制限が規定されており、支給基準について、理事等の勤務形態に応じた報酬等の区分等を定める必要があります（認定法第5条第13項、認定規則第3条）。

したがって、役員等に支払う決算賞与は、制限されることになります。

Q20 法人の福利厚生の一貫として役職員に対して、法人の費用負担で慰安旅行を行いました。これは特別な利益の問題となるでしょうか。

A

　公益法人はその事業を行うにあたり、社員、評議員、理事、監事、使用人等法人の関係者に対し特別の利益を与えてはいけませんが（認定法第5条第3号）、役職員の慰安旅行を法人の費用負担で行ったことをもって、直ちに特別の利益に該当することにはなりません。社会通念等から判断して合理的な範囲内の慰安旅行であれば、特に問題とはならないと考えられます。

解説

　公益法人の財産は、不特定かつ多数の者の利益の増進に寄与することを目的として公益目的事業に使用されるべきものであり、公益法人から他の団体等に社会通念上不相当な利益が移転し、財産が営利事業や特定の者の利益のために使用されることは適当ではありません。このようなことを防止するため、公益法人はその事業を行うにあたり、法人の関係者や営利事業者等に特別の利益を与えることが禁止されています（認定法第5条第3号、第4号、認定令第1条、第2条）。詳細はQ14を参照ください。

4 投機的な取引を行う事業

Q21 取引のある金融機関から貸株取引をすすめられています。これは認定法上、何か問題になるでしょうか。

A

　今回の設問のような貸株取引は、一般的に、事業財源確保のための資産運用の一環であると考えられます。そのため、基本的には投機的な取引と取り扱われることはありません。

　ただし、取引規模が大きく、法人の1事業として行われている等、取引が資産運用の一環とは考えられない場合には、「投機的な取引」として認定法に抵触する可能性があります。

解説

1 貸株取引

　貸株取引とは現金や銀行保証、有価証券等を担保として特定の株券を貸し借りする取引のことで、その対価として貸手は借手から貸借料（金利）を受け取ることができます。

　認定法上、公益法人は「投機的な取引を行う事業」は行わないものと定められているため（認定法第5条第5号、認定令第3条第1号参照）、当該貸株取引が認定法上の「投機的な取引」に該当する場合には、認定法上問題となります。

　ここで、「投機的な取引」に該当するかどうかの判断については、「取引の

規模、内容等具体的事情によるが、例えばポートフォリオ運用の一環として行う公開市場等を通じる証券投資等はこれに該当しない」(公益認定等ガイドラインⅠ4.)とされています。つまり、個々の事例について判断は必要となりますが、基本的には、金融取引を事業とするものではなく、資産運用の一環としての投資であれば「投機的な取引」には該当しないと考えられます。

2 投機的な取引

公益法人は、「投機的な取引、高利の融資その他の事業であって、公益法人の社会的信用を維持する上でふさわしくないものとして政令で定めるもの又は公の秩序若しくは善良の風俗を害するおそれのある事業を行わないものであること」(認定法第5条第5号)と定められており、「公益法人の社会的信用を維持するうえでふさわしくない」事業として「政令で定めるもの」は、「投機的な取引を行う事業」(認定令第3条第1号)とされています。

「投機的な取引」には、短期売買、あるいは事業の一環としての出資にあたる等、資産運用の一環ではないと考えられる取引が該当すると考えられます。

COLUMN 2

適切な資産運用

金融資産には、定期預金や国債といったローリスク商品から、仕組債やデリバティブ取引といったハイリスクな商品まで様々です。公益法人の資産運用は、公益目的事業費等の事業財源を確保するための運用であって、営利企業等の余資運用とは、運用目的が異なります。

リスクとリターンを見極め、事業財源不足が生じることがないように、資産運用規定を定めたうえで、適切な運用ができるような体制を構築し、維持していくことが肝要です。

Q22 法人の事業財産を捻出するため、多数の有価証券を頻繁に売買している場合、「投機的な取引」に該当するのでしょうか。

A

必ずしもすべての取引が、認定法上の「投機的な取引」に該当するということはありません。ただし、取引が、短期売買や事業の一環としての出資にあたるような場合は、「投機的な取引」に該当するものと考えられます。これは、公益法人が行う取引の目的によるところです。

解説

1 投機的な取引

Q21でも記載したように、「投機的な取引」に該当するかどうかは、取引が資産運用の一環であるかどうかが焦点となります。ここで、短期売買は、資産運用の一環として中長期的な運用を行う取引とは異なり、短期的に利益を得る目的で行われる取引といえます。また、事業の一環としての出資は、公益目的事業の目的に合致している出資以外は資産運用目的の取引には該当しないといえます。そのため、これらの取引は「投機的な取引」と判断されます。

また、たとえ「投機的な取引」に該当しなくとも、頻繁な有価証券の売買取引はリスクを伴うといえます。運用の結果、事業財源が不足する事態となれば、経理的基礎や理事等の忠実義務違反の問題に発展する可能性もあります。資産運用にあたっては、法人のガバナンスとリスクマネジメントが重要であるといえます。

2 法人のガバナンスとリスクマネジメント

　ガバナンスとは、法人内の法令や方針、ルールを徹底させること、またリスクマネジメントは法人内の組織、業務、プロセスにおける運営上のリスクを統制することをいい、経営の意思決定効率を高めるための手法です。

　経営環境の変化に伴い、法人を取り巻くリスクは多様化・複雑化しており、また様々な規制が導入されています。法人はそれらに対し、個々に都度対応するだけではなく、法人全体でリスク管理業務の調整を図り、最適化を目指すことが求められます。

　ガバナンスとリスクマネジメントを統合的に行うことで、法人経営を健全かつ透明性の高いものとするよう努めることが重要です。

5 公益目的事業の収入

Q23 収支相償の基準を満たせませんでした。この場合、公益認定が取り消されてしまうのでしょうか。

A

　収支相償の基準を満たしていない場合でも、直ちに公益認定が取り消されることはありません。ただし、収支相償基準違反は、公益認定の取消事由に該当することになるため、まずは行政庁から収支相償への対応計画等の報告要求や立入検査が実施され、不十分と判断される場合には勧告・命令による是正措置が求められることになります。仮にこの勧告・命令に従わないときに公益認定の取消しが検討されます。

解説

1 収支相償

　公益目的事業は非営利活動であり、実費弁償の考え方に基づいているため、公益目的事業に係る収入がその実施に要する適正な費用を償う額を超えることがないよう収支相償の基準（認定法第5条第6号、第14条）が設けられています。これにより、公益目的事業が不特定かつ多数の者の利益の増進に寄与し（認定法第2条第4号）、無償または低廉な価格設定等によって受益者の範囲を可能な限り拡大することを目的としています。

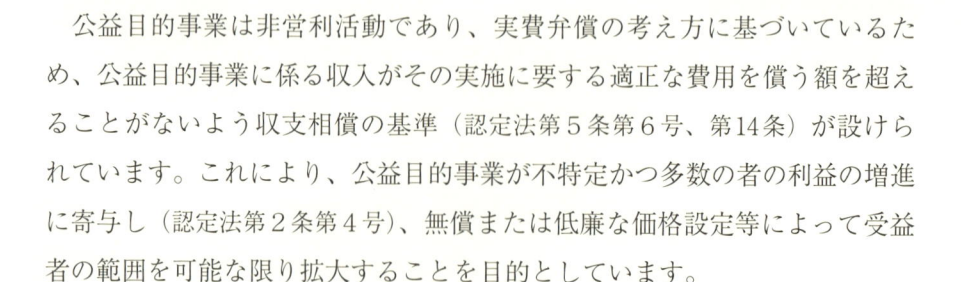

（1）収支相償を満たせない場合

　認定基準違反は、行政庁による任意的取消事由（認定法第29条第2項）に該当し、違反状況等を総合的に判断して行政庁は公益認定を取り消すことができます。

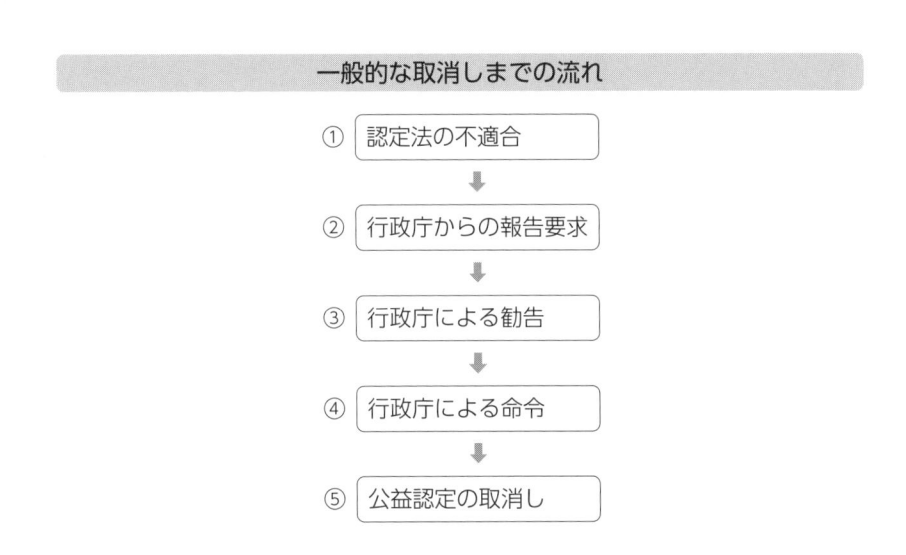

一般的な取消しまでの流れ

① 認定法の不適合
　↓
② 行政庁からの報告要求
　↓
③ 行政庁による勧告
　↓
④ 行政庁による命令
　↓
⑤ 公益認定の取消し

　上記①の発生により公益認定の取消しになりうる事由が発生し（認定法第29条第2項）、②行政庁から法人に収支相償への対応計画等の報告が実務上要求されますが、それでも不十分と判断された場合には、行政庁から法人に③勧告・④命令による是正措置が求められます（認定法第28条）。法人が行政庁からの是正に従わないと判断された場合には、最終的に⑤公益認定の取消しが行われます（認定法第28条第3項）。

（2）収支相償を達成するための方策

　事業は年度により収支に変動があり、また長期的な視野に立って行う必要があることから、単年度で必ずしも収支が均衡をすることを求めるものではありません。収支相償を達成するために、以下のような制度上の対応及びそ

の他実務的な対策によって、収支相償を満たすことが可能となります。

　制度上の対応としては、収支相償の計算に際し、将来の費用を先取りして費用とみなすことにより、収支相償を達成する方法があります。具体的には以下の方法があります。

・特定費用準備資金を活用する方法（認定規則第18条）
・資産取得資金を活用する方法（認定規則第22条第3項第2号）
・収支相償の剰余金を直接翌事業年度に繰り延べる方法（公益認定等ガイドラインⅠ5.(4)①）

2 収入・支出の調整

　実務的な対策としては、事業の収支構造を抜本的に見直して、正味財産増減計算書内訳表の公益目的事業会計の区分において、剰余金が生じないように収入・支出構造の変革を図る方法があります。

　すなわち、公益目的事業の対価を引き下げることによる将来の収益（収入）の減少や費用（支出）の増加によって、剰余金の発生を低減させる方法となります。具体的には、受益者拡大を目的とした事業対価の引下げや新規の公益目的事業の立上げによる費用の増加のように、公益に資することを目的とした事業内容の見直しがあります。なお、費用の増額は公益目的による支出が前提であり、不相当に高い支出を公益目的事業の費用として処理するのは適当でないことはいうまでもありません（公益認定等ガイドラインⅠ5.(1)③）。

Q24 収支相償の第1段階で生じた黒字(剰余金)の解消方法として、当期の公益目的保有財産取得に充当した旨の説明は認められますか。

A

　収支相償計算の第1段階で、収入が費用を上回る場合の解消方法としては、当該事業の特定費用準備資金として積み立て、特定費用準備資金積立額をみなし費用として、収支相償の判定に際し費用額として算入することが原則となります。当期の公益目的保有財産取得に充当できるのは、第2段階における余剰金です。第2段階における余剰金においても、第1段階と同様特定費用準備資金として積み立て、特定費用準備資金積立額をみなし費用として収支相償の判定に際し費用額として算入することが原則ですが、公益目的保有財産に関わる資産取得資金に繰り入れたり、当期の公益目的保有財産の取得にあてたりする場合、本基準は満たされているものとして取り扱われることとされています。

解説
1 第1段階の余剰金

　収支相償計算の第1段階で、収入が費用を上回る場合、当該事業の特定費用準備資金として整理することが原則ですが、剰余金が予想外の事情により発生し、毎年剰余金の発生が恒常的に続くようなものでない場合は、翌年度(場合によっては翌々年度)までに解消することを説明することにより、収支相償の基準を満たすものとして取り扱うことも可能とされています。

2 第2段階の余剰金

　第2段階での余剰金は、第1段階と同様特定費用準備資金として整理することが原則ですが、公益目的保有財産の取得にあてたりする場合、本基準は満たされているものとして取り扱われることとされています（公益認定等ガイドラインⅠ5.(4)及びFAQⅤ-2-⑤）。

　この場合、公益目的保有財産の取得には、実物資産のみでなく、金融資産も含まれるかという論点があります。

　土地建物や機械等の実物資産は実際の使途との関連性が比較的明確に把握できますが、金融資産の取得については、直ちに公益目的事業に使用するとは判断できないため、行政庁においても、かなり慎重な考え方となっています。

　しかし、単に貸借対照表上基本財産や特定資産として区分したというだけでなく、取得した金融資産を実際に公益目的事業に使用することについて合理的な説明ができれば、個別の事情を斟酌して公益目的保有財産として認められる場合も十分考えられます。

　なお、公益目的事業が一つしかなく、かつ収益事業等を実施していない場合は、第1段階の計算ではなく、第2段階の計算で判定されます。また、公益目的事業が複数ある場合でも、公益目的事業の共通の収入及び費用がある場合は第2段階の判定になりますので、これらのケースにおいても剰余金を金融資産として公益目的保有財産とすることが個別の事情によっては可能になります。

　また、当該取扱いは、移行後のみならず申請時においても同様の取扱いが可能です。

収支相償の剰余金と借入金の返済　COLUMN 3

　病院等を公益目的事業として経営する公益法人においては、医療水準を維持するために多額の設備投資が必要とされる場合が少なくありません。このような公益法人では、設備資金を金融機関等から借り入れることもあると思われます。

　通常、借入金の返済は、事業から生じた剰余金を原資とすることとなりますが、当該剰余金が公益目的事業から生じている場合には、収支相償ルール（公益認定等ガイドラインⅠ5.(4)①）に抵触するのではないかという疑問が生じます。

　すなわち、収支相償の第2段階で生じた剰余金は、遅くとも翌々年度までに公益目的事業に使用するか、特定費用準備資金及び資産取得資金の積立てや当該年度の公益目的保有財産の取得に充当することは認められていますが、借入金の返済へ充当することは直接的に認められていません（公益認定等ガイドラインⅠ5.(4)①）。

　設備投資額のうち、減価償却相当額については費用になります。一方で、借入金の返済期間は建物や医療機器等の有形固定資産の耐用年数よりも短いケースが多いと思われますので、借入金の分割弁済の額は減価償却相当額を上回ることになり、差額分の弁済原資をどこに求めるのかということが問題となります。

　運転資金を含むすべての借入金の返済額を収支相償の計算における剰余金の使途の説明とすることは認められないと考えられます。ただし、金融機関との金銭消費貸借契約によって、資金の使途が病院施設等の公益目的事業用の施設の建設や設備資金であることが明確にされており、返済スケジュールが確定している場合には、これらの事情を行政庁に丁寧に説明することにより、公益認定等ガイドラインⅠ5.(4)②で示される個別の事情として例外的に収支相償適合と判断される場合もあるようです。

Q25
収支相償で剰余金が発生しました。原因は、特定費用準備資金の取崩しですが、問題ないと考えてよいでしょうか。

A

特定費用準備資金の取崩しによって剰余金が発生した場合であっても収支相償の要件に抵触することになります。本来、特定費用準備資金は将来の費用発生に充当することを目的として積み立てるものであり、特定費用準備資金を取り崩すときには、予定された支出（費用）があるため、取崩し額と支出額が見合い収支は相償となります。そのため、取崩しを原因として剰余金が生じることは、特定費用準備金の過大積立や目的外での取崩しによるものとして、結果的に収支相償の問題に帰着することになります。

解説

1 特定費用準備資金の積立て

特定費用準備資金とは、将来の特定の活動の実施のために特別に支出する費用（事業または管理費として計上されることとなるものに限るものとし、引当金の引当対象となるものを除く）に係る支出にあてるために保有する資金（当該資金を運用することを目的として保有する財産を含む）をいいます。特定費用準備資金は会計上特定資産として計上され、資金の積立てのため費用に計上されませんが、収支相償の計算上では同資金の積立てをもって費用とみなされ、収入から控除して計算されることになります（認定規則第18条）。

なお、特定費用準備資金の設定にあたっては、以下の五つの要件を充足する必要があります（認定規則第18条第3項）。

・当該資金の目的である活動を行うことが見込まれること
・他の資金と明確に区分して管理していること

・当該資金の目的である支出にあてる場合を除く他、取崩しができないこと、または当該場合以外の取崩しについて特別の定めがあること
・積立限度額が合理的に算定されていること
・積立限度額の算定根拠等が備置き、閲覧に供されていること

2 特定費用準備資金の取崩し

　特定費用準備資金の積立ては、収支相償の計算上費用として取り扱われるため、その積立時には収支相償を満たしやすくなります。一方で、特定費用準備資金の取崩し年度においては、収支相償の計算上収益として取り扱われます（公益認定等ガイドラインⅠ5.(2)①ⅱ、(3)①ⅱ）。そのため、将来の特定の費用の財源不足分を適正に積み立てていない場合には、取崩し時に逆に剰余金が発生することになり収支相償が満たされないことになります。

　特定費用準備資金の積立時においては、将来の取崩し時の収益状況も考慮した合理的な収支見通しのもとに設定する必要があります。

3 収支相償を満たさない場合の対応

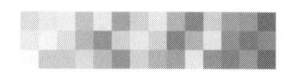

　特定費用準備資金の取崩しが、収支相償を満たさない場合も他の原因と同様に収支相償を満たすように対応することが求められます（具体的な対応方法は、Q23 1 (2)参照）。

Q26

当期遺贈を受けたため、当期の正味財産増減計算書内訳表において、公益目的事業会計区分が黒字になりました。収支相償基準との関係でどのように考えればよいでしょうか。

A

公益法人にとって、設問の遺贈が臨時的なものかどうかといった観点や、遺贈による使途の定めが、公益法人の実施している事業との関係において具体的なものとなっているかどうかという観点から、正味財産増減計算書での受贈益の表示区分が異なります。事実関係に即して対応することが必要です。

解説

1 一般正味財産増減計算書における表示区分

一般正味財産増減計算書は、図のとおり、一般正味財産増減の部と指定正味財産増減の部に区分されます。一般正味財産増減の部は、さらに、経常増減の部と経常外増減の部に区分されます。

指定正味財産増減の部には、寄附者等から受け入れた財産の受託責任を明確にするために、寄附者等の意思によって使途の制約や財産の処分の制約や財産の保有形態の制約が課された（使途の指定）寄附金、補助金等の増減を表示する区分です（平成20年基準注解注6）。一般正味財産増減の区分は、指定正味財産増減の部以外の損益を表示する区分です。

経常増減の部は、法人の経常的な活動の結果としての損益を表示する区分です。一方、経常外増減の部は、原則的に臨時的項目及び過年度修正項目を表示する区分です（平成20年基準注解注14）。

正味財産増減計算書

(2) 正味財産増減計算書

(様式2—1)

正味財産増減計算書

平成　年　月　日から平成　年　月　日まで

(単位：円)

科　　　　　目	当年度	前年度	増　減
Ⅰ　一般正味財産増減の部			
1．経常増減の部			
(1)　経常収益			
基本財産運用益			
…………			
特定資産運用益			
…………			
受取会費			
…………			
事業収益			
…………			
受取補助金等			
…………			
受取負担金			
…………			
受取寄付金			
…………			
経常収益計			
(2)　経常費用			
事業費			
給与手当			
臨時雇賃金			
退職給付費用			
…………			
管理費			
役員報酬			
給与手当			
退職給付費用			
…………			
経常費用計			
評価損益等調整前当期経常増減額			
基本財産評価損益等			
特定資産評価損益等			
投資有価証券評価損益等			
評価損益等計			
当期経常増減額			
2．経常外増減の部			
(1)　経常外収益			
固定資産売却益			
…………			
経常外収益計			
(2)　経常外費用			
固定資産売却損			
…………			
経常外費用計			
当期経常外増減額			
当期一般正味財産増減額			
一般正味財産期首残高			
一般正味財産期末残高			
Ⅱ　指定正味財産増減の部			
受取補助金等			
…………			
一般正味財産への振替額			
当期指定正味財産増減額			
指定正味財産期首残高			
指定正味財産期末残高			
Ⅲ　正味財産期末残高			

2 遺贈の会計上の取扱いと収支相償の関係

(1) 指定正味財産増減の部

　遺贈にあたって、あらかじめ遺贈した財産に使途の制約や財産の処分の制約や財産の保有形態の制約が課されている場合には、指定正味財産の増加として取り扱います。この場合、一般正味財産増減の区分外で処理されることになりますので、直接的には収支相償の判定要素にはなりません。

(2) 経常外増減の部

　例えば、遺贈先の公益法人の運営一般に使用する等、上記のような使途の指定がない場合には、一般正味財産増減の区分で処理することとなります。一般的に、遺贈は、その性質上、公益法人において予定することができません。また、多額となる傾向があります。臨時的項目として考えられる場合には、経常外収益として経常外増減の区分で処理されます。収支相償は、公益法人の経常的な公益目的事業の活動を通して発生する損益によって判定されますので、経常外損益の区分で処理される場合には、収支相償の判定要素にはなりません。

(3) 経常増減の部

　不特定多数の方々から、広く募集した寄附を主な事業の財源とするような公益法人の場合には、遺贈を受けることも、頻繁にあると考えられます。このような場合には、他の寄附と同様に遺贈を募集して、事業財源として収受することも、経常的な活動と考えられる場合もあります。この場合には、経常増減の区分で処理されることになりますので、収支相償上、黒字と判定される場合があります。

　収支相償上、黒字と判定された場合には、特定費用準備資金の積立てや、翌年度の公益目的事業の拡大等、当該黒字の解消計画を説明する必要があり

ます（Q24参照）。

Q27
公益目的保有財産として保有していた債券の買替えに伴い、予算外の売却益が出ました。そのため収支相償を満たさなくなるおそれがあるのですが、どのような対策をとればよいでしょうか。

A

　経常収益または経常費用に含まれる投資有価証券（基本財産または特定資産に記載されるものを含む）に係る売却益について、正味財産増減計算書内ではその他の経常収益と区分されることになるため、収支相償の計算には含まれません。

解説
1 投資有価証券評価損益等の表示方法

　平成20年基準では、受取利息、受取配当金等の資産の運用収益と、一般正味財産を充当して取得した有価証券で時価法を適用している場合の評価損益や売却損益については、その他の経常収益及び経常費用と区分して記載します。この場合、経常収益から経常費用を控除して、評価損益等調整前当期経常増減額を計算し、そこから基本財産評価損益等、特定資産評価損益等、投資有価証券評価損益等を調整して、当期経常増減額を表示します（平成20年基準注解16）。

5　公益目的事業の収入　　69

正味財産増減計算書

(2) 正味財産増減計算書
(様式2－1)

正味財産増減計算書
平成　年　月　日から平成　年　月　日まで

(単位：円)

科　　　　　目	当年度	前年度	増　減
Ⅰ　一般正味財産増減の部			
１．経常増減の部			
(1)　経常収益			
基本財産運用益			
………………			
特定資産運用益			
………………			
受取会費			
………………			
事業収益			
………………			
受取補助金等			
………………			
受取負担金			
………………			
受取寄付金			
………………			
経常収益計			
(2)　経常費用			
事業費			
給与手当			
臨時雇賃金			
退職給付費用			
………………			
管理費			
役員報酬			
給与手当			
退職給付費用			
………………			
経常費用計			
評価損益等調整前当期経常増減額			
基本財産評価損益等			
特定資産評価損益等			
投資有価証券評価損益等			
評価損益等計			
当期経常増減額			
２．経常外増減の部			
(1)　経常外収益			
固定資産売却益			
………………			
経常外収益計			
(2)　経常外費用			
固定資産売却損			
………………			
経常外費用計			
当期経常外増減額			
当期一般正味財産増減額			
一般正味財産期首残高			
一般正味財産期末残高			
Ⅱ　指定正味財産増減の部			
受取補助金等			
………………			
一般正味財産への振替額			
………………			
当期指定正味財産増減額			
指定正味財産期首残高			
指定正味財産期末残高			
Ⅲ　正味財産期末残高			

2 収支相償計算からの除外

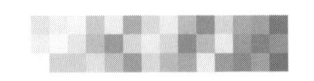

　有価証券の売却損益等は、マーケットの状況に左右されるものであり、狭い意味で公益法人の公益目的事業そのものの結果を表すものではありません。このため、収支相償を含む財務基準では、基本的に公益法人自身で対処できない売却損益、評価損益等は、財務基準の計算上除外しています（認定規則第12条、第15条）。

　このため、正味財産増減計算書においては、経常収益とは別に投資有価証券評価損益等が区分されるため、結果として収支相償の計算時の経常収益のなかにも含まれないことになり、多額の売却益が出ても収支相償の判断に影響を与えないことになります。また、逆に多額の売却損が出た場合も同様に収支相償の計算から除かれます。

Q28

当期は公益目的事業で黒字となっていますが、来期以降、収入減となり、法人の規模を縮小せざるをえない状況です。当期の黒字を将来の事業縮小過程の事業費不足に充当することはできますか。

A

　特定費用準備資金は、特定の事業活動のために積立限度額を定めて積み立てていく資金ですが、毎年必ず積み立てなければならないというものではありません。また、初年度に積み立てた資金を将来に渡り取り崩していくことも認められます。当期の黒字を将来の事業費不足に充当する場合、将来の具体的な事業費不足を補うために資金を区分して保有し、その資金を取り崩していくことも特定資金準備資金として認められる場合があります。

解説

1 特定費用準備資金

　特定費用準備資金とは、将来の特定の活動の実施のために特別に支出する費用に係る支出にあてるために保有する資金をいいます（認定規則第18条第1項）。特定費用準備資金は、次に掲げる要件のすべてを満たすものでなければなりません（認定規則第18条第3項）。

① 当該資金の目的である活動を行うことが見込まれること
② 他の資金と明確に区分して管理されていること
③ 当該資金の目的である支出にあてる場合を除く他、取り崩すものができないものであることまたは当該場合以外の取崩しについて特別の手続が定められていること
④ 積立限度額が合理的に算定されていること
⑤ 特別の手続の定め、積立限度額、その算定根拠について事業報告に準じた備置き、閲覧等の措置が講じられていること

2 特定費用準備資金の取崩し

　設問にあるように毎年の収入では公益目的事業や法人会計の費用を補うことが不可能で、金融資産を取り崩しながらその赤字補填にあてている公益法人にとっては、本来その資金を公益目的保有財産（1号財産）または公益事業に必要な収益事業等その他の業務または活動の用に供する財産（2号財産）に区分できれば問題はないのですが、1号財産及び2号財産はあくまでも「継続して公益目的事業の用に供するために保有している財産」のことであり、もともと取り崩すことが想定されていないため、取崩し前提の金融資産については1号財産または2号財産とすることができないことになります。

そのような公益法人にとっては、このような資金を特定費用準備資金（第4号資産）として区分することが可能になる点で、利用する価値が十分にあると考えられます。

　ただし、**1**のとおり、第4号資産として区分するためには必要な要件をすべて満たす必要があります。したがって、対象となる事業についての将来の見込みをシュミレーションする等、積立限度額の算定及び事業費不足による資金取崩しの計画を具体的かつ合理的に説明できるよう、通常の特定費用準備資金よりも慎重に検討を行い、十分な準備をしておく必要があります。

Q29

コスト削減の努力をした結果、事業費が減少し、収支相償を満たすことができませんでした。どうすればよいでしょうか。

A

　収支相償の計算においては、公益目的事業に係る収入と公益目的事業に要する費用を比較することになりますが、その際には原則として各事業年度において収支が均衡することが求められます。そのため、コスト削減努力の結果として収入が費用を上回る場合であっても、黒字となった原因に関係なく、収支相償が問題となります。

　一般的に、収支相償の黒字については、特定費用準備資金を積み立てることにより、将来の公益目的事業の財源を確保したり、翌年度の公益目的事業の拡大のための財源に充当する等説明することで、収支相償の基準を満たすこととされます。

> **解説**

　剰余金を短期的に解消する場合も、剰余金が生じた理由及び当該剰余金を短期的に解消する具体的な計画について、定期提出書類のなかの「事業報告等に係る提出書類別紙4別表A（1）収支相償の計算（50％を繰り入れる場合）」に記載し、説明することが必要です。ここでいう短期的とは原則として翌事業年度をいいますが、その次の事業年度までかけて解消せざるをえない場合には、次の事業年度までかけて解消する具体的な計画を説明する必要があります。

　一方で、剰余発生が継続する見込みである場合、その原因を検討し、事業の収支構造を見直す必要があります。公益目的事業は実費弁償の考え方が基礎にあるため、営利を追求するものではありません。法人の努力により長期的なコスト削減に成功したのであれば、事業対価等を引き下げ受益者に還元したり、サービス向上のための投資に充当する等の対応が考えられます。これにより公益の拡大につなげることができれば、まさに収支相償の制度の本質を捉えた活動といえるのではないでしょうか。

6 公益目的事業の実施に支障を及ぼすおそれ

Q30 収益事業の物品販売事業は、規模が小さいため、どうしても赤字になってしまいます。何か対応は必要でしょうか。

A

　収益事業は公益目的事業の資金不足を補填して、公益目的事業の継続性を支えるために実施する事業であると位置づけられています。収益事業で継続して損失が発生すると、この趣旨に反して公益目的事業の実施に悪影響を与えます。したがって、対応が必要になると考えられます。

解説

1 公益認定の基準

　公益法人が行う収益事業は収益事業を行うことによって公益目的事業の実施に支障を及ぼすおそれがないものである場合に限り、行うことができるとされています（認定法第5条及び第5条第7号）。公益目的事業の実施に支障を及ぼすか否かは行政庁の判断によりますが、収益事業から巨額の損失が継続的に発生する場合には、法人の継続性にも疑義を与えるため公益認定は認められません。

2 具体的な対応策

　行政庁から公益目的事業の実施に支障を及ぼすと認められる前に、対応する必要があります。対応策の方向性として①経営努力により収益事業を黒字化する、②事業区分を見直す、③事業を廃止する、の三つが考えられます。

（1）収益事業の黒字化
　赤字を解消するには、収益をより多く獲得するか費用をより多く削減するか二つのアプローチしかありません。例えば、利益率の高いものを販売する、仕入や人件費等のコストを削減する、といった一般事業会社と同様の経営努力を行うことになります。

（2）事業区分の見直し
　公益法人が赤字にも関わらず続けている収益事業は他の事業と関連があることが多く、事業区分を変更することができる可能性があります。
　物品を販売する事業を収益事業等に区分しなければならないわけではありません。収益事業等としていた区分を見直し、公益目的事業とする、または既存の他の事業の一環として扱えないか検討します。
　事業の目的を見直して収益事業から公益目的事業に変更する場合は、収支相償の問題は容易に満たせたとしても、販売する物品については検討することが必要です。物品ごとにその販売目的を明確にして公益目的に合致しているか見直し、合致しない物品の取扱いをやめることも検討します。
　なお、公益目的事業または収益事業等の内容を変更する場合には、変更前にあらかじめ行政庁の認定を受ける必要があります（認定法第11条第1項第2号、第3号）。ただし、軽微な変更の場合は届出を行うことで足ります（認定法第11条第1項但書、認定法第13条第1項第2号）。

(3) 事業を廃止する

　小規模な事業を多数行っていると事業資源（ヒト、モノ、カネ）が分散し、非効率になりがちです。法人にとって必要な事業でなければ廃止して、事業資源の集中を図ることも有力な選択肢と考えられます。

　自ら運営する施設にとって売店に必要性があり、どうしても廃止できないケースでも、他の事業者へ売店事業を委託する方法が考えられます。赤字店舗の委託ですので、委託に費用がかかる可能性はありますが、その費用は当該物品販売事業以外の事業や法人会計の費用となります。したがって事業として扱われなくなり問題を解消することにつながります。なお、事業を廃止する場合も上記（2）と同様に、変更認定または変更届出が必要になります。

Q31

病院経営を行う公益法人で、病院内の売店は収益事業ですが、赤字経営です。収益事業から公益目的事業へその位置づけを変更することは可能でしょうか。

A

　公益目的事業は、認定法第2条第4号に「学術、技芸、慈善その他の公益に関する別表各号に掲げる種類の事業であって、不特定かつ多数の者の利益の増進に寄与するものをいう」と定義されています。

　具体的には、①「学術、技芸、慈善その他の公益に関する別表各号に掲げる種類の事業」であって、②「不特定かつ多数の者の利益の増進に寄与するもの」の各要件を満たしていると判断されるならば、行政庁への変更認定申請のうえ、収益事業から公益目的事業へその位置づけを変更できる可能性はあります。

解説

1 公益目的事業か否かの検討

　公益目的事業に該当するか否かの検討は、①認定法第5条別表各号のいずれかに該当するかという点と、②不特定かつ多数の者の利益の増進に寄与するものという構成をとっており、公益目的事業か否かについては、①であって②となっているかを判断することになります。

　具体的には、①の部分については認定法の別表各号で明示しているため、②の部分、すなわち「不特定かつ多数の者の利益の増進に寄与するもの」という事実があるのかどうかを検討することになります（「公益目的事業のチェックポイントについて」第1）。

2 公益目的事業に含められるか

　設問では、病院経営を行う公益法人であり、上記①の認定法第5条各号の基準の適合性は、公益認定等員会で判断されていることから、売店事業を上記②の「不特定かつ多数の者の利益の増進に寄与する」という事実認定をもって検討します。

　「公益目的事業のチェックポイント」第2「『不特定かつ多数の者の利益の増進に寄与するもの』の事実認定の留意点」では、事業の特性に応じた17の典型的な事業区分に整理しており、その他、上記事業に該当しない場合であっても以下のように集約して判断することができるとしています（「公益目的事業のチェックポイント」第2.2）。

事業目的	不特定多数でない者の利益の増進への寄与を主たる目的に掲げていないかを確認する趣旨
事業の合目的性	事業の内容や手段が事業目的を実現するのに適切なものになっているかを確認する趣旨

3 本案件での検討

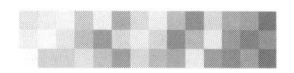

　この設問の場合、病院内に設置している患者向けの売店を「不特定かつ多数の者の利益の増進に寄与するもの」という点を、事業目的及び事業の合目的性の見地から具体的に判断することになります。

　すなわち、その目的が不特定多数の患者利便のために院内で売店を運営しており、かつ患者の経済的負担を減らすために実費販売を行って、患者の利益に寄与しているという事業の合目的性が認められるならば、収益事業から公益目的事業に含めることは可能となります。

　なお、公益目的事業と位置づけるためには、あらかじめ行政庁の認定を受ける必要があります（認定法第11条第1項第3号）。

7 公益目的事業比率

Q32 自己所有の土地については、みなし費用として賃料相当額の費用算入が認められていますが、自己所有の建物の賃料相当額をみなし費用として公益目的事業比率の計算に算入できるでしょうか。

A

　自己所有の土地については、土地の賃料相当額をみなし費用とすることができますが、自己所有の建物については、すでに建物の減価償却費が費用として計上されていますので、建物の賃料相当額をみなし費用とすることはできません。

解説

1 みなし費用

　公益目的事業費率は、公益目的事業に係る費用額を法人全体の費用額で除して計算します。この公益目的事業に係る経費は、正味財産計算書の経常費用の額のうち、公益目的事業に対応する費用の額となりますが、経常費用として計上されていないコストについても、公益目的事業比率の計算上で加算できる費用があります。この調整可能なコストをみなし費用と総称しています。

　具体的には、①自己所有の土地の賃料相当額、②融資金（貸付金）の借入利息相当額、③無償の役務提供の対価相当額、についてみなし費用として認

80　第1章　公益認定の基準

められています。これらは、いずれも経常費用として法人の正味財産計算書には計上されませんが、土地が自己所有か否か、融資金の原資が自己資産か借入れか、役務提供が有償か無償かの法人の状況によって、経常費用の額が異なる項目です。このような法人の状況の違いによって公益目的事業比率の計算に損得が生じないよう、調整項目としてみなし費用の制度が設けられています。

2 建物の費用について

　自己所有の土地については、土地使用のコストが経常費用に計上されないため、土地を借りて事業を実施している法人との均衡を考慮して、賃料相当額がみなし費用として認められています。

　一方、建物については、自己所有している場合には、建物の耐用年数に応じて減価償却費が毎期、経常費用として計上されています。つまり、建物を借りている場合の賃料相当額にあたる費用がすでに計上されており、みなし費用を認めると二重の費用計上となります。

　なお、みなし費用は政令で認められた上記記載のものに限られ、いったん、みなし費用を用いて公益目的事業費比率を計算すると、それ以降は、継続的に計算に入れなければなりません。

Q33 特定費用準備資金について多額の取崩しのため、公益目的事業比率が50％を下回ってしまったのですが、どのように対応すればよいでしょうか。

A

　公益目的事業比率については認定法第15条において、その割合が50％を下回らないことが要件となっています。設問の場合、特定費用準備資金を多額に取り崩したことにより、公益目的事業比率の計算上、公益目的事業費から取崩し額分が減算され、その結果公益目的事業比率50％以上の保持が困難となっています。

　このような場合の対応策として考えられるのが、実需に応じて、取り崩した特定費用準備資金とは別の特定費用準備資金を積み増す、または資産取得資金を積み増す方法が考えられます。

解説

1 公益目的事業比率の算定方法

　公益法人においては、収支相償の観点から公益目的事業比率が50％を下回らないことが求められます。

　公益目的事業比率の計算方法は概ね「公益目的事業に係る事業費＋みなし費用等」を分子、「公益目的事業に係る事業費＋収益事業に係る事業費＋管理費＋みなし費用」となります（認定法第15条）。

　ただし、公益目的実施費用等の中から減算されるものとして引当金取崩益、特定費用準備金取崩額が、加算されるものとして自己所有土地の使用に係る費用額、融資に係る費用額、無償の役務提供に係る費用額、特定費用準備金資金額があります（認定規則第16条～第18条）。

　取崩しが多額に出た場合、会計上の公益目的事業費に調整が入るこれらの

みなし費用の適用可能性を検討することも有用と考えられます。

2 みなし費用の計上

　みなし費用については、すべて任意での計上となります。これまでの実務でみなし費用として利用できるのに、利用していなかったものがあるかについて、再度検討してみることをおすすめします。

　また、特定費用準備資金の取崩しにより、拘束性のない資金が増えたことになりますので、公益目的事業の具体的な拡大を検討すべきと考えられます。

8 遊休財産の保有制限

Q34 金融資産で保有する公益目的保有財産の取崩しは認められるでしょうか。

A

　原則として、金融資産で保有する公益目的保有財産の取崩しは認められていません。
　ただし、景気の停滞等を原因として、法人が公益目的事業の運営を継続するうえで、当該金融資産を取り崩して事業財源にあてる以外に方法がない等、やむを得ない場合には、取崩しを行うことは否定されていません。

解説

1 原則

　公益目的保有財産（1号財産）たる金融資産は、継続して公益目的事業を行うための財源を獲得するために保有する財産と定められています（認定規則第25条第2項等）。財源獲得のための元本がなくなってしまうと、公益目的事業を行うための財源の獲保ができなくなってしまうため、公益目的保有財産については、原則として、取崩しは認められていないと考えられます。

2 取崩しが認められる場合

　原則として取崩しは認められていませんが、例外的に景気の停滞や事業上

の問題の発生等、公益目的保有財産の取崩しを行わなければ法人が公益目的事業を継続することが困難な場合には、取り崩すことができます。

3 留意点

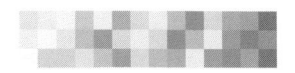

やむをえず公益目的保有財産の取崩しを行う場合には、定款や内部規程等において、取崩しに係る規程をあらかじめ整備し、当該規程に従い、理事会、社員総会、評議員会等の機関決定を経る必要があります。

なお、取崩し後の法人の経理的基礎を確認するため、以降の事業計画や財務の見通しについて行政庁から説明を求められる場合がある点に留意が必要です。

4 複数年にわたって取り崩す場合

例えば、今後数年間にわたって、公益目的保有財産を取り崩して公益目的事業の財源を確保せざるをえない状況にある場合には、公益目的保有財産から特定費用準備資金等に区分替えを行うことが考えられます。

特定費用準備資金に区分替えをした場合には、資金の目的である活動の内容及び時期が費用として擬制できる程度に具体的なものであり、かつ、資金単位でどの事業に関する資金かが判別できる程度に具体性をもって貸借対照表の特定資産として計上する等、特定費用準備資金としての適格性を満たす必要があります。

Q35 資産取得資金を積み立てています。積立期間中に当該資金を他の目的に流用することは可能でしょうか。

A

資産取得資金の積立期間中に当該資金を他の目的に流用することはできないと考えられます。資産取得資金を他の目的に使用したい場合には、目的外取崩しを行う必要があります。

解説

1 資産取得資金とは

資産取得資金とは、公益目的保有財産（1号財産）または収益事業や管理活動のための財産（2号財産）の取得または改良にあてるために保有する資金をいいます。

この資産取得資金には公益目的事業用、その他用の2通りがあり、①財産の取得・改良が見込まれること（取得・改良の対象とその時期が具体的であること）、②区分管理されていること、③取崩しできないことまたは目的外取崩しについて特別の手続が定められていること、④財産の取得・改良に必要な最低額が合理的に算定されていること、⑤必要最低額及びその算定根拠等について備置き及び閲覧等の措置が講じられていることが条件となっています。

2 他の目的への流用の可否

上記のとおり、資産取得資金はその要件として、取得・改良の対象とその時期が具体的であることが求められています。

さらに、資産取得資金の名称についても、「○○建物建替資金」、「○○用自動車取得資金」等、具体的に取得する資産がわかる名称を使用することが

求められています。

　仮に、資産取得資金を他の目的に流用して、運用等に失敗して回収不能となった場合には、目的資産の取得・改良ができないこととなります。資産取得資金は、その目的を達成するため、遊休財産の保有制限や収支相償等の計算上で優遇を受けているものです。

　また、会計上は特定資産として「○○積立金」等と表示されているものについて、実際は他の目的に流用されているという状況は、財務諸表利用者に誤解を与えてしまいます。

　このように、資産取得資金については、あらかじめ定められていた内容と異なる目的に流用することはできないと考えられます。

3 目的外取崩し

　以上のとおり、資産取得資金を異なる目的へ流用することは認められていません。ただし、資産取得資金には目的外取崩しを行うことが認められており、目的外取崩しを行うことによって、実質的には当初の目的とは異なる目的に資産取得資金を使用することが可能です。

　資産取得資金の要件として、取崩しできないことまたは目的外取崩しについて特別の手続が定められていることが求められていますので、資産取得資金の目的外取崩しを行う場合には、あらかじめ定められている特別の手続を経て、目的外取崩しが行われることとなります。

　ただし、目的外取崩しを行った場合であっても、公益目的の資産取得資金は原則として公益目的事業に関する支出にしか使用することはできません（認定法第18条）。

　また、過去に収支相償の黒字の説明として資産取得資金に積み立てたと説明した場合には、目的外取崩し分は、収支相償上は収益側に加算されることとなるため、目的外取崩しを行った年度の収支相償を満たさない可能性があ

る点に留意が必要です。

　なお、目的外取崩しができないことを定めている場合には、資産取得資金の目的外取崩しはできないものと考えられます。

Q36 控除対象財産とは、どのようなものでしょうか。

A

　控除対象財産とは、財務3基準の一つである遊休財産規制のなかで、法人において具体的な保有目的があるため、遊休財産の計算から控除される資産です。

解説

1 控除対象財産とは

　控除対象財産とは、具体的には、以下の財産です。

① 公益目的保有財産	継続して公益目的事業の用に供するために保有する財産（認定規則第25条第2項）であり、断続的であっても、長期間継続して使用している場合は継続して用に供する財産をいう
② 公益目的事業を行うために必要な収益事業等その他業務または活動の用に供する財産	公益目的事業の財源確保のためまたは公益目的事業に付随して行う収益事業等の用に供する固定資産、公益目的事業や当該収益事業等の管理業務の用に供する固定資産をいう。なお、管理業務等にあてるために保有する金融資産については、合理的な範囲内において、貸借対照表において基本財産または特定資産として計上されている必要がある
③ 資産取得資金	上記①、②の特定の財産の取得または改良にあてるために保有する資金
④ 特定費用準備資金	将来の特定の活動のために保有する資金。公益目的事業のために保有する資金と、管理活動等のために保有する資金がある
⑤ 寄附等によって受け入れた財産で、財産を交付した者の定めた使途に従って使用または保有されているもの	寄附者の具体的な使途や処分等の定めがある実物資産をいう
⑥ 寄附等によって受け入れた財産で、財産を交付した者の定めた使途にあてるために保有している資金	寄附者の使途の定めに基づいて寄附された資金であり、具体的な定めにそって支出されるのを待機している資金といえる

2 控除対象財産の範囲

上記のように、控除対象財産は法人が保有する財産のなかで、保有目的が具体的に明確にされている必要があります。

認定規則第22条第3項によって**1**のように定められています。

なお、控除対象財産は、流動財産の部に計上されている預金、未収金や具

体的な目的を定めない資産運用としての有価証券等は該当しないため、留意が必要です。

Q37 控除対象財産の1号財産と2号財産の割合を変更することは可能でしょうか。

A

移行認定後または公益認定後の事業環境の変化により、当初に控除対象財産の区分として想定していた1号財産（公益目的保有財産）と2号財産（公益目的事業を行うために必要な収益事業等その他の業務または活動の用に供する財産）の配分割合が現状に適合しない状態となる場合が想定されます。

このような場合には、1号財産と2号財産の割合を変更することが認められています。

解説

1 2号財産から1号財産に振り替える場合

2号財産（公益目的事業を行うために必要な収益事業等その他の業務または活動の用に供する財産）から1号財産（公益目的保有財産）に振り替える場合、2号財産から1号財産への振替えについては、それぞれの資産の定義・制限に特段抵触しないため、現在の状況に応じて適時に行うことが可能です。

2 1号財産から2号財産に振り替える場合

(1) 原則

1号財産から2号財産に振り替える場合ですが、1号財産は公益目的事業

90　第1章　公益認定の基準

のため使用または処分することが義務づけられている公益目的事業財産（認定法第18条）に該当するため、2号財産への振替えは原則として認められていません。

(2) 振替えが認められる場合

ただし、例えば、投資資産に多額の運用損失が発生し、金融資産である1号財産を2号財産に振り替えること以外に、法人管理の財源不足を補う方法がない場合等には、1号財産から2号財産への振替えも例外的に認められるものと考えられます。

(3) 留意点

1号財産（公益目的保有財産）から2号財産に振り替えた財産額及び2号財産から1号財産に振り替えた財産額は、振替後も公益目的取得財産残額の算定に含めることとなる点に留意が必要です（認定規則第26条第5号）。

また、1号財産から2号財産に振替えを行おうとする場合には、定款等の内部規程において、振替えに係る規程をあらかじめ整備し、当該内部規程に従い、理事会、社員総会、評議員会等の機関決定を経る必要があります。

Q38 どのようなものが控除対象財産として取り扱われますか。

A

控除対象財産とは、法人の資産のうち、遊休財産額から除かれる一定の用途を持った財産で、以下のものが列挙されています（認定規則第22条第3項、公益認定等ガイドラインⅠ8.）。

・公益目的保有財産

・公益目的事業を行うために必要な収益事業等や管理運営に供する財産
・特定費用準備資金
・資産取得資金
・寄附等によって受け入れた財産で、財産を交付した者の定めた使途に従って使用または保有されているもの及び定めた使途にあてるために保有している資金

解説

1 遊休財産額及び控除対象財産とは

　遊休財産額とは、具体的な使途が定まっていない内部留保された財産のことであり、期末における遊休財産額は、当該年度の公益目的事業の費用総額を超えてはいけないという制限があります。なお、引当資産は見合いの引当金とともに、遊休財産額の計算過程において控除されるため、遊休財産額には含まれません。

　控除対象財産とは、法人の資産のうち、遊休財産額から除かれる一定の用途を持った財産で、①公益目的保有財産、②公益目的事業を行うために必要な収益事業等や管理運営に供する財産、③特定費用準備資金、④資産取得資金、⑤寄附等によって受け入れた財産で、財産を交付した者の定めた使途に従って使用または保有されているもの及び定めた使途にあてるために保有している資金、のいずれかに該当する場合には控除対象財産となります（認定規則第22条第3項、公益認定等ガイドラインⅠ8.）。

2 控除対象財産の種類

（1）公益目的保有財産（認定規則第22条第3項第1号）

　継続して公益目的事業の用に供するために保有する財産（認定規則第25条

第2項）が該当します。断続的であっても、長期間継続して使用している場合は継続して用に供するものと解釈されます。

（2）公益目的事業を行うために必要な収益事業等や管理運営に供する財産
（認定規則第22条第3項第2号）

　公益目的事業の財源確保のため、または公益目的事業に付随して行う収益事業等の用に供する固定資産、公益目的事業や当該収益事業等の管理業務の用に供する固定資産が該当します。利用効率が低いため、財源確保に実質的に寄与していない固定資産は該当しません。管理業務にあてるために保有する金融資産については、合理的な範囲内において、貸借対照表において基本財産または特定資産として計上されるものが控除対象財産に該当します。

（3）特定費用準備資金（認定規則第22条第3項第4号）

　将来の特定の事業費、管理費にあてるため、法人の任意で積み立てる資金が該当します。資金の目的となる事業の種類は問いませんが、資金の目的である活動を行うことが見込まれていること、他の資金と明確に区分して管理されていること等、一定の要件を満たすとともに事業ごとに積み立てる必要があります。

（4）資産取得資金（認定規則第22条第3項第3号）

　特定の財産の取得または改良にあてるため、法人の任意で積み立てる資金が該当します。資金の目的となる財産が供される事業の種類は問いませんが、資金の目的である財産の取得・改良が見込まれていること、他の資金と明確に区分して管理されていること等、一定の要件を満たすとともに、同一の財産を公益目的事業及び収益事業等で共用して用いている場合には、事業区分別に積み立てる必要があります。

（5）寄附等によって受け入れた財産で、財産を交付した者の定めた使途に従って使用または保有されているもの（認定規則第22条第3項第5号）

　例えば、その賃貸事業利益を公益目的事業費にあてる旨の寄附者の意志のもと寄附された建物を、その定めに従い賃貸している場合の当該建物が該当します。なお、このように、寄附者が使用目的を定めた寄附財産は、貸借対照表の正味財産のうち、会計上、指定正味財産として処理されている必要があります。

（6）寄附等によって受け入れた財産で、財産を交付した者の定めた使途にあてるために保有している資金（認定規則第22条第3項第6号）

　例えば、研究用設備を購入する旨の寄附者の意思のもと寄附されたものの、研究が初期段階のため購入時期が到来するまで保有している資金が該当します。

　なお、会計上、指定正味財産として処理されている必要があります。

Q39 業績の悪化で、特定費用準備資金を当初の計画どおり積み立てられなくなってしまいました。そのような状況でも積み立てなければならないのでしょうか。

A

　特定費用準備資金は、将来の活動のための資金を計画的に積み立てるものであり、将来予定されている事業を資金面から担保するものであるため、計画的に積立てを行うことが望まれます。ただし、あくまで計画であることから、やむをえない場合には積立てを行わないことも容認されます。

　ただし、立入検査等では、積立てを行わなかったことについて、説明を求められることが考えられますので、その合理的な理由を説明できるようにし

ておく必要があると思われます。

解説

1 特定費用準備資金とは

　特定費用準備資金とは、将来の特定の事業費、管理費にあてるため、法人の任意で積み立てる資金をいいます。資金の目的となる事業の種類は問いませんが、一定の要件を満たすと共に事業ごとに積立てを行うことが求められています。

　特定費用準備資金への積立ては、会計上、貸借対照表上の取引（損益が発生しない取引）ですが、公益目的事業比率や収支相償といった認定基準においては、積立額を費用とみなして取り扱うこととしています。

　なお、取崩しを行う際には、積立ての反対で、費用の減算や収益とみなして取り扱います（認定規則第18条）。

2 積立ての要件

　特定費用準備金への積立てについては、以下の要件をすべて満たしていなければなりません（認定規則第18条第3項、公益認定等ガイドラインⅠ7.(5)②）。

① 資金の目的である活動を行うことが見込まれていること
② 資金の目的ごとに他の資金と明確に区分して管理され、貸借対照表の特定資産に計上していること
③ 資金の目的である支出にあてる場合を除く他、取り崩すことができないものであることまたは目的外で取り崩す場合に理事会の決議を要する等特別な手続が定められていること
④ 積立限度額が合理的に算定されていること

⑤ 特別の手続の定め、積立限度額、その算定根拠について事業報告に準じた備置き、閲覧等の措置が講じられていること

3 積立限度額について

　上記のとおり、特定費用準備金への積立てについては、積立限度額の算定は求められていますが、毎事業年度の積立額については積立限度額の範囲内であれば特に制限は設けられていません。

　そのため、業績の悪化等で計画どおりの積立てが行えない場合にまで、毎事業年度の積立てを行う必要はありません。

　なお、収支相償の計算上においては、収益事業等の利益の50％超を公益目的事業財産に繰り入れる場合には、積立期間内で計画的に積み立てる計算が必要となります（公益認定等ガイドラインⅠ5.(3)②(注)）。

Q40 控除対象財産について、情報開示や法人のガバナンス上の留意点はありますか。

A

　控除対象財産について、情報開示やガバナンス上の留意点として、法人が特定の目的のために保有、ないしは使途を定めている必要があります（認定法第18条、認定規則第26条、公益認定等ガイドラインⅠ17.）。

　また、貸借対照表等では固定資産に区分して表示する必要があり、対象資産が金融資産の場合には基本財産または特定資産として表示しなければなりません。

解説

1 基本財産

　控除対象財産は法人が保有する財産のなかで、遊休財産と認められないものである必要があります。このため、対象財産についての使途が明確であること、また、貸借対照表において基本財産ないしは特定資産として表示する必要があり、その他の資産と同一に取り扱うことはできません。

　基本財産は、定款において定められるものであり、基本財産は財団法人の目的である事業を行うために不可欠なものとして定めたうえ、維持義務と処分制限が係り（法人法第172条第2項）、その滅失により法人の目的事業が不能となると法人の解散事由になるものとして（法人法第202条第1項第3号）、定められています。そのため財団法人においては、基本財産の要件と効果を見定めたうえで定款で基本財産を定める必要があります。定款で基本財産を定めた場合には、貸借対照表の資産の部において基本財産として表示します。

2 特定資産

　また、特定資産とは、特定の目的のために、使途、保有、運用方法等に制約のある預金、有価証券等の金融商品及び、土地、建物等であり、貸借対照表上、固定資産の部に表示されるものです。典型的な項目としては、「〇〇周年事業積立金」、「会館取得積立金」等が該当します。

　情報開示、ガバナンスの観点から、基本財産の内容等は定款等で定められる必要があり、特定資産については、財務諸表において特定の目的を示す名称での表示が必要となります。さらに、内規において、その目的、積立方法、運用方法、取崩しの要否、取崩しの手続等定めたうえで運用していく必要があります。

9 理事と特別の関係がある者

Q41 理事の改選を予定しています。理事長が代表取締役を務める会社の総務課長が理事候補者として挙げられています。どのような点に注意すればよいでしょうか。

A

　公益法人の運営が特定の利害を有する集団によって影響され、不特定多数の者の利益に反することがないようにするために、理事と特別の関係のある者が理事に選任されることに一定の制約が課されています。設問の理事候補者は、理事長が代表取締役を務める会社の使用人と考えられるため、理事長と理事候補者によって、理事の総数の3分の1を占めることにならないように注意する必要があります。

解説

1 趣旨

　公益法人は、不特定かつ多数の者の利益の増進に寄与するものである必要があります（認定法第2条第4号）。公益法人の機関が理事と関係のある者によって占められている場合、その者自身やその者達に代表される特定の関係のある集団の利益が優先され、不特定かつ多数の者の利益が阻害される可能性が生じます。

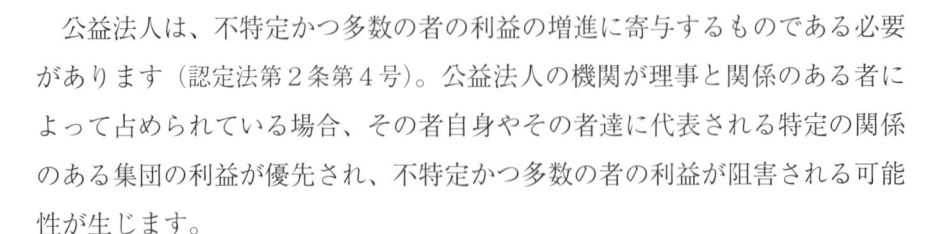

　そのため、公益法人の理事等については、理事及びその配偶者または三親等内の親族とこれらに準ずる特別な関係がある者の理事の合計数が理事の総

数の3分の1を超えてはいけないと制約しています（認定法第5条10号）。

2 理事と特別の関係がある者

　特別の関係がある者については、以下のように定められています（認定令第4条）。

① 理事と婚姻の届出をしていないが事実上婚姻関係と同様の事情にある者
② 理事の使用人
③ 上記①、②以外の者であって、理事から受ける金銭その他の財産によって生計を維持している者
④ 上記②、③の配偶者
⑤ 上記①から③までの者の三親等以内の親族であって、これらの者と生計を一にする者

10 同一の団体の範囲

Q42 当公益法人Aの理事は7人います。7人のうち2人が一般法人Bの理事、1人が一般法人Bの使用人でした。当公益法人Aは、認定法の規定に抵触するのでしょうか。

A

認定法第5条第11号の規定に抵触します。

公益法人は、他の同一の団体（公益法人またはこれに準ずるものとして政令で定めるものを除く）の理事または使用人である者その他これに準ずる相互に密接な関係にある理事の合計数は、理事の総数の3分の1を超えるものであってはなりません（認定法第5条第11号）。

公益法人Aの場合、理事総数7人のうち3人が一般法人Bの理事または使用人であるため、理事総数の3分の1を超えることになります。

このため、公益法人Aは一般法人Bと関係のない理事を新たに1人選任して理事総数を8人にするか、一般法人Bと関係のある理事のうち1人に辞任してもらうか、または解任する必要があります。

解説

1 趣旨

公益法人は、特定の者に特別の利益を与えてはならないことが認定基準となっています（認定法第5条第3号、第4号）。また、明らかに特別の利益を供与するとまでは至らなくとも、特定の者の利益に資するような活動を行うことは、不特定かつ多数の者の利益の増進に寄与するという公益法人の目的

に照らし適当ではありません。同一の団体の関係者である理事が理事の総数の一定割合以上を占めると、それらの者により理事会が支配され、当該同一の団体の利益に基づいて法人の運営がなされるおそれがあります。また、監事についても、同一の団体の関係者が一定割合以上を占めると、理事に対する監査機能が不十分となるおそれがあります。認定法第5条第11号の認定基準は、このような事態を回避するために他の同一の団体（公益法人を除く）の関係者が理事及び監事に占める割合について、各々の総数の3分の1を超えてはならないという制限が設けられていると解されています。

2 「他の同一の団体」の対象

「他の同一の団体」の対象となる団体は、公益法人（またはこれに準ずるものとして政令で定めるもの）を除いたすべての団体となります。「他の同一の団体」は、法人格の有無を問わないため、権利能力なき社団も含まれます。

この権利能力なき社団かどうかは、①団体としての組織を備え、②多数決の原理が行われ、③構成員の変更にも関わらず団体そのものが存続し、④その組織によって代表の方法、総会の運営、財産の管理その他団体としての主要な点が確定している（最判昭和39年10月15日民集18巻8号1671頁）という基準に該当するかどうかで判断されます（FAQⅣ-2-③）。

3 「他の同一の団体」の範囲

「他の同一の団体」に該当するかどうかは、人格、組織、規則等から同一性が認められる団体ごとに判断する必要があります（公益認定等ガイドラインⅠ10.）。国の機関については、一般的に事務分掌の単位である省庁単位で「他の同一の団体」に該当するかどうかを判断しますが、法人の目的、事業が国全般に関係する場合には国の機関全体で考えることとなります。このた

め、当該法人の目的、事業との関係において利害を同じくする範囲が「他の同一の団体」に該当すると考えられます（FAQIV-2-①）。

> COLUMN 4
>
> **公益法人は「他の同一の団体」の対象？**
>
> 　公益法人は、不特定多数の者の利益のために事業を行うものであることから、仮に他の公益法人の関係者である理事が理事の総数の一定割合を占め、当該他の公益法人の利益に沿った法人の運営がされたとしても、最終的には不特定かつ多数の者の利益の増進に寄与することが想定されるため、公益法人は、「他の同一の団体」からは除かれているものと解されています。
>
> 　また、認定法第5条第11号括弧書きにおいて「他の同一の団体」から公益法人に準ずる団体も規制の対象から除くものとし、これを政令で定めるものとしていますが、その目的、組織運営等において公益法人と同等と評価すべき団体は見当たらないため、現時点においては政令で定められていません。

Q43
当公益法人Cの監事は3人います。3人のうち2人が一般法人Dの監事でした。当公益法人Cは、認定法の規定に抵触するのでしょうか。

A

　認定法第5条第11号の規定に抵触します。

　公益法人は、他の同一の団体（公益法人またはこれに準ずるものとして政令で定めるものを除く）の理事または使用人である者その他これに準ずる相互に密接な関係にある監事の合計数は、監事の総数の3分の1を超えるものであってはなりません（認定法第5条第11号、認定令第5条）。

　公益法人Cの場合、監事総数3人のうち2人が一般法人Dのその他これに準ずる相互に密接な関係にある者（監事）であるため、監事総数の3分の1

を超えることになります。

　このため、公益法人Cは一般法人Dと関係のない監事を新たに2人選任して監事総数を5人にするか、一般法人Dと関係のある監事のうち1人に辞任してもらうかまたは解任する必要があります。

解説

1 「その他これに準ずる相互に密接な関係にある者」とは

　「密接な関係にある者」として、認定令第5条において当該他の同一の団体の理事以外の役員、業務を執行する社員、当該他の同一の団体が法人でない団体である場合の代表者または管理人、国の機関等一定の特殊な団体の職員が列挙されています。

　このため、他の同一の団体の監事は他の同一の団体の理事以外の役員として数えられることになり監事の総数の3分の1を超えることになります。

2 監事が2人または1人の場合

　当公益法人Cの監事のうち一般法人Dと関係のある監事の1人が辞任した場合には、監事総数が2人になり、他の同一の団体の関係者が監事に占める割合について、総数の3分の1を超えた状態のようにみえます。

　しかし、監事が2人または1人の場合には、複数いることを前提とした認定法第5条第11号の「理事又は使用人である者その他これに準ずる相互に密接な関係にあるものとして政令で定める者である理事の合計数」とはいえないため、この場合には抵触することはありません（FAQⅣ-2-②）。

11 会計監査人の設置

Q44 どのような場合に、会計監査人を設置しなければなりませんか。

A

　公益社団法人・公益財団法人は不特定多数の人々の利益の増進に寄与することが求められており、その財産の管理も適正に行われることが求められているため、法は認定基準において会計監査人を置くことを必要としています（認定法第5条第12号）。

　しかし、会計監査人の設置は会計監査人への報酬の支払い等、法人にとって過重な負担ともなりうることから、一定の基準に達しない法人については例外的に会計監査人の設置を要しないこととしています。具体的には下記の三つの要件をすべて満たす法人については、会計監査人の設置は求められていません（認定令第6条参照）。

① 収益の額が1,000億円未満
② 費用及び損失の額の合計額が1,000億円未満
③ 負債の額が50億円未満

解説

1 会計監査人設置義務

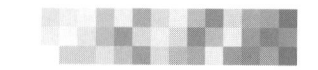

　一般社団法人・一般財団法人である場合、原則、会計監査人の設置の義務はありませんが、負債の額が200億円を上回る場合には会計監査人の設置が

義務づけられます（法人法第2条、第62条及び第171条）。これは、負債の額が200億円を上回る大規模な法人にあっては、多数の利害関係者が生じることが想定され、会計及び監査の専門家である会計監査人のもと適正な財産の管理をする必要があるためです。なお、会計監査人の選解任等については、監事が社員総会または評議員会に提出する会計監査人の選解任・不再任に関する議案の内容を決定する必要があります（法人法第73条（平成26年改正））。

2 会計監査人設置義務の原則と例外

会計監査人の設置に係る状況をまとめると、下表のようになります。
なお、法律によって設置が義務づけられている法人ではない法人であっても、任意で会計監査人を設置することができます。

会計監査人設置義務のまとめ

	原　則	例　外
公益社団法人 公益財団法人	必要	下記三つの要件をすべて満たす場合、不要 ① 収益の額が1,000億円未満 ② 費用及び損失の額の合計額が1,000億円未満 ③ 負債の額が50億円未満
一般社団法人 一般財団法人	不要	負債の額が200億円を上回る場合、必要

12 役員等の報酬の支給基準

Q45 不当に高額な役員報酬は禁止されていますが、「不当に高額」とはどのくらいの金額でしょうか。

A

　公益法人の理事等については、法人の非営利性の保持という観点からみれば、理事者の報酬が不当に高額であると判断されるような状況があれば結果として公益の趣旨に反することとなります。

　このため、理事等に関する報酬については、これが不当に高額とならないよう支給基準を定めることが公益認定の基準とされています（認定法第5条第13号）。

　不当に高額とは業務の内容等に照らして、明らかに高額な報酬を支給している場合となります。

解説

　ここでいう不当に高額とは、一般的な企業等に照らして、職務の内容と役員に対する報酬が著しく高額であると判断される場合であるため、その金額は個別具体的に判断されるものであり、一律に金額基準をあてはめるものではありません。

　このため、世間一般の支給水準に照らして、明らかに高額となっている場合に、不当に高額であると判断できます。

　具体的な事例としては、ほとんど出勤の事実もなく、特段重要な業務等も

行っていないような役員が数百万円の報酬を月あたりで受け取っていれば、それは世間一般の報酬基準に照らして明らかに高額と判断できますから、このような場合には不当に高額である、と判断されることとなります。

　これ以外にも業務の内容がかなり簡易なものであり、かつ属人性の弱い業務について従事しているにも関わらず市況に照らして明らかに給与水準が高額であると判断できるような場合においては、不当に高額である、と判断されることとなります。

　公益法人は、報酬等の支給の基準に従って、その理事、監事及び評議員に対する報酬等を支給しなければなりません。

　また、非常勤の役員・評議員に日当（役員報酬）を支給する場合にも支給基準に記載が必要とされており、報酬規程で日当の金額が明確にされている場合には、各人ごとに記載せず勤務形態等でまとめて記載することも可能となっています（認定規則第3条）。

　非常勤の役員や評議員であっても、世間一般に照らして妥当であると判断される報酬を支給基準を開示したうえで支給することが求められており、不当に高額な支給が行われないよう措置が定められています。

13 社員資格の得喪に関する条件

Q46 会員の数が増加してきており、円滑な社員総会の招集や開催が困難になってきました。代議員制を採用して、社員総会開催負担の軽減を図っても差し支えないでしょうか。

A

　代議員制とは、会員の一部の者を代議員として選出し、代議員をもって法人の社員とする制度をいいます。代議員制度は、一般社団法人法上で直接明示された制度ではありませんが、会員の数がきわめて多い、会員が全国に存在するといった場合の実務上の要請から認められているものです。

　一方、代議員制度には、デメリットもあります。代議員制度を採用した場合、代議員のみが法人の社員となり、社員総会は代議員のみから構成されます。つまり、一部の会員のみからなる代議員によって法人の基本的な意思決定がなされるというガバナンス上の課題について配慮することが必要です。

　また、代議員とならなかった会員は、法人の社員としての地位を失いますので、例えば代議員会つまり社員総会に出席する等ができなくなります。このような、代議員とならなかった会員の権利保護という観点からの課題についても配慮する必要があります。

　そこで、代議員制度の採否の検討にあたっては、メリット・デメリットの両面から、会員間で十分な議論を経ることが肝要となります。

解説

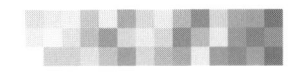

1 定款変更

　代議員制度の採用を行うには、代議員制度を定めた定款に変更することが必要となります。

　また、上記のように法人のガバナンス確保及び会員の保護という観点から、代議員制度の採用にあたっては、定款の定めにより、次の①から⑤までを満たすことが重要とされています（「定款変更の案作成の案内・留意点」内閣府）。

① 「社員」（代議員）を選出するための制度の骨格（定数、任期、選出方法、欠員措置等）が定款で定められていること
② 各会員について、「社員」を選出するための選挙（代議員選挙）で等しく選挙権及び被選挙権が保障されていること
③ 「社員」を選出するための選挙（代議員選挙）が理事及び理事会から独立して行われていること
④ 選出された「社員」（代議員）が責任追及の訴え、社員総会決議取消しの訴え等法律上認められた各種訴権を行使中の場合には、その間、当該社員（代議員）の任期が終了しないこととしていること
⑤ 会員に「社員」と同等の情報開示請求権等を付与すること

2 行政庁への届け出（公益社団法人のみ）

　公益社団法人が定款の変更をした場合には、変更の届出を行う必要があります（認定法第13条第1項第3号）。変更の届出は、事後的に行えば足ります。定款変更の社員総会決議を行い、定款を変更したのちに行政庁への届出を行うこととなります。

　ただし、公益認定の際には、代議員制度の採用についても行政庁の審査の

対象となっています。代議員制度の採用の検討にあたっては、代議員制度の採用の必要性や、代議員制度を採用した場合の法人のガバナンス確保及び代議員とならなかった会員の権利保護について、行政庁に相談することをおすすめします。

Q47

社員の会費の滞納が増えてきています。長期間滞納している社員については、社員資格を失わせたいのですがどのような手続を経るべきでしょうか。

A

社員の会費の滞納は、法人の経理的基礎を害するのみならず、社員間の不公平感を招くものとなりうるため、適時の督促等にとどまらず、社員資格を失わせるといった対応が避けられない場合もあります。

ただし、公益社団法人・一般社団法人の社員は一般社団法人法上の地位であり、社員保護の観点から、その地位の喪失について退社事由等が法定されています。

そのため、法定の退社事由に該当しない限り、法人が一方的に社員の資格を失わせることはできません。

解説

退社事由は、法人法第29条において、以下のように法定されています。

> （法定退社）
> 第二十九条　前条の場合のほか、社員は、次に掲げる事由によって退社する。
> 一　定款で定めた事由の発生
> 二　総社員の同意
> 三　死亡又は解散
> 四　除名

　社員会費の滞納を理由に社員資格を喪失させるには、社員会費の滞納が上記各号の退社事由のいずれかに該当する必要があります。

1 定款で定めた事由の発生

　社員会費の滞納を理由に社員資格を喪失させるにあたっては、法人法第29条第1号「定款で定めた事由の発生」を満たすために、以下のように定款において社員会費の滞納が退社事由にあたる旨を定めて対応していることが一般的です。

定款の定めの例

> （会費等の未納に伴う退社）
> 第〇条　本法人は、社員が〇年以上会費を支払わないときは、当該社員を退会させる。

　なお、公益社団法人は、社員資格の得喪について、不当に差別的な取扱いを定めてはならないとされています（認定法第5条第14号）。

そのため、社員会費の滞納を退社事由に定めるにあたって、一部の社員についてのみ資格喪失を留保するような差異等を設けることは認められません。
　また、実際の運用にあたっても、全社員に対し公平に当該定めを適用することが求められます。

2 除名

　定款において社員会費の滞納が退社事由にあたる旨を定めない場合には、法人法第29条第1項第4号の除名の手続を経ることが考えられます。
　除名とは、正当な理由があるときに、社員総会の特別決議により、一方的に社員資格を喪失させる手続をいいます。
　ただし、除名にあたっては、対象となる社員ごとに弁明の機会を付与すること等が法律上求められています（法人法第30条）。そのため、除名に必要な手続を、実務上いかに円滑に実施するかについても、あらかじめ検討しておくことが望まれます。

14 他の団体の意思決定に関与することができる財産

Q48 財産保有制限の趣旨と対象は、どのように定められているのでしょうか。

A

公益社団法人及び公益財団法人には、公益目的事業比率が50％以上という公益認定の基準の潜脱行為を防止するために、株式等他の団体の意思決定に関与することができる財産の保有に関して一定の制限が設けられています。

解説

1 財産保有制限の対象

（1）公益認定の基準

公益社団法人及び公益財団法人は、他の団体の意思決定に関与することができる株式その他の内閣府令で定める財産を保有していないものであることが原則とされています（認定法第5条第15号本文）。

ただし、株主総会その他の団体の財務及び営業または事業の方針を決定する機関における議決権の過半数を有していない場合には、この限りではありません（認定法第5条第15号但書、認定令第7条）。

（2）他の団体の意思決定に関与することができる財産

認定規則第4条では、他の団体の意思決定に関与することができる財産として以下の財産を掲げています。

① 株式
② 特別の法律により設立された法人の発行する出資に基づく権利
③ 合名会社、合資会社、合同会社その他の社団法人の社員権（公益社団法人に係るものを除く）
④ 民法第667条第１項に規定する組合契約、投資事業有限責任組合契約に関する法律第３条第１項に規定する投資事業有限責任組合契約または有限責任事業組合契約に関する法律第３条第１項に規定する有限責任事業組合契約に基づく権利（当該公益法人が単独でまたはその持分以上の業務を執行する組合員であるものを除く）
⑤ 信託契約に基づく委託者または受益者としての権利（当該公益法人が単独のまたはその事務の相当の部分を処理する受託者であるものを除く）
⑥ 外国の法令に基づく財産であって、前各号に掲げる財産に類するもの

2 財産保有制限の趣旨

（1）公益目的事業比率50％以上の意義

「公益目的事業比率が100分の50以上となると見込まれるものであること」（認定法第５条第８号）は、「公益目的事業」（認定法第２条第４号）が「主たる目的とするものであること」（認定法第５条第１号）の条件としての意義があります。

すなわち、公益目的事業に係る事業費が法人全体の経常費用の50％以上発生すると見込まれることは、公益目的事業を主たる事業目的として行われるものと判断されるのです。

（2）財産保有制限の意義

仮に、公益社団法人及び公益財団法人が、株式等他の団体の意思決定に関与することができる財産を保有し、株主総会その他の団体の財務及び営業ま

たは事業の方針を決定する機関における議決権の過半数を有する場合、当該法人は、当該法人以外の団体を通じて、公益目的事業以上の規模で公益目的事業以外の事業を行うことが可能になります。

　その結果、公益社団法人及び公益財団法人が、当該法人単体でみた場合には公益目的事業の要件を満たしているとしても、当該法人と当該法人以外の団体との総体でみた場合には公益目的事業の要件を満たさない場合が生じます。

　そのため、財産保有制限を設けることで、実質的な見地から公益目的事業の要件の潜脱を防ぐ必要があるのです。

15 不可欠特定財産

Q49 不可欠特定財産とは何でしょうか。

A

　不可欠特定財産とは、公益目的事業を行うにあたって必ず必要となる財産であり、例えば美術館にとっての美術品がこれに該当します。公益目的事業を行うために不可欠な財産ですので、維持及び処分制限が強制されます。なお、不可欠特定財産は、貸借対照表において基本財産に含めて表示されます。

解説

1　不可欠特定財産の意義

(1) 認定法における規定

　公益認定の基準を定める認定法第5条第16号において、「公益目的事業を行うために不可欠な特定の財産があるときは、その旨並びにその維持及び処分の制限について、必要な事項を定款で定めているものであること」と規定されています。

(2) 公益認定等ガイドラインにおける不可欠特定財産の説明

　公益認定等ガイドラインⅠ15.において、不可欠特定財産は、「法人の目的、事業と密接不可分な関係にあり、当該法人が保有、使用することに意義がある特定の財産」と定義づけされ、「一定の目的の下に収集、展示され、

再収集が困難な美術館の美術品や、歴史的文化的価値があり、再生不可能な建造物等が該当する」との例示が挙げられています。また、「金融資産や通常の土地・建物は、処分又は他目的への利用の可能性などから必ずしも不可欠特定という性質はないと考えられることから、不可欠特定財産には該当しない」との注意点が記載されています。

このように、特定の美術館や博物館のように、再収集が困難な財産を保有し、それを用いて公益目的事業を行っている法人に限られるので、この不可欠特定財産は、ほとんどの法人には関係のない規定と考えられます。

2 基本財産の意義

(1) 法人法が規定する基本財産

法人法第172条第2項において、「理事は、一般財団法人の財産のうち一般財団法人の目的である事業を行うために不可欠なものとして定款で定めた基本財産があるときは、定款で定めるところにより、これを維持しなければならず、かつ、これについて一般財団法人の目的である事業を行うことを妨げることとなる処分をしてはならない」と規定されています。そのため、ここでいう基本財産（法人法が規定する基本財産）は、公益目的事業に関連しているか否かは問わず、公益財団法人を含む一般財団法人の事業目的を達成するために不可欠なものとして定款で定めた財産であるといえます。

(2) 基本財産と不可欠特定財産の関係

認定法第5条第16号で規制対象となっている「不可欠特定財産」は、定款の定めが必ず必要となりますので、「法人法が規定する基本財産」に含まれる財産であるといえます。

不可欠特定財産は公益目的事業目的に限定されるのに対し、基本財産は事業目的に関する制限はありません。また、金融資産等のような不可欠特定財

産に該当しないものでも基本財産とすることは可能です。両者の関係を示すと、以下の図表のようになります。

基本財産と不可欠特定財産の関係

法人法が規定する基本財産

不可欠特定財産

Q50 認定取消し時に、不可欠特定財産も贈与対象の財産となるのでしょうか。

A

公益認定が取り消された場合には、公益法人は、取消しの日から1か月以内に、公益目的取得財産残額について、国や類似事業法人への贈与を行わなければなりません。ただし、公益認定の日前に取得した不可欠特定財産については、公益目的取得財産残額には該当せず、贈与の対象とはなりません。他方、公益認定の日以後に取得した不可欠特定財産の帳簿価額の合計額については、贈与の対象となります。

解説

1 公益目的取得財産残額

（1）意義

公益認定の取消し等の場合に公益社団法人及び公益財団法人が贈与すべき金額のことを、公益目的取得財産残額といいます。

（2）公益目的取得残額に係る制度趣旨

　公益社団法人及び公益財団法人が、公益認定を取り消された場合には、その後も継続して公益目的事業財産が公益目的のために使用されることを確保するため、公益目的取得財産残額に相当する額を類似事業法人等に贈与しなければないという規制が設けられています（認定法第5条第17号、第30条）。

（3）公益目的取得財産残額の計算式

　公益目的取得財産残額は、以下の計算式により算定されます（認定規則第48条第2項）。

> ①当期末「公益目的増減差額」＋
> ②当期末「公益目的保有財産」の帳簿価額合計額

（4）公益目的取得財産残額の構成要素

各構成要素については、さらに以下の計算式により算定されます。

① 当期末「公益目的増減差額」（認定規則第48条第3項）

> 前期末「公益目的増減差額」＋当期「公益目的事業財産」増加額－当期「公益目的事業費」等

② 当期末「公益目的保有財産」の帳簿価額合計（認定規則第26条第3号）

> 前期末「公益目的保有財産」の帳簿価額合計＋当期「公益目的保有財産」増減額

2 不可欠特定財産の取扱い

（1）認定法上の規定

　公益認定の取消し等に伴う贈与について規定する認定法第30条第2項において、以下のような規定が設けられています。

> 2　前項に規定する「公益目的取得財産残額」とは、第一号に掲げる財産から第二号に掲げる財産を除外した残余の財産の価額の合計額から第三号に掲げる額を控除して得た額をいう。
> 一　当該公益法人が取得したすべての公益目的事業財産（第十八条第六号に掲げる財産にあっては、公益認定を受けた日前に取得したものを除く。）
> 二　当該公益法人が公益認定を受けた日以後に公益目的事業を行うために費消し、又は譲渡した公益目的事業財産
> 三　公益目的事業財産以外の財産であって当該公益法人が公益認定を受けた日以後に公益目的事業を行うために費消し、又は譲渡したもの及び同日以後に公益目的事業の実施に伴い負担した公租公課の支払その他内閣府令で定めるものの額の合計額

（2）公益目的取得財産残額と不可欠特定財産の関係

　認定法第30条第2項第1号括弧書きの第18条6号の財産とは、公益認定を受けた日前に取得した「不可欠特定財産」であり、この規定により公益目的取得財産残額に含まれず、認定取消し時に贈与対象外となります。他方、公益認定を受けた日以後に取得した「不可欠特定財産」については、認定法において公益目的取得財産残額の除外項目の規定は存在せず、認定取消し時に贈与対象となります。

16 財産の贈与、帰属先

Q51 財産の贈与・帰属先を変更したいのですが、可能でしょうか。

A

　公益法人は、①清算をする場合の残余財産の帰属先の定め（認定法第5条第18号）、②公益認定の取消しの処分を受けた場合等の公益目的取得財産残額の贈与の定め（認定法第5条第17号）を定款に設ける必要があります。

　この①認定法第5条第18号に規定する定款の定めについては、変更することは可能ですが、②認定法第5条第17号に規定する定款の定めについては、変更することはできませんので、公益認定時に定款で定めた贈与先にのみ贈与することとなります（認定法第30条第5項）。

解説

1 清算をする場合

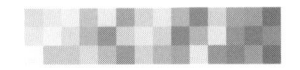

　公益法人は、清算をする場合において残余財産を下記のうちいずれかに帰属させる旨を定款で定めていることが必要です（認定法第5条第18号）。

① 類似の事業を目的とする他の公益法人
② 認定法第5条第17号に掲げる法人
③ 国もしくは地方公共団体

　公益法人の残余財産の帰属先は、上記のとおり法令で適格な者を定めていますが、適格と定められた者に属する限り、具体的な贈与先が単数である必

要はなく、複数指定することも可能です。また、認定法第5条第17号に掲げる者とのみ定めることも可能です（FAQV-9-①）。

認定法第5条第18号に規定する定款の定めは、認定法第5条第17号に規定する定款の定めと異なり変更することができます。

2 公益認定の取消しの処分を受けた場合等

公益法人は、公益認定の取消しの処分を受けた場合または合併により法人が消滅する場合（その権利義務を承継する法人が公益法人であるときを除く）において公益目的取得財産残額があるときは、これに相当する額の財産を当該公益認定の取消しの日または当該合併の日から1か月以内に下記のうちいずれかに贈与させる旨を定款で定めていることが必要です（認定法第5条第17号、認定令第8条）。

類似の事業を目的とする他の公益法人	
右に掲げる法人	① 私立学校法に規定する学校法人
	② 社会福祉法に規定する社会福祉法人
	③ 更生保護事業法に規定する更生保護法人
	④ 独立行政法人通則法に規定する独立行政法人
	⑤ 国立大学法人法に規定する国立大学法人または大学共同利用機関法人
	⑥ 地方独立行政法人法地方独立行政法人
	⑦ 上記①から⑥までに掲げる法人に準ずるもの（認定令第8条）
国もしくは地方公共団体	

公益認定の取消しの処分を受けた場合または合併により法人が消滅する場合の公益目的取得財産の贈与先は、上記のとおり法令で適格な者を定めています。

しかし、適格と定められた者に属する限り、具体的な贈与先が単数である必要はなく、複数指定することも可能です。また、認定法第5条第17号に掲げる者とのみ定めることも可能です（公益認定等ガイドラインⅠ16.）。

　ただし、認定法第5条第18号に規定する残余財産の帰属先とは異なり、認定法第5条第17号に規定する定款の定めについては変更することはできません（認定法第30条第5項）。そのため、定款に定めた贈与先への贈与ができない場合には、国もしくは地方公共団体へ贈与することとなります。

17 公益目的事業財産

Q52 公益目的保有財産と公益目的事業財産の関係はどのようになっているのでしょうか。

A

　公益目的事業財産は、原則として公益目的事業のために使用または処分することが義務づけられている財産（認定法第18条）です。公益目的保有財産とは、遊休財産から除外される控除対象財産の一つとして位置づけられる財産であり、継続して公益目的事業の用に供するために保有する財産（認定規則第25条第2項）です。

　公益目的保有財産も公益目的事業のために使用する財産ですので、公益目的事業財産です。公益目的事業財産は、公益目的事業のために使用・処分が求められている財産を規定する概念であり、公益目的保有財産は、保有目的が明確に定められていることから、遊休財産額の計算から除外される具体的な財産を意味する点が異なっています。

解説

1 公益目的事業財産

　公益目的事業財産は、原則として公益目的事業のために使用または処分することが義務づけられている財産であり、認定法第18条で以下のとおり定められています。

> 一　公益認定を受けた日以後に寄附を受けた財産（寄附をした者が公益目的事業以外のために使用すべき旨を定めたものを除く。）
> 二　公益認定を受けた日以後に交付を受けた補助金その他の財産（財産を交付した者が公益目的事業以外のために使用すべき旨を定めたものを除く。）
> 三　公益認定を受けた日以後に行った公益目的事業に係る活動の対価として得た財産
> 四　公益認定を受けた日以後に行った収益事業等から生じた収益に内閣府令で定める割合を乗じて得た額に相当する財産
> 五　前各号に掲げる財産を支出することにより取得した財産
> 六　第5条第16号に規定する財産（前各号に掲げるものを除く。）
> 七　公益認定を受けた日の前に取得した財産であって同日以後に内閣府令で定める方法により公益目的事業の用に供するものである旨を表示した財産
> 八　前各号に掲げるもののほか、当該公益法人が公益目的事業を行うことにより取得し、又は公益目的事業を行うために保有していると認められるものとして内閣府令で定める財産

　さらに、認定法第18条第8号での内閣府令で定める財産は、認定規則第26条で以下のとおり定められています。

> 一　公益社団法人にあっては、公益認定を受けた日以後に徴収した経費（筆者注：社員地位に応じて負担する必要的会費）のうち、その徴収に当たり使途が定められていないものの額に百分の五十を乗じて得た額又はその徴収に当たり公益目的事業に使用すべき旨が定められているものの額に相当する財産
> 二　公益認定を受けた日以後に行った吸収合併により他の公益法人の権利義務を承継した場合にあっては、当該他の公益法人の当該合併の前日における公益目的取得財産残額（同日において当該他の公益法人の公益認定を取り消された場合における公益目的取得財産残額に準ずる額をいう。）に相当する財産

三　公益認定を受けた日以後に公益目的保有財産（第6号及び第7号並びに法第18条第5号から第7号までに掲げる財産をいう。）から生じた収益の額に相当する財産
四　公益目的保有財産を処分することにより得た額に相当する財産
五　公益目的保有財産以外の財産とした公益目的保有財産の額に相当する財産
六　前各号に掲げる財産を支出することにより取得した財産
七　公益認定を受けた日以後に第1号から第5号まで及び法第18条第1号から第4号までに掲げる財産以外の財産を支出することにより取得した財産であって、同日以後に前条の規定により表示したもの
八　法第18条各号及び前各号に掲げるもののほか、当該法人の定款又は社員総会若しくは評議員会において、公益目的事業のために使用し、又は処分する旨を定めた額に相当する財産

2 公益目的保有財産

　公益目的保有財産とは、遊休財産から除外される控除対象財産の一つとして位置づけられる財産であり、継続して公益目的事業の用に供するために保有する財産（認定規則第25条第2項）です。このことから、公益目的保有財産は、公益目的事業財産を前提としています。

3 両者の関係

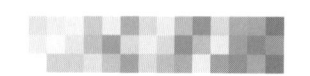

　公益目的事業財産は、公益法人の収入のうち、一般的に公益目的事業に使用・処分されることが期待されている収入を法令で定めたものであり、公益目的事業のために使われなければならない財産を示す広い概念といえます。
　一方、公益目的保有財産は、公益目的事業を安定的かつ継続的に実施していくための財産を意味する概念です。実際に、公益目的事業に投入される具体的な財産ですので、目的を定めず保有する財産を制限する遊休財産規制か

ら除外される控除対象財産として位置づけられているものです。

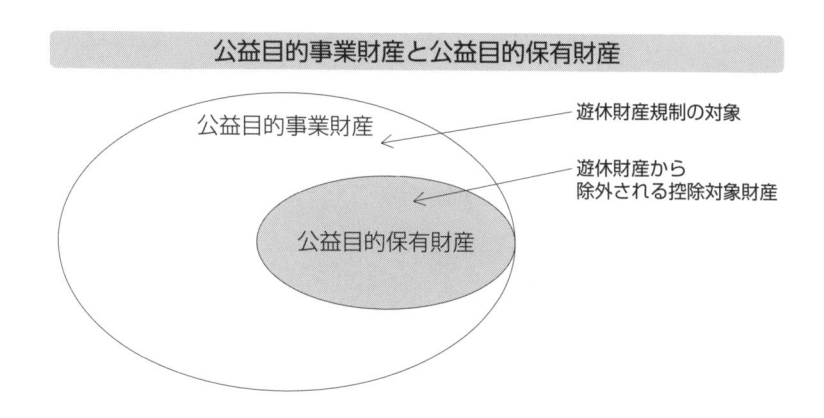

公益目的事業財産と公益目的保有財産

- 公益目的事業財産 → 遊休財産規制の対象
- 公益目的保有財産 → 遊休財産から除外される控除対象財産

Q53 行政庁に提出する事業報告書で、公益目的取得財産残額がマイナスになりました。計算が間違っているのでしょうか。

A

　公益目的取得財産残額は、公益法人が公益認定を取り消されたときに、同種の事業を実施する他の公益法人等に贈与しなければならない金額の算定の基となる額です。公益法人が公益目的事業のために受け取った寄附金、補助金、事業収入等のすべての財産（公益目的事業財産）から、そこから公益目的事業の実施のために使った財産を差し引いた残額の概念です。

　公益目的取得財産残額がマイナスになるということは、公益目的事業財産が不足している状態と考えられます。法人が存続している状態であるとすれば、公益目的取得財産残額が正しく計算されていない可能性があります。

17　公益目的事業財産　　127

解説

1 公益目的取得財産残額

　公益目的取得財産残額は、公益法人が公益認定を取り消されたときに、同種の事業を実施する他の公益法人等に贈与しなければならない金額の算定の基となる額であり、認定規則第48条で規定されています。

　簡単にいうと、各事業年度に公益目的事業財産としてカウントされる公益目的事業のために受け取った寄附金、補助金、事業収入、収益事業等からの利益の繰入額等のすべての財産額から公益目的事業の実施のために使った財産を差し引いた額に公益目的保有財産を加えた額が公益目的取得財産残額となります。

　この公益目的取得財産残額は、仮に公益法人が認定を取り消された場合であっても、他の類似の事業を実施する公益法人等に贈与されて、引き続き公益目的事業のために使用・処分されることが期待されている額といえます。公益法人が存続している以上、通常の場合、公益目的取得財産残額がマイナスになることはないと考えられます。

2 公益目的取得財産残額がマイナスとして計算される主な原因

　公益目的取得財産残額がマイナスと計算される主な原因を推定すると、概ね以下のとおりと考えられます。

(1) 公益目的事業財産に繰り入れた収益事業等の利益の金額（認定規則第48条第3項第1号ニ）

　収益事業等の利益の繰入れは、正味財産増減計算書内訳表では、経常外増減の下部分の他会計振替の科目を利用するため、当該金額の記載を失念する可能性があります。公益目的増減差額に正しく加算されているか確認する

必要があります。

（2）定款または社員総会もしくは評議員会の定めにより当該事業年度において公益目的事業財産となった額（認定規則第48条第3項第1号ル）

　収支相償が求められる公益目的事業は、一般的には赤字となりますので、公益目的事業を実施していくうえで、当該赤字を補填するために、他の会計区分からの剰余金（資金）の振替えや資金融通が行われていると考えられます。収益事業等の利益の繰入れ額を超えて、収益事業等や法人会計の財産を公益目的事業の財産に充当するような場合には、法人内での必要な機関決定を行ったうえで、公益目的増減差額に加算する必要があると考えられます。

Q54 公益目的事業会計の区分の資金繰りのため、法人会計区分の流動資産を費消しました。当該費消金額は、公益目的事業財産として計算する必要があるのでしょうか。

A

　公益目的事業会計の区分の資金繰りに、他の会計区分の資金を充当したということですので、充当された資金は、直接的または間接的に公益目的事業費として支出されたと考えられます。そのため、一般的には、法人会計区分からの充当額を公益目的事業財産の増加としてとらえる必要があると考えられます。ただし、法人会計区分からの一時的な資金の借用であり、確実に法人会計へ返済される場合には、公益目的事業会計区分と法人会計区分の貸借取引として考えられますので、当該金額を公益目的事業財産の増加として考える必要はありません。

解説

1 公益目的事業財産

　公益目的事業財産は、原則として公益目的事業のために使用または処分することが義務づけられている財産（認定法第18条）です。収支相償が求められているため公益目的事業会計の区分は、資金不足になりがちです。公益目的事業会計の区分の資金不足は、公益目的事業財産の不足ととらえることができますので、法人が任意で公益目的事業財産を増加させることができるようにしています（認定規則第26条第8号）。

2 会計処理

　他の会計区分から公益目的事業会計の区分に財産を振り替える場合には、他会計振替の勘定科目を使用します。

　公益目的事業会計区分と法人会計区分の貸借取引として取り扱う場合には、法人会計区分の資産に、公益目的事業会計への貸付金、公益目的事業会計区分の負債に法人会計からの借入金が計上されます。

18 収益事業等の区分経理

Q55 公益目的事業の他にはわずかな収益事業しかなく、法人会計をまかなう十分な財源がありません。公益認定等ガイドラインにあるように、管理費財源に必要な額を公益目的事業の対価収入等から振り替えることが可能でしょうか。

A

公益目的事業の対価収入等から法人会計（管理費財源）へ振り替えることが可能なケースもありますが、公益目的事業のみを実施している法人に限られます。収益事業を実施している場合には、振り替える必要がないように合理的な額を法人会計の財源として確保することができないか検討することが必要です。

解説

1 論点

公益認定を受けた日以後に行った公益目的事業に係る活動の対価として得た財産は公益目的事業で使用することが求められています（認定法第18条）。したがって、公益目的事業の対価収入等から公益目的事業以外の事業へ振り替えることは原則としてできません。

しかし、公益認定等ガイドラインⅠ17.（4）によると、「公益目的事業のみを実施する法人は、寄附を受けた財産や公益目的事業に係る活動の対価と

して得た財産のうち、適正な範囲内の管理費相当額については、公益目的事業財産には含まれないものと整理することができる」とあります。

今回わずかとはいえ収益事業を実施しているため、対価収入の一部を公益目的事業以外の事業へ振り替えられなくなるかが問題となります。

(1) 公益目的事業の対価収入のなかで管理費財産の徴収が明確である場合

公益認定等ガイドラインⅠ17.(4)が設定された趣旨は、公益目的事業を行っている法人に管理費の原資がなくなるのを防ぐためです。したがって、法人の管理費の原資がなくなり事業継続が困難なケースで完全に否定されるものではないと考えられます。

例えば、補助金等で管理費分の負担が具体的に明示されているケースでは、公益目的事業の対価収入の一部が客観的に管理費財産の徴収といえるため、補助金等の一部を法人会計の収入として計上することも可能と考えられます。

(2) 公益目的事業の対価収入のなかで管理費財産の徴収が明確ではない場合

しかし、管理財産の徴収が明確ではない場合は、振り替えることは認められないと考えられます。したがって、その他の方法であらかじめ管理費財源を確保する必要があります。例えば、①会費等の収入のうち法人会計の収入とする額を定款や徴収時に明確にする、②収益事業を廃止するといった方法が考えられます。

2 会費等の収入の取扱い

会費等の収入は、管理費の財源として必要な額まで法人会計の収入とすることが可能です。予算の策定段階から法人会計の収入に必要な額をシミュレーションして、財源が不足しないよう、会費等のうちいくらを法人会計の

収入とするのか決めておくことが大切です。

一方で公益法人は、公益目的事業の実施にあたり無償または低廉な価格設定等によって受益者の範囲を可能な限り拡大すること、また、公益目的事業や収益事業等及び管理業務のために現に使用せず、かつ、今後も使用する見込みがない多額の財産を蓄積しないことが求められています（問Ⅴ-8-①）。したがって、法人会計についても経常的に黒字となることは望ましくありません。多額の黒字が計上されることがないように、法人会計に含まれる会費等の額を調整することも求められます。

会費をどのように法人会計の収入とするかは、社団法人と財団法人で異なります。

(1) 社団法人の場合

公益目的事業財産に加えなければならない会費（法人法第27条に規程する経費）については、徴収にあたり使途が定められていないものの額に50%を乗じたものまたは徴収にあたり公益目的事業に使用すべき旨が定められているものの額に相当する財産となっています（認定規則第26条第1条第1項）。

(2) 財団法人の場合

会費は法人法第27条に規程する経費に該当しないことから目的を定めなければ全額が公益目的財産額になります。しかし一定割合を管理費にあてる等公益目的事業以外へ使途を明らかにすればその定めた割合に従います。

3 収益事業の廃止

公益目的事業のみを実施する法人は公益認定等ガイドラインⅠ17.（4）のとおり、管理費財源に必要な額を公益目的事業の対価収入等から振り替えることが可能になります。したがって収益事業を廃止することで問題の解決

につながります。

　なお、公益目的事業または収益事業等の内容を変更する場合には、変更前にあらかじめ行政庁の認定を受ける必要があります（認定法第11条第1項第2号、第3号）。ただし、軽微な変更の場合は届出を行うことで足ります（認定法第11条第1項但書、第13条第1項第2号）。

Q56

公益目的事業のみを実施している法人です。法人会計の財源がないため、公益目的保有財産の運用益から管理費財源の不足分を法人会計に振り替えています。このような処理は可能でしょうか。

A

　公益目的保有財産の運用益は、公益目的事業財産となります。原則として、公益目的事業財産は、公益目的事業のために使用しまたは処分しなければなりません。そのため、法人管理のために処分することはできません。

　法人の財源が、公益目的保有財産の運用益のみであり、他に収入がない場合には、新たに管理費の財源に充当することに使途を定めた寄附金を募集したり、従来から公益目的保有財産として位置づけていた財産のうち、管理費の財源として、必要とされる運用益（従来から法人会計に振り替えていた額）に見合う元本相当額について、「公益目的事業を行うために必要な収益事業等その他の業務又は活動の用に供する財産（認定規則第22条第3項第2号）」に保有目的を変更する方法等が考えられます。

解説

1 公益目的事業財産

　公益目的事業財産は、原則として公益目的事業のために使用または処分することが義務づけられている財産（認定法第18条）です。善管注意義務を払っていたにも関わらず滅失または毀損してしまった場合、陳腐化・適応化により価値を減額したり、廃棄した場合、補助金の返還に応じる場合（認定規則第23条）を除いて、公益目的事業以外のために使用または処分することはできません。

2 公益目的保有財産

　公益目的保有財産とは、遊休財産から除外される控除対象財産として位置づけられた財産のうちの一つであり、継続して公益目的事業の用に供するために保有する財産（認定規則第25条第2項）です。金融資産の場合には、公益目的事業の財源としての運用益を稼得することを目的として保有している財産ということになります。

　このため、運用益等公益目的保有財産から生じた収益の額に相当する財産は公益目的事業財産として取り扱われ（認定規則第26条第3号）、公益目的事業以外の目的のために使用、処分することはできません。

3 区分経理

　公益法人制度上、公益目的事業財産を確実に捕捉することが求められています。そのため、会計上も収益事業等に関する会計等については、公益目的事業会計から区分することが求められています（認定法第19条、公益認定等ガイドラインⅠ18.）。

管理費の財源不足については、法人の存続能力の観点から根本的に対処すべき問題と考えられます。公益目的保有財産の一部を、公益目的事業を行うために必要な収益事業等その他の業務または活動の用に供する財産（認定規則第22条第3項第2号）に保有目的を変更する方法も一つですが、本来、公益目的事業の財源として使われるべきとしていたものが減額されることとなりますので、公益目的事業の縮小につながるともいえます。この点を念頭に、管理費の財源をどこに求めるかを検討する必要があります。なお、公益目的事業の縮小の内容によっては、変更認定の申請が必要となる可能性がありますので、ご注意ください。

Q57 事業費と管理費に共通して発生する経費についての配賦基準はどのように定められているのでしょうか。

A

　公益認定等ガイドラインⅠ7.(1)②では、以下の配賦基準と適用される共通費用が参考として示されています。原則的に、この基準により配賦することが適当と考えられます。

配賦基準	適用される共通費用
建物面積比	地代、家賃、建物減価償却費、建物保険料等
職員数比	福利厚生費、事務用消耗品費等
従事割合	給料、賞与、賃金、退職金、理事報酬等
使用割合	備品減価償却費、コンピューターリース代等

　なお、公益認定の申請書に各経費ごとの配賦基準を記載していますので、状況等に大きな変化がない限り、毎期継続して、その配賦基準で配賦することになります。

> 解説

　公益法人は、公益目的事業比率を算出する（認定法第5条第8号）ため、経費を事業費と管理費に分ける必要があります。事業費と管理費のいずれにも共通して発生する経費は、適切に事業費と管理費に配賦する必要があります（公益認定等ガイドラインⅠ7.(1)②）。

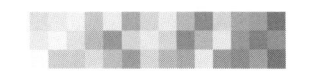

1 配賦とは

　配賦とは、一定の基準に基づいて、費用を配分処理することです。

2 配賦基準

　事業費と管理費のいずれにも共通して発生する経費を配賦するには、一定の合理的な基準が必要となります。また、その配賦基準は、状況の変化がない限り、毎期継続して適用します。

　例えば、建物面積比を配賦基準とし、A事業部門、B事業部門、管理部門に家賃が発生した場合には、以下のとおり配賦計算が行われます。

	A事業部門	B事業部門	管理部門	合計
建物利用面積	120m^2	80m^2	50m^2	250m^2
賃借料	100万円			

A事業部部門

　配賦割合：120m^2 ÷ 250m^2 = 0.48

　配賦額：100万円（賃借料）× 0.48（配賦割合）= 48万円

　A事業費　賃借料　48万円

18　収益事業等の区分経理　　137

B事業部門

　配賦割合：80m² ÷ 250m² = 0.32

　配賦額：100万円（賃借料）× 0.32（配賦割合）= 32万円

　B事業費　賃借料　32万円

管理部門

　配賦割合：50m² ÷ 250m² = 0.20

　配賦額：100万円（賃借料）× 0.20（配賦割合）= 20万円

　管理費　賃借料　20万円

Q58 事業費の配賦基準を変更したいのですが、可能でしょうか。また、配賦基準は毎回変更してもよいのでしょうか。

A

　公益認定申請書類の配賦基準と定期提出書類の配賦基準は、原則として、同一であることが求められます。

　ただし、配賦基準は法人が実態に応じて定めるものですので、新規事業の立上げ等により、これまでの配賦基準より法人の実態を反映すると考えられる配賦基準がある場合には、変更認定の申請や変更の届出によって配賦基準を変更することが考えられます。

解説

1 公益認定申請書類の配賦基準と定期提出書類の配賦基準

　公益法人は、原則として、「公益目的事業、収益事業等及び管理費に関連する費用額は、適正な配賦基準によりそれぞれの費用額に配賦すること」

（認定規則第19条）が求められています。

　公益認定申請書類には、過去の活動実績、関連費用のデータ等に基づき、法人が実態に応じて定めた配賦基準を記載します。毎事業年度経過後3か月以内に、行政庁に提出する計算書類等の定期提出書類は、公益法人が認定申請書に記載した公益目的事業がその記載どおりに実施されていることを確かめるものであり、公益認定申請書類の配賦基準と定期提出書類の配賦基準が、原則として、同一であることが求められます。

2 配賦基準の変更

　公益法人は、公益目的事業または収益事業等の種類及び内容の変更（新規事業の立上げを含む）をするとき、変更の認定を受けなければならない場合（認定法第11条第1項第2号及び第3号）と、変更の届出を行わなければならない場合（認定法第13条第1項第2号、認定規則第7条第3項）があります。

　配賦基準は法人が実態に応じて定めるものですので、新規事業の立上げ等により、これまでの配賦基準が法人の実態を反映しなくなった場合や環境の変化により、これまでの配賦基準が法人の実態を反映しなくなった場合には、変更認定の申請や変更の届出によって配賦基準を変更することが考えられます。

Q59 配賦計算が煩雑です。配賦計算は必ず行わなければならないのでしょうか。

A

　公益法人の会計は、事業ごとに区分することが求められていますので、各事業に共通して発生する経費については、各事業に計上する額を配賦計算に

より按分して、計上することが必要です。ただし、事業費や管理費にいずれにも共通する経費で配賦することが困難な経費については、一定のルールに基づいて、特定の事業や管理費等に計上することができます。

解説

1 特定の事業や管理費への配賦

　事業費と管理費のいずれにも共通して発生する関連経費は、適切に事業費と管理費に配賦する必要があります（公益認定等ガイドラインⅠ7.(1)②）。

　事業費と管理費のいずれにも共通して発生する関連経費で、配賦することが困難な経費については、一定のルールに基づいて、特定の事業の事業費や管理費等に計上することができます（認定規則第19条）。

　配賦することが困難な経費とは、特定の配賦基準や配賦割合を定めることができない場合であり、配賦計算が煩雑である等を理由として、配賦計算を行わないことは認められません。公益法人の財務情報を対象とする会計監査では、各会計区分への集計や配賦基準、配賦計算の妥当性について、監査上、慎重な検討を求められる場合があることが示されています（「非営利法人委員会報告第34号」(最終改正平成25年1月15日)日本公認会計士協会）。

2 配賦方法

(1) 管理費への配賦

　事業費と管理費とに関連する経費で配賦することが困難な経費は管理費に配賦することができます（FAQ Ⅵ-2-③）。

(2) (公益目的事業と収益事業等に係る事業費の) 収益事業への配賦

　事業費のうち公益目的事業に係る事業費と収益事業等に係る事業費とに関

連する経費で配賦することが困難な経費は、収益事業等に係る事業費に配賦することができます（FAQⅥ-2-③）。

(3) 公益目的事業に関する共通への配賦

　公益目的事業に係る事業費で各事業に配賦することが困難な経費は、公益目的事業に関する会計のなかで「共通」の会計区分を設けて配賦することができます（FAQⅥ-2-③）。

　公益法人が会計帳簿及び計算書類を作成するための基準として活用される平成20年基準の運用指針には、公益法人の正味財産増減計算書の内訳表として以下の様式が示されています。

正味財産増減計算書内訳表

正味財産増減計算書内訳表
平成　年　月　日から平成　年　月　日まで

(単位：円)

科目	公益目的事業会計				収益事業等会計				法人会計	内部取引消去	合計
	A事業	B事業	共通	小計	a事業	b事業	共通	小計			

I　一般正味財産増減の部
　1．経常増減の部
　　(1) 経常収益
　　　　基本財産運用益
　　　　　中科目別記載
　　　　特定資産運用益
　　　　　中科目別記載
　　　　受取会費
　　　　　中科目別記載
　　　　事業収益
　　　　　中科目別記載
　　　　受取補助金等
　　　　　中科目別記載
　　　　受取負担金
　　　　　中科目別記載
　　　　受取寄付金
　　　　　中科目別記載
　　　　　………………
　　　　経常収益計
　　(2) 経常費用
　　　　事業費
　　　　　中科目別記載
　　　　　………………
　　　　管理費
　　　　　中科目別記載
　　　　　………………
　　　　経常費用計
　　　　評価損益等調整前当期経常増減額
　　　　基本財産評価損益等
　　　　特定資産評価損益等
　　　　投資有価証券評価損益等
　　　　評価損益等計
　　　　当期経常増減額
　2．経常外増減の部
　　(1) 経常外収益
　　　　　中科目別記載
　　　　経常外収益計
　　(2) 経常外費用
　　　　　中科目別記載
　　　　経常外費用計
　　　　当期経常外増減額
　　　　他会計振替額
　　　　当期一般正味財産増減額
　　　　一般正味財産期首残高
　　　　一般正味財産期末残高
II　指定正味財産増減の部
　　受取補助金等
　　　………………
　　一般正味財産への振替額
　　　………………
　　　当期指定正味財産増減額
　　　指定正味財産期首残高
　　　指定正味財産期末残高
III　正味財産期末残高

（4）（公益目的事業とその他事業に係る事業費の）収益事業に関する共通への配賦

　収益事業等に係る事業費で収益事業とその他の事業とに配賦することが困難な経費は、収益事業に係る事業費に配賦することができます（FAQⅥ-2-③）。

（5）収益事業に関する共通への配賦

　収益事業またはその他の事業（法人の構成員を対象として行う相互扶助等の事業を含む）のそれぞれにおいて、各事業に配賦することが困難な経費はそれぞれの会計のなかで「共通」の会計区分を設けて配賦することができます（FAQⅥ-2-③）。

Q60 事業費と管理費の概念がわかりません。どのようなものが事業費で、どのようなものが管理費なのでしょうか。

A

　事業費とは、当該法人の事業の目的のために要する費用です。管理費とは、法人の事業を管理するため、毎年度経常的に要する費用です。事業費と管理費の分類は、形態で判断するのではなく、使用目的に基づいて分類します。

解説

1 事業費と管理費

　公益法人は、公益目的事業比率が50％以上となることが求められています（認定法第15条）。公益目的事業比率は、公益実施費用額、収益等実施費

18　収益事業等の区分経理　143

用額、管理運営費用額を基礎として算出するため（認定法第5条第8号）、事業費（公益実施費用額及び収益等実施費用額）と管理費（管理運営費用額）を適切に分類する必要があります。

（1）事業費と管理費

　法人が目的とする事業を行うために、直接要する人件費やその他の経費が事業費です。法人が各種の事業の管理を行うために、毎年経常的に要する費用が管理費です（公益認定等ガイドラインⅠ7.（1）①）。

　公益認定等ガイドラインⅠ7.（1）では、管理費及び事業費に含むことができる例示が挙げられています。

（管理費の例示）
総会・評議員会・理事会の開催運営費、登記費用、理事・評議員・監事報酬、会計監査人監査報酬。
（事業費に含むことができる例示）
専務理事等の理事報酬、事業部門の管理者の人件費は、公益目的事業への従事割合に応じて公益目的事業費に配賦することができる。
管理部門（注）で発生する費用（職員の人件費、事務所の賃借料、光熱水費等）は、事業費に算入する可能性のある費用であり、法人の実態に応じて算入する。
（注）管理部門とは、法人本部における総務、会計、人事、厚生等の業務を行う部門である。

（2）事業費と管理費の分類

　公益法人が会計帳簿及び計算書類を作成するための基準として活用される平成20年会計基準の運用指針の「12.財務諸表の科目（2）正味財産増減計算書に係る科目及び取扱要領（一般正味財産増減の部）」では、財務諸表を作成する際の一般的、標準的な下記科目が例示されています。事業費と管理費では、ほとんどの科目が共通しています。これは事業費と管理費は形態で判断するのではなく、使用目的により分類すること示しています。

事業費
給料手当　臨時雇賃金　退職給付費用　福利厚生費　旅費交通費　通信運搬費　減価償却費　消耗什器備品費　消耗品費　修繕費　印刷製本費　燃料費　光熱水料費　賃借料　保険料　諸謝金　租税公課　支払負担金　支払助成金　支払寄付金　委託費　有価証券運用損　雑費

管理費
役員報酬　給料手当　退職給付費用　福利厚生費　会議費　旅費交通費　通信運搬費　減価償却費　消耗什器備品費　消耗品費　修繕費　印刷製本費　燃料費　光熱水料費　賃借料　保険料　諸謝金　租税公課　支払負担金　支払寄附金　支払利息　雑費

2 事業管理費

これまで、管理費として計上されることが多かった事業管理費（**1**(1)（事業費に含むことができる例示））を事業費として計上することができることになった点には、留意が必要です。

18　収益事業等の区分経理　　145

第2章

公益法人のガバナンス

1 公益法人のガバナンス

Q61 新しい公益法人制度では「法人のガバナンスが強化された」といわれていますが、「ガバナンス」とはどのような意味なのでしょうか。

A

　ガバナンスとは、団体の行動を規律する仕組みのことを指します。従前の公益法人制度の反省に立ち、今般の制度改革では、法人が理事らに私物化されることがないよう、法人における意思決定の透明性を確保することが重視されています。常に外部からの検証に耐えうるガバナンスの仕組みを構築していくことが重要です。

解説
1 ガバナンスとは

　ガバナンスとは、一般的に「（企業）統治」といった日本語があてられることが多いことからもわかるように、団体の行動を規律する仕組みのことを指します。これは、団体の目的（企業においては営利目的、公益法人においては公益目的）を達するために直接行う活動から、不正を防止して団体としての長期的な存続を確保するために行う活動まで、団体のあらゆる行動に関する仕組みを含む概念です。通常、企業におけるコーポレート・ガバナンスとして論じられることが多いですが、今日の公益法人にとっても不可欠なものとなっています。

2 公益法人におけるガバナンスの必要性とその内容

(1) 公益法人制度改革におけるガバナンスの意味

　Q2で述べたとおり、公益法人制度の改革の一つの意味は、旧制度下における法人の不祥事の多発を受け、法人のガバナンスを強化することによって同種の不祥事の根絶を図った点にあるということができます。

　すなわち、比較的近年のものに限っても、法人の不祥事としては、KSD事件、日本相撲協会事件、漢字検定協会事件等多数の事例が挙げられますが、これらはいずれも、法人や、その理事等の行動を律する仕組みが不十分かつ不透明であったことに起因していました。

　法人に不祥事が起きれば、法人に対する信用が失墜して法人自体にダメージが生じることは当然ですが、法人を取り巻くあらゆるステークホルダー（利害関係者）も広く被害を受けることとなります。とりわけ、公益法人は税制上の優遇や補助金の交付を受けているため、いわば、国民全体が究極的なステークホルダーともいえる存在ですから、公益法人の不祥事は、国民全体にとっての損害であると考えるべきです。

　このような観点から、近時の公益法人制度改革においては、公益法人のガバナンス強化が重要な課題となりました。具体的には、不祥事は公益法人における意思決定（ないし理事の単独行動）の不透明性に原因があるとの反省のもと、公益法人の内部からだけでなく、外部からも公益法人の意思決定の透明性が確認できるよう法人の内外からのガバナンスが強化されています。

(2) 内部からのガバナンスの強化（機関設計及び役割の明確化）

　旧制度では、公益社団法人では社員総会と理事だけが、公益財団法人では理事だけが必置の機関とされ、監事は任意の機関とされていました。また、理事会や代表理事、評議員（会）といった制度にいたっては、そもそも法律上の規定すら存在せず、その役割や責任も明確ではありませんでした。その

ため、法律によるミニマム・スタンダードとしてのガバナンスはほとんど機能しておらず、法人間においてばらつきが極めて大きいのが実情でした。

これに対し、新制度における公益社団法人では、新たに理事会と監事が必置の機関とされました。

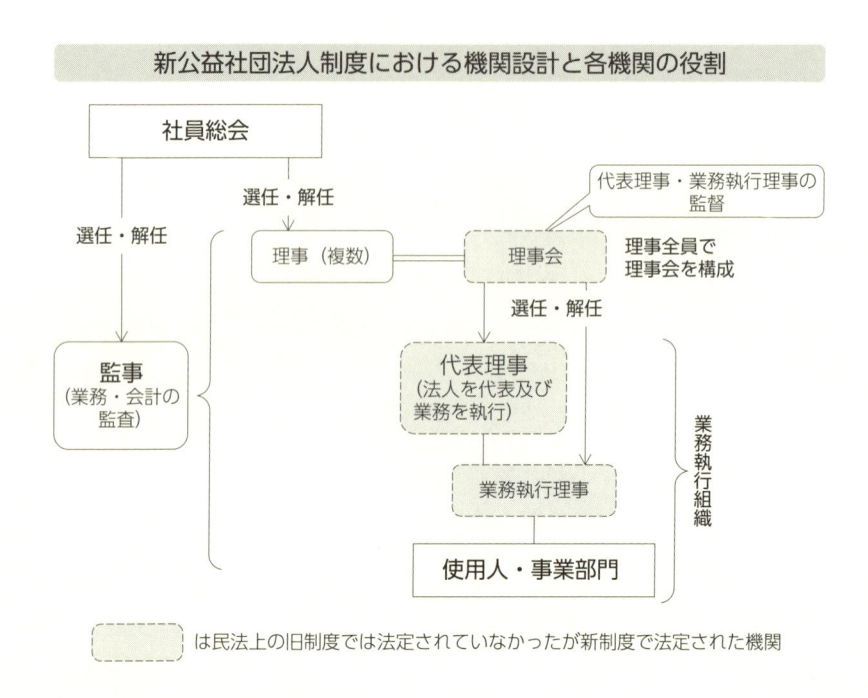

新公益社団法人制度における機関設計と各機関の役割

```
                    社員総会
                  ┌─────────┐
                  │         │
         選任・解任│  選任・解任        代表理事・業務執行理事の
                  │                    監督
         ┌────────┘    ┌─────────┐  ┌─────────┐
         ▼             │理事(複数)│──│ 理事会  │  理事全員で
      ┌─────┐          └─────────┘  └─────────┘  理事会を構成
      │監事 │                        選任・解任
      │(業務・│                           │
      │会計の│                           ▼
      │監査)│                    ┌─────────┐
      └─────┘                    │ 代表理事 │   業
                                 │(法人を代表│   務
                                 │及び業務を │   執
                                 │執行)     │   行
                                 └─────────┘   組
                                      │       織
                                      ▼
                                ┌─────────┐
                                │業務執行理事│
                                └─────────┘
                                      │
                                ┌─────────┐
                                │使用人・事業部門│
                                └─────────┘
```

[　　] は民法上の旧制度では法定されていなかったが新制度で法定された機関

また、公益財団法人では新たに理事会、監事、評議員、評議員会が必置の機関となりました（認定法第5条第14号ハ、法人法第60条第2項、第170条第1項）。

新たな公益社団法人制度における機関設計と各機関の役割

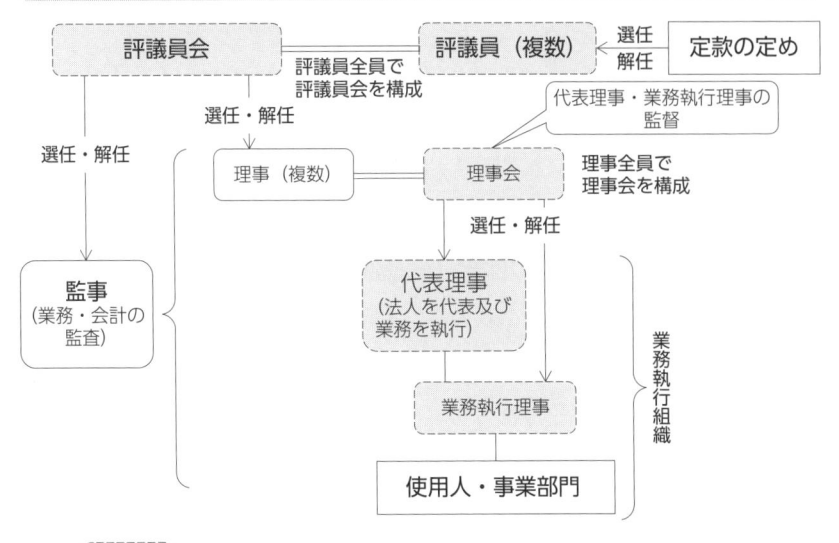

```
評議員会 ── 評議員（複数） ←選任・解任── 定款の定め
  │     評議員全員で
  │     評議員会を構成
  │                    代表理事・業務執行理事の
  │     選任・解任           監督
選任・解任   │           │
  │        ↓           │
  │      理事（複数）═══理事会      理事全員で
  │                              理事会を構成
  ↓              選任・解任
 監事                ↓
（業務・会計の      代表理事
  監査）        （法人を代表及び    業務
              業務を執行）       執行
                   ↓          組織
                業務執行理事
                   │
                使用人・事業部門
```

　　　　　　　は民法上の旧制度では法定されていなかったが新制度で法定された機関

　なお、公益社団法人、公益財団法人のいずれにおいても、一定の規模以上の法人（収益1000億円以上、費用及び損失の合計額1000億円以上、または負債50億円以上）については、会計監査人の設置も義務づけられています（認定法第5条第12号、認定令第6条）。

　そして、理事会として理事に委任することなく審議・決定しなければならない重要な業務執行（法人法第90条第4項、第197条）のなかに、理事の職務の執行が法令及び定款に適合することを確保するための体制その他一般社団法人の業務の適性を確保するために必要な体制（いわゆる内部統制システム）の整備も含まれるとされ、特に大規模な公益法人（負債200億円以上）においては、その整備が義務化されました（法人法第90条第5項、第197条）。これは、会社法における取締役会の内部統制システム整備に関する定め（会社法第362条第4項第6号）を参考に、理事会による理事の職務執行の監督権限を実効的なものとするため、他の理事の行為を単に監視するだけでなく、他

の理事の行動を律することが可能な社内のシステムを整備すること自体を重視したものです。

また、理事らが任務を怠った場合の法人に対する損害賠償責任（法人法第111条、第198条）や、第三者に対する損害賠償責任（法人法第117条、第198条）を定めることで、その責任と責務の明確化も図られました。

(3) 外部からのガバナンスの強化（情報開示の拡充）

内部からのガバナンスが、公益法人の内部機関による自律的なガバナンスを念頭に置いたものだったのに対し、外部からのガバナンスは、公益法人の情報を外部に開示することによるモニタリングを狙ったものといえます。

すなわち、公益法人は、財産目録等の書類を作成・備置き・公告しなければならず、当該書類については、原則として公益法人の業務時間内はいつでも誰でも閲覧することができます（認定法第21条第4項）。公益法人は、毎事業年度経過後3か月以内に財産目録等を行政庁に提出する必要がありますが、行政庁は、これらの書類について閲覧・謄写の請求があった場合には、一定の要件のもとでこれを認めなければなりません（認定法第22条第2項）。

また、行政庁は、公益法人について、公益認定の取消事由に該当すると疑うに足りる相当な理由がある場合は、期限を定めて必要な措置をとるべき旨の勧告をすることができ、当該勧告を受けた公益法人が、正当な理由なくその勧告に係る措置をとらなかったときは、行政庁はその勧告に係る措置をとるよう命ずることができるとされていますが、当該勧告の内容や当該命令がされた旨は公表・公示されることとなっています（認定法第28条第2項、第4項）。

内部からのガバナンスと外部からのガバナンス

外部からのガバナンス：財産目録等の情報開示によるモニタリング

内部からのガバナンス：
- 理事会・監事の必置化（一定規模以上：会計監査人の必置化）
- 内部統制システム整備義務
- 役員等の責任の明確化

外部からのガバナンス：勧告や命令の情報開示によるモニタリング

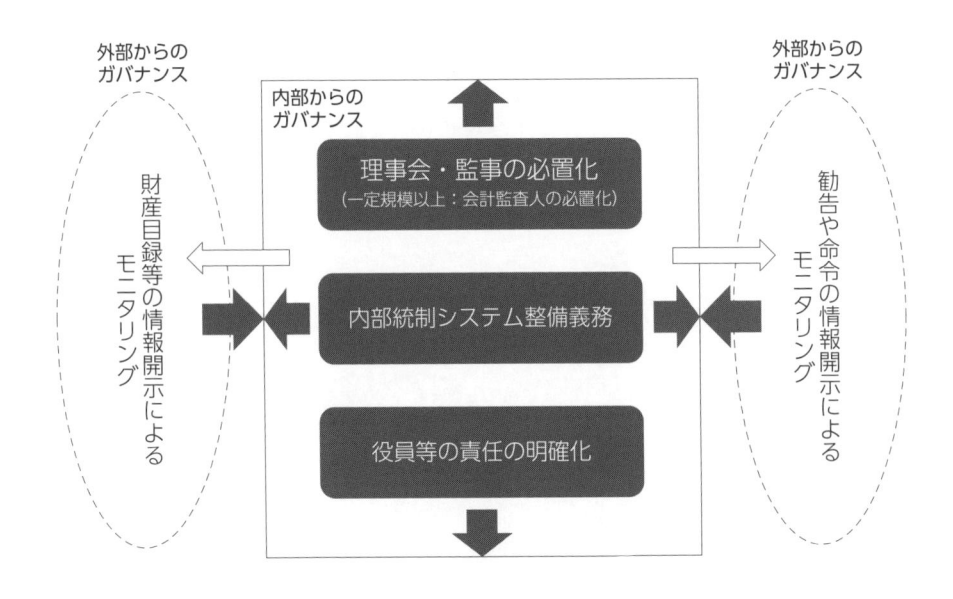

3 勧告事例からみるガバナンスのポイント

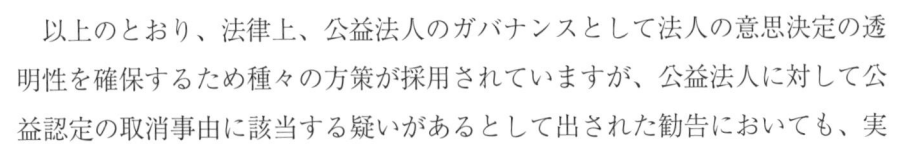

　以上のとおり、法律上、公益法人のガバナンスとして法人の意思決定の透明性を確保するため種々の方策が採用されていますが、公益法人に対して公益認定の取消事由に該当する疑いがあるとして出された勧告においても、実際に同様の観点からの指摘が多くなされています。

　例えば、全日本テコンドー協会の事案（1回目、**コラム6**）や、日本アイスホッケー連盟の事案（**コラム7**）、全日本柔道連盟の事案（**コラム9**）では、当該公益法人の機関やその選任方法について法律が予定している手続が適正にとり行われたかどうかが直接的に疑問視されています。また、日本プロゴルフ協会の事案（**コラム10**）では、理事らの意思決定過程について外部（第

1　公益法人のガバナンス　153

三者委員会）による検証の必要性が指摘されています。

　このように、公益法人においては、その意思決定が外部からみて透明性があるものかどうか、また、そのことを事後的にも説明・検証しうるものかどうかがガバナンスのポイントであるといえます。

COLUMN 5

勧告事例に学ぶガバナンス①
新制度移行後の勧告事例

　新制度への移行後、スポーツの競技団体（公益法人）に対する、内閣府からの勧告が相次いでいます。

　新公益法人制度施行後、内閣府による勧告は平成26年末時点で5件あり、すべてスポーツ団体です。

　平成25年には、①指導者による暴力問題や不適切な助成金処理等が問題となった全日本柔道連盟、②役員改選をめぐって内紛が続いていた日本アイスホッケー連盟、③社員総会での議決権を違法に停止させていたことが指摘された全日本テコンドー協会が内閣府から勧告を受けました。平成26年には、④元副会長等が暴力団員と交際し金銭を受け取っていた問題が指摘された日本プロゴルフ協会が内閣府から勧告を受け、⑤全日本テコンドー協会が、経理処理が適正でないとして、2度目の勧告を受けました。

　平成26年7月には、全日本テコンドー協会に対する公益認定が取り消され、新制度のもとでの初の公益認定取消事例となりました。その際、内閣府は取消処分の公表にあたって次のとおり声明を発表し、公益法人に対して、社会的存在としての自覚を促しました。

> 「公益法人制度改革により、旧制度における公益法人は、新制度の下での公益法人又は一般法人のどちらを目指すのか、それぞれ法人内部での検討を経て選択することとなった。同法人が新制度の移行に際し、同法人が自ら最も適切と考える法人形態を選択したはずである。
> 　公益法人は、税制優遇を受けながら公益目的事業を実施する社会的な存在であり、国民からの信頼を得つつ、自主的・自律的な法人運営を行っていかなければならない。このため、公益認定法においては、公益法人による事業の適正な実施を確保するための基準や仕組みが定められている。
> 　勧告が指摘した事項について法人が自主的に改善措置を完了する前に、当の法人から公益認定の取消しが申請されたことは、異例の事態である。民による公益の増進の担い手として、社会的存在としての責務を自覚しつつ、関係法令の規定を守りつつ、高い志を持って公益活動を継続して行っていただくことができなかったことは残念である。

この声明は公益法人が税制優遇を受けながら公益目的事業を実施する社会的存在である以上、社会に対する大きな責任を負っていることを改めて指摘したものであり、各公益法人にはガバナンスを確保するために必要な対応を行うことが求められているのです。

公益法人に対する勧告事例と勧告の主な内容

	公益法人	勧告の主な理由、勧告年月日、資料URL
①	全日本柔道連盟 （→コラム9）	公益目的事業を適正に実施しうるだけの経理的基礎及び技術的能力を有していること及び理事会等の当該法人の機関が法人法に規定する権限等を適切に果たしていることについて疑念を抱かせる。 勧告年月日：平成25年7月23日 https://www.koeki-info.go.jp/pictis_portal/other/pdf/20130723_kankoku.pdf
②	日本アイスホッケー連盟 （→コラム7）	評議員会における役員の選任に関する法人法の規定に違反している疑いがある。 勧告年月日：平成25年11月19日 https://www.koeki-info.go.jp/pictis_portal/other/pdf/20131119_kankoku.pdf
③	全日本テコンドー協会（1回目） （→コラム6）	社員総会における議決権に関する法人法の規定に違反している疑いがある。 勧告年月日：平成25年12月10日 https://www.koeki-info.go.jp/pictis_portal/other/pdf/20131210_kankoku.pdf
④	日本プロゴルフ協会 （→コラム10）	従前の暴力団排除宣言にも関わらず新たに暴力団との関わりが明るみとなり、第三者委員会の設置や関係者の適正な処分等の適切な対処がなされず、法人の内外に対する説明がほとんどされていない結果、暴力団排除の対応が徹底されていない。 勧告年月日：平成26年4月1日 https://www.koeki-info.go.jp/pictis_portal/other/pdf/20140401_kankoku.pdf
⑤	全日本テコンドー協会（2回目） （→コラム8）	公益目的事業を適正に実施しうるだけの経理的基礎を有していない疑いがある。 勧告年月日：平成26年4月16日 https://www.koeki-info.go.jp/pictis_portal/other/pdf/20140416_kankoku.pdf

2 機関

Q62 公益法人・一般法人にはどのような機関が設置されるのでしょうか。

A

　社団法人には、社員総会、理事、理事会、監事が設置され、一定の財務的基盤のある社団法人には会計監査人も設置されます。

　財団法人には、評議員会、理事、理事会、監事が設置され、一定の財務的基盤のある社団法人には会計監査人も設置されます。

　上記の法定の機関の他、法人の実情に応じて、常任理事会や委員会等の任意機関を設置することがありますが、名称、構成、権限等を定款等に明確に定めるとともに法定の機関の権限を制限することのないように注意する必要があります。

解説

1 社団法人の機関

（1）一般社団法人の機関

　社団法人は、社員（人）の集合体に対して法人格を付与するものであり、その最高意思決定機関として社員総会が置かれ（法人法第35条第1項）、社団法人の業務執行機関として少なくとも理事1名を置くことが定められています（法人法第60条第1項）。これに加え、定款に定めることにより、任意に、3名以上の理事を置くこととして業務執行の意思決定を行う理事会を設置し

たり、理事の業務執行を監督する機関として監事を設置したり、会計監査人を設置することもできます（法人法第60条第2項）。ただし、理事会、会計監査人の両方もしくは一方を設置することとした場合は監事も置く必要があり（法人法第61条）、大規模一般社団法人（最終事業年度に係る貸借対照表の負債額200億円以上。法人法第2条第2号）は会計監査人を設置する必要があります（法人法第62条）。

したがって、一般社団法人に設置される機関の組合せは、以下の5通りということになります。

① 社員総会、理事
② 社員総会、理事、監事
③ 社員総会、理事、監事、会計監査人
④ 社員総会、理事、理事会、監事
⑤ 社員総会、理事、理事会、監事、会計監査人

上記のいずれとするかは、当該法人の規模や目的、適正な運営と迅速な意思決定等のバランス、目指すべきガバナンスの強度等により、各法人ごとに定めることとなります。

(2) 公益社団法人の機関

公益社団法人は、不特定かつ多数の利益の増進に寄与する事業（公益目的事業）を営むことを目的とし、これに対して税務上の恩典が与えられていること等に鑑み、一般社団法人より高度な統制が求められます。このことから、公益認定の基準として理事会の設置が求められています（認定法第5条第14号ハ）。

また、公益認定法においては、会計監査人の設置が求められる基準が、法人法より厳しくされており、具体的には、①最終事業年度に係る収益の部の合計額1000億円未満、かつ、②同じく費用及び損失の部の合計額が1000億円未満、かつ、③最終事業年度に係る貸借対照表の負債の部の合計額が50

億円未満である場合以外は、会計監査人の設置が必要になります（認定法第5条第12号、認定令第6条）。

したがって、公益社団法人に設置される機関の組合せは、以下の2通りということになります。

① 社員総会、理事、理事会、監事
② 社員総会、理事、理事会、監事、会計監査人

2 財団法人の機関

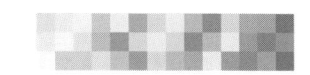

（1）一般財団法人の機関

財団法人は一定の目的のもとに拠出された財産の集合体に対して法人格を付与するものであり、社員や社員総会は存在しません。そのため、理事等の選任や定款の変更等財団法人運営の基本的事項を定める機関が必要であることから、3名以上の評議員及び評議員からなる評議員会を置くこととしています（法人法第170条第1項）。なお、法人法施行前の公益財団法人においては、法律上の定めはなかったものの、監督官庁における指導監督基準及びその運用指針において、理事等の執行機関を客観的立場から牽制し、業務執行の公正、法人運営の適正を図る任意の機関として評議員及び評議員会を設置する必要がある旨定められ、実際に多くの公益財団法人に設置されていましたが、法人法における評議員及び評議員会とは名称は同じでも、法律上の根拠や位置づけがまったく異なる別個の機関ですので、混同しないよう注意が必要です。

また、財団法人においては、理事を3名以上選任することを要し（法人法第177条、第65条第3項）、業務執行に関する意思決定を行う機関として理事会を設置することとされており、理事の業務執行を監督する機関たる監事も必置機関とされています（法人法第170条第1項）。また、定款に定めることにより任意に会計監査人を置くことができます（法人法第170条第2項）が、

大規模一般財団法人（最終事業年度に係る貸借対照表の負債額200億円以上。法人法第2条第3号）は会計監査人を設置する必要があります（法人法第171条）。

　したがって、一般財団法人に設置される機関の組合せは、以下の2通りということになります。

① 評議員、評議員会、理事、理事会、監事
② 評議員、評議員会、理事、理事会、監事、会計監査人

(2) 公益財団法人の機関

　公益財団法人においても、設置される機関の組合せは、一般財団法人の場合と同じですが、公益認定法において会計監査人の設置が求められる基準が法人法より厳しくされており、具体的には、①最終事業年度に係る収益の部の合計額1000億円未満、かつ、②同じく費用及び損失の部の合計額が1000億円未満、かつ、③最終事業年度に係る貸借対照表の負債の部の合計額が50億円未満である場合以外は、会計監査人の設置が必要になります（認定法第5条第12号、認定令第6条）。

3　その他の機関

　法人運営上の必要から、法律に根拠のない任意機関を設置することも可能です。法人の規模が大きい場合等、日常業務の執行に関する事項を協議するため、常勤の理事による常任理事会を設置したり、一定の分野ごとの委員会を組織する場合等があります。また、会の運営に対する意見を聞くため、会の運営に功績のあった者を名誉会長や相談役、顧問等に任命することもあります。

　これらの任意機関を設置する場合、法定の機関との混同が生じないよう、任意機関の名称、定数、構成、権限等を定款もしくは規程に明確に定めると

ともに、法定の機関である社員総会、評議員会、理事会等の権限を制限し、抵触しないよう注意する必要があります。例えば、理事の一部及び事務局職員のみを構成員とする常任理事会を組織し、常任理事会の決議をもって理事会の決議に代えることはできませんし、常任理事会の決議がなければ理事会で決議を行うことができないとすることも許されません。

Q63 公益社団法人・一般社団法人では社員はどのような地位にあるのでしょうか。また、社員総会はどのようなことを決定するのでしょうか。

A

　公益社団法人・一般社団法人の社員は、社員総会の構成員として、社員総会における議決権の行使等を通じて、社団法人の運営に関与します。

　社団法人の社員総会は、理事、監事、会計監査人の選任や解任、定款の変更等、社団法人の基本的事項に関し、法人法に定められた事項及び定款に定められた事項を決議します。

解説

1 社団法人の社員

（1）社員の地位

　社団法人は、社員（人）の集合体に対して法人格を付与するものであり、その設立に際し2人以上の社員による定款の作成が必要とされ（法人法第10条第1項「共同して」）、社員が欠けたことが解散事由とされる（ただし、社員が1人となったことは解散事由とはされていない）等、社員は社団法人の構成員として、存立の基礎をなしています。

　社員の資格の得喪に関する規定は定款の必要的記載事項（法人法第11条第

2　機関　　161

1項第5号）であり、社員は定款に定められた手続により入社し、退社します。社団の趣旨や目的等から社団法人の構成員たる社員の資格を制限する場合がありますが、公益社団法人においては、「社員の資格の得喪に関して、当該法人の目的に照らし、不当に差別的な取扱いをする条件その他の不当な条件を付していないものであること」が公益認定の基準とされています（認定法第5条第14号イ）。したがって、公益社団法人において、社員の資格に制限を設ける場合には、公益社団法人の趣旨や目的に鑑み、不合理な条件とならないよう注意する必要があります。

社員は定款に別段の定めがない限りいつでも退社でき、定款の定めがある場合でもやむをえない事由があるときはいつでも退社することができます（法人法第28条）。また、社員は、①定款で定めた事由の発生、②総社員の同意、③死亡または解散、④除名により退社します（法人法第29条）。除名については、正当な事由がある場合に限り社員総会の特別決議により行うことができ、当該社員に対する通知や、弁明の機会の付与、除名後の通知等の手続が定められています（法人法第30条、第49条第2項第1号）。

（2）社員の権利義務

社団法人の社員は、社員総会における議決権（法人法第48条第1項）を中心として、社団法人の管理運営に参加するための各種権限（社員総会招集権、法人法第37条第1項）、議事録等の閲覧請求権（法人法第57条第4項）、社員提案権（法人法第43条第1項等）を有しています。社団法人の社員はこれらの権限を活用して理事等に対する監督権限を行使することが期待されています。一方で、社団法人は非営利法人であることから、社員に剰余金または残余財産の分配を受ける権利を与える旨の定款は効力を有しないとされ（法人法第11条第2項）、社員総会において、社員に剰余金を分配する旨の決議はできないとされる（法人法第35条第3項）等、原則として社員に個人的な経済的利益を与えることは想定されていません。この点は営利法人である株式

会社との大きな違いです。

　一方、社員の義務としては、定款で経費の負担等を定められることがあり、その場合には、社員は、当該経費の支払義務を負うことになります（法人法第27条）。

（3）社員名簿

　社団法人は、社員の氏名、名称、住所を記載した名簿を作成しなければならず（法人法第31条）、主たる事務所に備え置く必要があり（法人法第32条第1項）、公益社団法人においては、誰でも営業時間内に個人の住所を除き閲覧を請求することができます（認定法第21条第4項、第5項）。

2 社団法人の社員総会

（1）社員総会の地位と権限

　理事会の設置されていない一般社団法人における社員総会は、一般社団法人の最高意思決定機関として、一般社団法人の組織、運営、管理その他一般社団法人に関する一切の事項について決議することができます（法人法第35条第1項）が、公益社団法人においては、必ず理事会が設置される（認定法第5条第14号ハ）ことから、社員総会の決議事項は、法人法に規定する事項及び定款で定めた事項（具体的には、理事、監事、会計監査人の選任や解任、定款の変更等、公益社団法人の基本的事項）に限られます（法人法第35条第2項）。これは、理事会が設置されるような一定規模以上の社団法人については、社員総会の決議事項は社団法人の基本的事項に限ることとし、業務執行に関する意思決定を理事会に委ねることにより、意思決定の合理性と迅速性の確保を図ったものです。上記に例示した決議事項を含め、法人法には、社員総会の決議事項として、以下のようなものが定められています。

社員総会の決議事項

（表中の条項は法人法）

普通決議事項： 総社員の議決権の過半数を有する社員が出席し、出席した社員の議決権の過半数の賛成により可決（第49条第1項）	役員、会計監査人の選任（第63条第1項） 理事、会計監査人の解任（第70条第1項） 理事の報酬（第89条） 監事の報酬（第105条第1項） 計算書類等の承認（第126条第2項）等
特別決議事項： 総社員の半数以上かつ総社員の議決権の3分の2以上にあたる多数により可決（第49条第2項）	社員の除名（第30条第1項） 監事の解任（第70条第1項） 役員責任の一部免除（第113条第1項） 定款変更（第146条） 事業譲渡（第147条） 解散決議（第148条第3号） 法人の継続（第150条）　等

　法人法において社員総会の決議が必要とされている事項について、理事、理事会その他の社員総会以外の機関が決定することができることを内容とする定款の定めは効力を有しないものとされています（法人法第35条第4項）。逆に、理事会設置一般社団法人や公益社団法人においても、理事会決議事項とされているものについて、定款で定めることにより社員総会決議事項とすることは可能であると解されています。

（2）社員総会における社員の議決権

　社団法人において、社員は、原則として、1人1個の議決権を有します（法人法第48条第1項）。保有する株式数に応じて議決権を有する株式会社とはこの点で大きく異なっています。社員の議決権に関し、定款で、上記とは異なる別段の定めを置くこともできます（法人法第48条第1項但書）が、社員総会において決議をする事項の全部につき社員が議決権を行使することができない旨の定款の定めは効力を有しません（法人法第48条第2項）。

　公益社団法人においては、上記の別段の定めを定款に置く場合には、①社

員の議決権に関して、当該法人の目的に照らし、不当に差別的な取扱いをしないものであり、②社員の議決権に関して、社員が当該法人に対して提供した金銭その他の財産の価格に応じて異なる取扱いを行わないものである必要があることとされています（認定法第5条第14号ロ）。

(3) 代議員制の採用

なお、従前、会員数が多い社団法人では一部で代議員制が採用されていました。代議員制とは、団体の会員の一部の者を代議員として選任し、代議員をもって法人の社員とする制度です。

代議員制も、定款で定めることにより採用が可能ですが、社員とならない会員の意見も法人の運営に適切に反映されるような適切な制度を定めることが重要です。また、公益社団法人において代議員制度を採用する場合には、行政庁の審査の対象となることに注意が必要です（**Q46**参照）。

3 社員権、社員総会を通じたガバナンス確保

理事が適正な業務執行を確保し、理事の不正な業務執行を妨げるには、社員総会が有する理事の選任・解任権が適切に行使されることが肝要です。そのために、社員に対し、法律、定款に従って、適切に情報が開示され、社員が積極的に社団法人の運営に関与する姿勢が求められます。

Q64 公益財団法人・一般財団法人において評議員はどのような地位にあるのでしょうか。また、評議員会はどのようなことを決定するのでしょうか。

A

　公益財団法人・一般財団法人の評議員は、評議員会の構成員たる機関であり、社団法人における社員のような法人の構成員ではありません。

　財団法人の評議員会は、社団法人における社員総会と同様、理事、監事、会計監査人の選任や解任、定款の変更等、公益社団法人の基本的事項に関し、法律に定められた事項及び定款に定められた事項を決議します。

解説
1　財団法人の評議員

（1）評議員の地位

　財団法人は、一定の目的のために拠出された財産に法人格を付与するものであり、社団法人のように法人の構成員たる社員は存在しません。資金拠出者（設立者）も設立時の定款にその意思を反映させることはできるものの、設立後の運営にはその地位に基づいては関与しません。そこで、財団法人には、社団法人における社員総会と同様、理事、監事、会計監査人の選任、解任や定款の変更等財団法人の基本的事項を定める機関として、3人以上の評議員から構成される評議員会を設置することが義務づけられています（法人法第170条第1項、第173条第3項）。評議員は評議員会を構成する機関であり、法人の構成員である社団法人の社員とはその位置づけが異なります。

（2）評議員の選任及び解任

　評議員の選任及び解任の方法は、定款の必要的記載事項とされています

（法人法第153条第1項第8号）。また、定款で、財団法人の設立に際して評議員となる者（設立時評議員）、もしくは、その選任方法を定めることとされています（法人法第153条第1項第6号、第159条第1項）。これは、財団法人の基本的事項を定める評議員会の構成員たる評議員の選任方法については、財産の拠出者（設立者）に委ねてその意思を財団法人の運営に反映させようとしたものです。

　財団法人の運営・管理の根幹部分については、設立者の意思が尊重される仕組みとされるべきことから、評議員の選任及び解任に関する定款の規定は、設立時の定款に特に変更できる旨の規定がある場合、もしくは、設立の当時予見することのできなかった特別の事情により、定款の定めを変更しなければその運営の継続が不可能、または、著しく困難となるに至ったときに裁判所の許可を得た場合を除き、評議員会の決議によっても変更できないこととされています（法人法第200条第1項但書、第2項、第3項）。

　評議員の選任及び解任の方法の定めに関しては、被監督者たる理事及び理事会が監督者たる評議員会の構成員である評議員の選任、解任権を有することとなると、適切な監督が期待しえなくなることから、理事または理事会が評議員を選任し、または解任する旨の定款の定めは効力を有しないこととされています（法人法第153条第3項第1号）。

　評議員の選任及び解任の方法に関しては、①評議員会の決議による方法、②評議員選定委員会等評議員の選任及び解任のための任意の機関を設置する方法、③外部の特定の者に選任解任を委ねる方法等が考えられます。評議員会は、理事、監事、会計監査人の選任権限や、法人の根本規範である定款の変更権限も有することから、評議員にどのような者が選任されるのかは当該法人の運営にとって極めて重要であり、その選任及び解任の方法についても、設立者が意図した運営がなされるよう、しっかりと設計することが重要です。

（3）評議員の資格

　評議員の資格については、法人法第173条第1項により、理事及び監事の資格に関する法人法第65条第1項が準用されており、同項記載の者（法人や成年被後見人等、一定の罪を犯した者等）は評議員になることができません。

　また、評議員は、理事、監事等の選任権を通じて、これらの者の職務執行を監督することが期待されていることから、当該法人またはその子法人の理事、監事または使用人を兼ねることができないこととされています（法人法第173条第2項）。

（4）評議員の任期

　評議員の任期は、選任後4年以内に終了する事業年度のうち最終のものに関する定時評議員会の終結のときまでです（法人法第174条第1項）。ただし、定款に定めることにより、その任期を選任後6年以内に終了する事業年度のうち最終のものに関する定時評議委員会終結のときまで伸張することができます（法人法第174条第1項但書）。また、評議員の改選期をそろえるため、定款に定めることにより、任期満了前に退任した評議員の補欠として選任された評議員の任期を、退任した評議員の任期の満了するときまでとすることもできます（法人法第174条第2項）。なお、この規定は、あくまで任期満了前に退任した評議員の補欠として選任された評議員に関してのものであり、他の評議員と異なる時期に単に増員として選任されたにすぎない評議員の任期を、他の評議員の任期満了のときまでとする旨の規定を定款に定めることは許されないと考えられます。

（5）評議員の権限と義務

　評議員は、評議員会における決議に加わる（法人法第189条第1項）他、評議員会招集権（法人法第180条第1項）、議事録等の閲覧請求権（法人法第193条第4項）、評議員提案権（法人法第184条）等の権限を行使して、理事及

び理事会等の業務執行を監督し、公益財団法人の管理運営に関与します。

　評議員は、社団法人の構成員たる社員と異なり、理事、監事、会計監査人と同様、財団法人との関係で、委任（民法第644条）の規定に従うものとされています（法人法第172条第1項）。したがって、評議員は、財団法人に対し、善良な管理者の注意をもって委任事務を処理する義務（いわゆる「善管注意義務」）を負っており、これに違反した場合、財団法人に対し損害賠償責任を負う（法人法第198条、第111条第1項）他、その職務を行うについて悪意または重大な過失があった場合には、これによって第三者に生じた損害を賠償する責任も負います（法人法第198条、第117条第1項）。この点は、任意の諮問機関とされていた旧民法時代の評議員の責任と比較して明らかに拡大されている点ですので、注意が必要です。

　評議員の報酬等の額は、定款で定めなければならないものとされています（法人法第196条）。

2 財団法人の評議員会の地位と権限

　評議員会は、理事、監事、会計監査人の選任や解任、定款の変更等、財団法人の基本的事項に関し、法人法に規定する事項及び定款で定めた事項に限り決議することができます（法人法第178条第2項）。これは、社団法人の社員総会がその構成員たる社員により組織される一方、財団法人の評議員及び評議員会は法人の構成員ではなく、法人の最高意思決定機関とするのはそぐわないこと、財団法人には理事会が必ず設置されること等に鑑み、理事会設置社団法人と同様に、評議員会と理事会との権限の分配を明確にしたものです。

　法人法には、評議員会の決議事項として、以下のようなものが定められています。

評議員会の決議事項

(表中の条項は法人法)

普通決議事項： 議決に加わることができる評議員の過半数が出席し、その過半数により可決（第189条第1項）	理事、監事、会計監査人の選任（第177条、第63条第1項） 理事、会計監査人の解任（第176条） 理事の報酬（第197条、第89条） 監事の報酬（第197条、第105条第1項） 計算書類等の承認（第199条、第126条第2項） 等
特別決議事項： 議決に加わることができる評議員の3分の2以上にあたる多数により可決（第189条第2項）	監事の解任（第176条第1項） 員責任の一部免除（第198条、第113条第1項） 定款変更（第200条） 事業譲渡（第201条） 法人の継続（第204条）　等

　法人法において評議員会の決議を必要とされている事項について、理事、理事会その他の評議員会以外の機関が決定することができることを内容とする定款の定めは効力を有しないものとされています（法人法第178条第3項）。

3 評議員の補欠選任

　なお、評議員については、定款でその方法についての定めを設けることによって、欠員が生じた場合に備えて補欠を選任しておくことができます（法人法第153条第1項第8号）。

　歴史の長い財団等では、評議員の選任方法の定め方によっては、評議員の入替りが少なく、定数のみ選任されている場合もあるようです。そのような財団では、任期途中で欠員が生じた場合にそなえて、評議員を補欠選任しておくことは有効な手段です。

　なお、2人以上の補欠の評議員を選任するときは、補欠の評議員相互間の優先順位等も併せて決定しておく必要があるでしょう（法人規則第12条第2

項第5号参照)。

Q65 理事は、どのような地位や権限を有するのでしょうか。

A

　理事は、理事会を構成する機関であり、法人の業務執行の意思決定に参画するとともに、代表理事等による業務執行を監督することが求められます。なお、理事の資格等については、認定法が事業の公益性を確保する見地から特別な制限を定めています。

解説

1 理事

(1) 理事の地位

　理事会を設置していない一般社団法人では、理事は、法人の業務について、社員総会、評議員会の定めた基本方針に基づいて、自ら意思決定を行い、業務執行を行う地位にあります。

　他方、理事会を設置している一般社団法人及び理事会が必置である公益社団法人・一般財団法人・公益財団法人においては、各理事は、理事会を構成する機関として、代表理事、業務執行理事の選定・解職、理事会での業務執行の意思決定、代表理事・業務執行理事の業務執行の監督等を行うべき地位にあります。

　理事会設置法人において代表理事・業務執行理事に選定された理事は、理事会の意思決定に基づいて業務執行を行う地位とともに、理事会の構成員としての理事の地位の両方を併有することになります。

2 機関　171

（2）理事の選任

　理事の選任は、旧制度と異なり、社員総会・評議員会の決議によって行う必要があり（法人法第63条第1項、第177条）、他の機関に委任することはできません。公益法人及び一般財団法人においては理事会が必置機関とされているため、理事の人数は3人以上必要です（法人法第65条第3項、第177条）が、その上限に制限はなく、法人が任意に定めることが可能です。

　なお、理事については、欠員が生じた場合に備えて補欠を選任しておくことができます（法人法第63条第2項）。その際、2人以上の補欠役員を選任するときは、補欠の役員相互間の優先順位等も併せて決定しておく必要があります（法人規則第12条第2項第5号）。

（3）理事の任期

　理事の任期は、選任後2年以内に終了する事業年度のうち最終のものに関する定時社員総会・定時評議員会の終結のときまでとなります（法人法第66条、第177条）。

　任期の短縮については、定款（社団法人・財団法人）または社員総会の決議（社団法人）によって可能です（法人法第66条但書、第177条）。ただし、任期の伸長については、法人のガバナンスを弱めるおそれがあり、認められていません。

（4）理事の資格

　理事の資格については、まず、法人法第65条第1項、第177条に欠格事由（法人、成年被後見人等）が定められており、係る事由に該当する者は理事になることができません（別表①参照）。また、法人のガバナンスを確保する見地から、理事はその法人の監事・評議員を兼ねることができないこととされています（法人法第65条第2項、第173条第2項、第177条）。

　さらに、公益法人の理事については、上記の他に、公益認定法が特別の規

律を定めています。まず、公益認定基準の一つとして、理事及び当該理事と特別な関係（Q41参照）にある者の合計数が理事の総数の3分の1を超えないことが求められます（別表②参照）。また、公益法人の理事として不適当と定められている者を理事とする法人も、公益認定を受けることができません（別表③参照）。

　理事を選任する場合には、その候補者の経歴等を慎重にチェックし、上記の規律に該当しないようにする必要があります。

別表①：理事の欠格事由（法人法第65条第1項、第177条）

①	法人
②	成年被後見人・被保佐人 （外国法令で同様に取り扱われている者を含む）
③	法人法・会社法の規定に違反し、または民事再生法等の倒産法上の一定の罪を犯し、刑に処せられ、その執行を終わり、またはその執行を受けることがなくなった日から二年を経過しない者
④	上記③以外の法令の規定に違反し、禁錮以上の刑に処せられ、その執行を終わるまでまたはその執行を受けることがなくなるまでの者 （刑の執行猶予中の者を除く）

(別表②：公益認定基準における理事数の制限) (認定法第5条10号、11号)

①	各理事について、「当該理事」及び「その配偶者または三親等内の親族（当該理事と政令で定める特別の関係がある者（注）を含む）」の合計数が、理事の総数の三分の一を超えないものであること（第10号） （注）「特別の関係がある者」とは、ア）当該理事と事実上婚姻関係にある者、イ）当該理事の使用人、ウ）当該理事から受ける金銭等で生計を維持しているもの、エ）上記イ及びウの配偶者、オ）上記アないしウに該当する者の三親等内の親族でこれらの者と生計を同一にする者をいいます（認定令第4条）。
②	他の同一の団体（注1）の「理事」または「使用人である者」「その他これに準ずる相互に密接な関係にある者として政令で定める者（注2）」の合計数が、理事の総数の3分の1を超えないものであること（第11号） （注1）「同一の団体」とは、基本的には法人格を同じくする単位で考えます。国の機関については、基準の趣旨に照らし、当該法人の目的、事業との関係において利害を同じくする範囲と考えられます。一般的には事務分掌の単位である省庁単位ですが、法人の目的、事業が国全般に関係する場合には国の機関単位で考えることになります。 （注2）「相互に密接な関係にある者」とは、ア）他の同一の団体の理事以外の役員または業務執行社員、イ）国の機関、地方公共団体、独立行政法人、国立大学法人・大学共同利用機関法人、地方独立行政法人、特殊法人・認可法人の各職員（国会議員及び地方公共団体の議会の議員を除く）をいいます（認定令第5条）。

別表③：公益認定の欠格事由のうち理事に関するもの（認定法第6条）

①	公益認定を取り消された日以前1年以内に理事であった者で、取消しの日から5年を経過していない者
②	公益認定法、法人法その他一定の刑罰法規に違反し、罰金の刑に処せられ、執行を終わり、または執行を受けることがなくなった日から5年を経過しない者
③	禁固以上の刑に処せられ、執行を終わり、または執行を受けることがなくなった日から5年を経過しない者
④	暴力団員による不当な行為の防止等に関する法律上の暴力団員または暴力団員でなくなった日から5年を経過しない者

2 代表理事

(1) 代表理事の地位

　代表理事は、法人の業務全般について法人を代表し、業務執行を行う機関です。この代表権は包括的なものであり、法人が加えた制限は善意の第三者に対抗することができません（法人法第77条第4項・第5項、第197条）。また、代表理事がその職務を行うについて第三者に損害を加えた場合、法人は、代表理事の選任及び事業の監督に過失がなくとも、第三者に賠償責任を負います（法人法第78条、第197条）。

　なお、法人と理事（または理事であった者）との間の訴訟については、理事間の馴れ合いによって法人の利益が害されることのないよう、常に監事が法人を代表することとなっています（法人法第104条第1項、第197条）。

(2) 理事会に対する職務執行状況の報告義務

　代表理事（及び業務執行理事）は、3か月に1回以上、職務の執行状況を理事会に報告する義務を負います（法人法第91条第2項、第197条）。係る報告については、回数を定款で「毎事業年度に4か月を超える間隔で2回以上」に緩和することが可能ですが、理事会が監督権限を有することに鑑み、報告を省略することはできません（法人法第98条第2項、第197条）。

(3) 代表理事の選定等

　代表理事は、理事会が理事のなかから選定します（法人法第90条第2項・第3項、第197条）。員数は上限の制限がなく、定款で定めることになります。なお、代表理事の氏名及び住所は登記事項となります。

　代表理事が任期満了または辞任により退任した結果、定款の下限を割った場合は、当該代表理事は、新たな代表理事が就任するまで、引き続き代表理事としての権利義務を有します（法人法第79条第1項、第197条）。他方で、

代表理事が在任中に死亡または所在不明となった場合は、すみやかに理事会にて新しい代表理事を選定する必要があります。理事会が開催できないときは、裁判所に一時代表理事の選任の申立てを行うことになります（法人法第79条第2項、第197条）。

3 業務執行理事

業務執行理事とは、代表理事以外の理事であって、理事会の決議によって法人の業務を執行する理事として選定された者をいいます（法人法第91条第1項第2号）。

法人が一定の業務執行権限を理事に付与する場合、係る理事は、専務理事・常務理事といった名称に関わらず、業務執行理事に該当します。

4 表見代表理事

代表権のない理事の行為は本来無効ですが、他方で、取引の相手方が、取引のつど法人の登記簿を閲覧して行為者の代表権の有無を確認することも煩雑です。このため、法人法は取引の安全を図るために、法人が代表理事以外の理事に理事長その他代表権を有するものと認められる名称を付した場合には、当該理事がした行為につき、善意の第三者にその責任を負うこととしています（「表見代表理事制度」、法人法第82条、第197条）。

理事長その他代表権を有するものと認められる名称としては、例えば、会長・総裁・副理事長・専務理事・常務理事等が挙げられますが、これらに限られるものではありません。法人が代表権のない理事を定款で設けることは可能ですが、表見代表理事と認められないような名称（名誉会長・特別顧問等が考えられる）となるように配慮する必要があります。

Q66 理事は、法人に対してどのような義務や責任を負っているのでしょうか。

A

理事は、その職責に応じて適切な業務を行う善管注意義務・忠実義務を負っています。そして、その任務を怠ったときには、法人に対する損害賠償責任を負い、さらには、第三者に対しても損害賠償責任を負う場合があります。

解説

1 理事の任務懈怠責任

（1）善管注意義務・忠実義務

理事は、委任の規定に従い（法人法第64条、第172条第1項）、法人に対して善良な管理者の注意をもって委任事務を処理する義務を負います（「善管注意義務」、民法第644条）。これは法律上の義務であり、理事は、常勤・非常勤、報酬の有無に関わらず、その職責に応じた注意義務を負います。

また、理事は、法令及び定款ならびに社員総会の決議を遵守し、法人のため忠実にその職務を行う義務を負います（法人法第83条、第198条）。これも法律上の義務であり、理事がその地位を利用して個人的利益のために法人の利益を犠牲にすることを禁ずるものです。民法上の旧公益法人制度には規定がありませんでしたが、法人法で後記（2）と共に規定されました。

（2）任務懈怠の類型

理事がこれらの善管注意義務、忠実義務に違反し、理事としての任務を怠った場合、理事は法人に対し、これによって生じた損害を賠償する責任を負います（法人法第111条第1項、第198条）。

では、具体的にはどのような場合において任務を怠ったとされるのでしょ

2 機関　177

うか。

① 積極的な法令・定款違反

まず、理事自らが業務執行を行うに際し、積極的に法令・定款に違反する行為を行った場合が考えられます。理事自ら横領や背任等を行ったり、その他の法令に違反する行為を行った場合が典型例です。また、招集通知を送付しないで社員総会や評議員会を開催したり、社員総会、評議員会で社員や評議員に適切な権利行使をさせない、さらには粉飾決算を行う等、法人法や公益法人において遵守すべき各種の手続上の規定に違反する場合もこれに該当します（粉飾決算についてQ79参照）。

② 不作為による任務懈怠

次に、例えば、従業員が行った違法行為について、理事が適切な業務態勢を構築していなかった場合等、理事自らが積極的に不適切な行為を行っていなくても、理事が法人の業務の適正性を確保すべき適切な体制を整備していなかったと判断される場合には、理事の善管注意義務違反が問われる場合があります。例えば、長年同じ人物に経理を委ね、監督する体制も整備していなかったために不正経理や横領を許してしまった場合等が典型例です（Q70参照）。

③ 他の理事に対する監視・監督義務違反

また、各理事は、他の理事の業務執行について監視・監督義務を負っています。各理事は、代表理事や業務執行理事の業務執行の適正性について監視し、疑問点を発見したのであれば理事会等において報告を求め、是正を図るべき義務を負っています。したがって、これを怠った場合には、監視・監督義務違反として連帯して責任を負うことになります。

なお、理事のなかには、しばしば名前を貸しているだけで報酬ももらっていないという理事が見受けられますが、このような非常勤・名目上の理事であっても、法律上、理事としての監視・監督義務の重さに変わりはありません。他の理事の不正行為を看過したことに過失があると認められた

場合、常勤の理事と同様に不正行為をした理事と連帯して責任を問われる可能性があることに注意すべきです。

（3）業務運営上の判断と注意義務違反

　それでは、理事が法人の事業を行うに際して損失を生じさせてしまった場合、責任を問われるのでしょうか。

　この点、法人の理事に対応する株式会社の取締役が事業で損失を生じさせた場合の経営責任においては、一般に「経営判断の原則」という考え方がとられています。すなわち、株式会社は、事業収益を挙げて株主に配当することが目的であり、その事業は収益向上のために一定のリスクを考慮したうえで行われることが前提です。そこで、当初の思惑が外れて損失が生じたような場合でも、事業に関する判断を行った当時において、合理的な情報収集や調査を行い、これに基づいて不合理でない判断を行っていたのであれば、取締役等の役員は責任を問われないこととされています。しかし、例えば、投機的取引等、明らかに不合理な経営判断を行った場合には責任を問われることがあります。

　これに対し、公益法人・一般法人では、収益を上げることではなく、定款に定められた目的を達成するために事業を行います。したがって、本来的には赤字になったとしても直ちには責任を問われることはありません。しかし、当該事業を行うことにより法人の本来の目的事業に支障を来す場合や、法人の目的との関連性が薄く必要性のない事業を行ったような場合には、当該事業により発生した損失に関して、理事の責任が問われることも考えられます。もちろん、違法な事業や、明らかに不合理な事業を行い、これにより損失が発生した場合には、責任を問われることはいうまでもありません。

　なお、認定法では、公益認定基準として「投機的な取引、高利の融資その他の事業であって、公益法人の社会的信用を維持する上でふさわしくないものとして政令で定めるもの又は公の秩序若しくは善良の風俗を害するおそれ

のある事業を行わないものであること」（認定法第5条第5号）、「公益目的事業以外の事業（以下「収益事業等」という。）を行う場合には、収益事業等を行うことによって公益目的事業の実施に支障を及ぼすおそれがないものであること」（認定法第5条第7号）と規定しています。したがって、公益法人の理事が事業を行う際には、係る基準に抵触しないよう注意することが必要です。

(4) 競業取引・利益相反取引に関する重要事実の開示・報告義務

　なお、競業取引や、利益相反取引は、類型的に理事自身の利益と法人の利益が反し、善管注意義務違反・忠実義務違反となるおそれがある行為であるため、理事会に対し、当該取引につき重要な事実（取引の相手方、目的物、数量、価額、取引期間、利益の種類等）を事前に開示し、その承認を受けなければならないものとされています（法人法第84条第1項、第92条第1項、第197条）。また、当該取引をした理事は、遅滞なく当該取引についての重要な事実を理事会に報告しなければなりません（法人法第92条第2項、第197条）。

　そして、理事の利益相反取引によって法人に損害が生じた場合、取引をした理事だけではなく、取引を決定した理事や理事会の承認決議に賛成した理事もその任務を怠ったものと推定される（法人法第111条第3項、第198条）等、一定のペナルティが規定されています。

　競業取引、利益相反取引の取引類型と具体例は以下の表のとおりです。

取引類型と具体例

	取引類型	具体例
①	競業取引（自己または第三者のために法人の事業の部類に属する取引）	不動産業を営む法人Aの理事Bが、別法人Cの役員となり同種の事業を行う場合
②	利益相反取引のうち直接取引（理事が自己または第三者のために法人と行う取引）	法人Aの理事Bが、自ら又は自身が代表者を務める別法人Cの代表者として、法人Aと取引をしようとする場合
③	利益相反取引のうち間接取引（法人が理事以外の者との間で行う法人と理事との利益が相反する取引）	法人Aが理事Bの債務を保証する場合

2 理事の損害賠償責任

（1）法人に対する損害賠償責任

　理事は、その任務を怠った（任務懈怠）ときは、法人に対し、これによって生じた損害を賠償する責任を負います（法人法第111条第1項、第198条）。

　この理事の損害賠償責任は、原則として、総社員・総評議員の同意がなければ免除することができません（法人法第112条、第198条）

　しかし、理事に悪意または重大な過失がない場合は、以下のとおり、その責任を一定の要件のもとで免除する制度が設けられています。法人は、これらの制度を適切に運用し、理事の責任を適切な範囲にとどめると共に、理事の人材確保を図ることとなります。

　① 社員総会・評議員会の特別決議による免除（賠償責任を負う額のうち、最低責任限度額（職務執行の対価として受ける財産上の利益の1年間あたりの額に役員の区分に応じた所定の数を乗じた額）を超える部分に関する免除につき、法人法第113条第1項、第49条第2項第3号、第198条、第189条第2項第2号）

② 定款による免除（原因や職務執行の状況等を勘案して特に必要と認めるときは、最低責任限度額を超える部分を限度として、定款の定めに基づき理事会の決議によって責任を免除できることにつき、法人法第114条第1項、第198条）。
③ 非業務執行理事に関する責任限定契約（法人法第115条第1項、第198条）

なお、無報酬の理事の場合、最低責任限度額がゼロとなるので、上記の制度により損害賠償責任の全額を免除することも可能と解されています。

（2）第三者に対する損害賠償責任

理事は、職務を行うにつき悪意または重大な過失があった場合には、任務懈怠によって損害を受けた第三者を保護する観点から、当該理事は第三者に対する損害賠償義務を負うこととされています（法人法第117条第1項、第198条）。また、理事が計算書類等に虚偽の記載をした場合や虚偽の登記または公告をした場合等は、その情報開示の重要性に鑑み、立証責任が転換され、その職務について注意を怠らなかったこと（過失がないこと）を、理事が証明しなければ免責されません（法人法第117条第2項、第198条）。

（3）連帯責任

理事を含む複数の役員が法人または第三者に対して同一損害につきそれぞれ損害賠償義務を負うときは、当該役員らは連帯してその責任を負います（法人法第118条、第198条）。

（4）責任追及の訴え

理事の法人に対する責任は、理事相互の情実等により放置される危険性があります。このため、社団法人では、社員が、違法行為等を行った理事を被告とする訴えを提起し、法人に対する損害賠償責任を求めることができます

（法人法第278条以下）。

　なお、財団法人においては、社員に相当する者が存在せず、上記の責任追及の訴えも設けられていません。このため、理事の法人に対する責任追及が放置されるおそれがある場合には、善管注意義務を負う評議員が評議員会を通じて理事の選任・解任権を行使し、新たに選任された理事により責任追及を行うことが予定されています。

Q67 理事会は、どのような機能と権限を有するのでしょうか。

A

　理事会は、すべての理事で構成される機関であり、当該法人の業務執行を決定すると共に、代表理事等の職務執行を監督する権限を有します。一般社団法人においては任意機関ですが、一般財団法人、公益社団・財団法人においては必置機関とされています。理事会は、その監督権限の実効性を確保するために、代表理事の解職権限を適切に行使することも求められます。

解説

1 理事会の機能と権限

　旧制度では理事会に関する法律上の規定が設けられておらず、理事会は定款・寄附行為によって任意に創設された機関にすぎませんでした。しかし、新しい公益法人制度は、旧制度下で理事の不祥事が多発した反省をふまえ、法人のガバナンスを強化するために、理事会制度について法律上の規定を設けました。すなわち、理事会は、一般社団法人においては定款の定めで設置が可能な任意の機関として定めると共に（法人法第60条第2項）、一般財団法

2　機関　183

人、公益社団法人・公益財団法人においては法律上必ず設置しなければならない機関としました（法人法第170条第1項、認定法第5条第14号ハ）。

理事会は、「法人の業務執行の決定」「理事の職務の執行の監督」「代表理事の選定及び解職」をその職務とします（法人法第90条第2項、第197条）。理事会の構成員となる理事は、理事会が重要な業務執行に係る意思決定機関であるとともに、業務執行の監督機関でもあり、法人のガバナンスを確保するための中心的存在であることをふまえて、その職務を行うことが求められます。

（1）法人の業務執行の決定

理事会は、法令または定款の定めにより社員総会・評議員会の決議事項とされている事項を除き、法人の業務執行に関する意思決定を行う権限を有します。

日常の業務執行の決定については、理事会決議や内規（理事会運営規則等）に基づき、理事会が代表理事・業務執行理事に委任することが一般的です。ただし、後記のとおり、法が理事会の専決事項と定めている事項を決定する場合には必ず理事会で決定しなければなりません（**2**参照）。

（2）理事の職務の執行の監督

理事会は、理事の職務の執行を監督する権限を有します。この監督の範囲は、監事による監査と異なり、理事の職務の適法性のみならず、妥当性（合目的性）にも及ぶとされています。また、理事会の構成員である理事は、理事会に上程されていない事項についても監督義務を負うと解されています。

このような理事会による監督の実効性を確保するために、代表理事・業務執行理事は3か月に1回以上、自己の職務の執行の状況を報告する義務を負っています。係る報告については、回数を定款で「毎事業年度に4か月を超える間隔で2回以上」に緩和することが可能ですが、理事会が監督権限を

有することに鑑み、報告を省略することはできません（法人法第98条第2項、第197条）。

　理事会の決議に参加した理事であって議事録に異議をとどめないものは、当該決議に賛成したものと推定されます（法人法第95条第5項）。仮に定款で議事録の署名者を代表理事とする旨定めた場合、代表理事以外の理事は署名の必要がないことになりますが、上記のとおり決議に参加したものと推定されるため、異議を述べた理事はその旨を議事録に明記しておくことが肝要です。

（3）代表理事の選定及び解職

　理事会は、理事のなかから代表理事を選定しなければなりません。また、理事会は、代表理事に対する最終的な監督権限として、その解職権限も有しています（以上、法人法第90条第2項第3号、第3項、第197条）。代表理事がその職務を懈怠しているときは、理事会が解職権限を適切に行使することも求められています。

　代表理事の解職は、理事会の決議によって行います。理事会は、招集通知に記載していない事項についても決議が可能ですから、代表理事の解職についても、いつでも席上で議題に追加し、決議することが可能です。

　解職決議が可決されると、代表理事は代表権を失い、平理事となります。

　なお、この解職決議において、代表理事本人は特別利害関係人に該当すると解されており、議決権を行使することができません。この点、代表理事の選定決議において候補者本人は特別利害関係人に該当せず、議決権を行使できると解されていることとは異なりますので、注意が必要です（株式会社においても、代表取締役の選定決議における当該候補者は特別利害関係人に該当しないと考えられているが、最判昭和44年3月28日民集23巻3号645頁は、解職決議における代表取締役本人は、法人に対して忠実に議決権を行使することは困難と考えられ、特別利害関係人に該当すると判示している）。

(4) その他の権限

　理事会は、上記以外にも、①社員総会・評議員会の招集決定（法人法第38条第2項、第181条第1項）、②競業取引・利益相反取引の承認（法人法第84条、第92条第1項、第197条）、③計算書類・事業報告の承認（法人法第124条第3項、第199条）等の権限を有しています。

　これらの権限についても、法人のガバナンスを確保するために理事会が適切に行使することが求められます。

2 理事会の専決事項

　理事会は、法人法第90条第4項が列挙する事由その他重要な業務執行の決定については自ら決定する必要があり、代表理事等に委任することができません（法人法第90条第4項、「別表①」参照）。これは、理事会の理事に対する監督権限の実効性を確保するための規律であって、定款の定めによっても係る決定権限を代表理事等へ委任することはできないと解されています。

別表①（理事会の専決事項）

①	重要な財産の処分及び譲受け（法人法第90条第4項第1号）
②	多額の借財（法人法第90条第4項第2号）
③	重要な使用人の選任及び解任（法人法第90条第4項第3号）
④	従たる事務所その他重要な組織の設置、変更及び廃止（法人法第90条第4項第4号）
⑤	理事の職務の執行が法令及び定款に適合することを確保するための体制その他一般社団法人の業務の適正を確保するために必要なものとして法務省令で定める体制の整備（法人法第90条第4項第5号）
⑥	定款の定め（法人法第114条第1項）に基づく役員の損害賠償責任の免除（法人法第90条第4項第6号）
⑦	その他重要な業務執行の決定（法人法第90条第4項）

理事及び理事会の職務

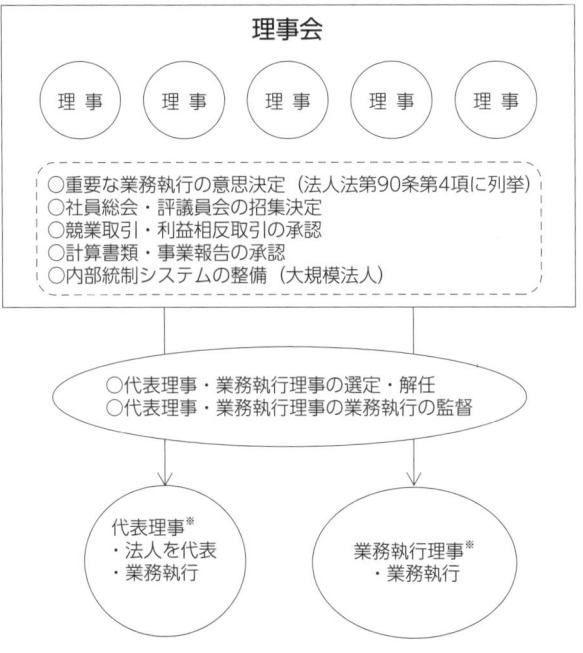

理事会

理事／理事／理事／理事／理事

- ○重要な業務執行の意思決定（法人法第90条第4項に列挙）
- ○社員総会・評議員会の招集決定
- ○競業取引・利益相反取引の承認
- ○計算書類・事業報告の承認
- ○内部統制システムの整備（大規模法人）

↓

- ○代表理事・業務執行理事の選定・解任
- ○代表理事・業務執行理事の業務執行の監督

↓

代表理事[※]
・法人を代表
・業務執行

業務執行理事[※]
・業務執行

※代表理事・業務執行理事は、理事会の一員としての理事の地位も有しているので、自ら業務執行を行う一方で、他の業務執行理事の業務執行を監督すべき地位を併有する。

3 内部統制システムの整備

（1）大規模法人における内部統制システム

　法人法は、大規模法人（貸借対照表の負債の部に計上した合計額が200億円以上の法人）の理事会に対し、理事の職務の執行が法令及び定款に適合することを確保するための体制（いわゆる内部統制システム）の整備を義務づけています。これは、大規模法人の社会的影響力に鑑み、その適正なガバナンス体制を確保する必要があるからです。

　法が求める整備事項は、法人規則第14条に規定されていますが、その文言からはいかなる整備を行うべきか、一義的に明らかとはいえません（別表

②参照）。同様の規律がなされている会社法上の株式会社においても、どのような内部統制システムを採用するかは、会社の規模、事業内容等に応じてまったく異なるものであり、取締役会は業務執行の適正性を確保するために有効な体制の整備し、運用することが求められていると考えられています。

　公益法人においても、いかなる内部統制システムを採用すべきかが実務上確立しているものではありませんが、整備事項に対応する規程をまったく制定していない場合は、行政から法令違反との指摘を受けるリスクがあります。また、実際に理事の職務の執行を監督するにあたって実務上も不便です。

　理事会は、整備事項に対応する規程を策定し、その運用を通じて、内部統制システムそのものを適宜改善していくことが求められているといえます。

（2）大規模法人以外の法人における内部統制システム

　大規模法人以外の法人における理事会は、内部統制システムの整備が義務づけられているわけではありません。しかし、理事会の監督機能の実効性を確保し、理事会を中心的存在としたガバナンスが必要であることに変わりはありません（例えば、公益法人は、規模の大小を問わずその事業活動の健全性（認定法第5条第5号）、経理処理・財産管理の適正性（認定法第5条第2号）、事業活動の適法性（認定法第6条第3号ないし第6号）等を確保する必要がある）。

　したがって、大規模法人以外の法人においても、その目的・事業活動・規模等に応じた合理的な内部統制システムを整備し、法人のガバナンスを確保することが理事及び理事会の責務であり、これを怠った場合には理事の任務懈怠として善管注意義務違反が問われうることになります（Q70参照）。

別表②(内部統制システムの整備事項)

	施行規則上の整備事項	対応する諸規程例
①	理事の職務の執行に係る情報の保存及び管理に関する体制(法人規則第14条第1号)	情報管理規程・文書管理規程等
②	損失の危険の管理に関する規程その他の体制(法人規則第14条第2号)	リスク管理規程・資金管理規程等
③	理事の職務の執行が効率的に行われることを確保するための体制(法人規則第14条第3号)	理事会運営規程・組織規程・業務分掌規定等
④	使用人の職務の執行が法令及び定款に適合することを確保するための体制(法人規則第14条第4号)	組織規程・コンプライアンス規程・内部通報規程等
⑤	監事がその職務を補助すべき使用人を置くことを求めた場合における当該使用人に関する事項(法人規則第14条第5号)	監査規程・組織規程・コンプライアンス規程・内部通報規程等
⑥	前号の使用人の理事からの独立性に関する事項(法人規則第14条第6号)	
⑦	5号の使用人に対する指示の実効性の確保に関する事項(法人規則第14条第7号)	
⑧	理事及び使用人が監事に報告をするための体制その他の監事への報告に関する体制(法人規則第14条第8号)	
⑨	前号の報告をした者が当該報告をしたことを理由として不利な取扱いを受けないことを確保するための体制(法人規則第14条第9号)	
⑩	監事の職務の執行について生ずる費用の前払又は償還の手続その他の当該職務の執行について生ずる費用又は債務の処理に係る方針に関する事項(法人規則第14条第10号)	
⑪	その他監事の監査が実効的に行われることを確保するための体制(法人規則第14条第11号)	

Q68 監事はどのような地位や権限を有するのでしょうか。また、法人に対してどのような義務や責任を負っているのでしょうか。

A

　監事は、理事の職務執行を監査する機関であり、理事・使用人・子法人に対する報告請求権・財産状況調査権（法人法第99条第2項・第3項、第197条）、理事会への出席・意見陳述権（法人法第101条第1項、第197条）、理事会招集請求権（法人法第101条第2項、第197条）、理事の行為の差止請求権（法人法第103条第1項、第197条）等の権限を有しています。監事は、このような権限を通じて、理事の業務執行の違法を見逃さないよう、適切に監査業務を行う義務を負っています。

解説

1 監事の地位

　監事は、理事の職務執行を監査する機関です。社員総会、評議員会は主にその選任権、解任権を通じて理事の業務執行を監督し、理事会は理事会決議による業務執行の方針決定により理事の業務執行を監督しますが、監事は、その有する調査権等により判明した事項を社員総会、評議員会、理事会に報告し、それらの機関の権限発動をうながす他、場合により理事の行為の差止請求権等を行使して、理事の業務執行を監督します。

　一般社団法人においては、定款に定めることにより、監事を置くことができます（法人法第60条第2項）。ただし、理事会設置一般社団法人及び会計監査人設置一般社団法人は監事を置かなければならないこととされています（法人法第61条）。公益社団法人においては、理事会が必置機関とされている（認定法第5条第14号ハ）ことから、監事も必置機関となります。

一般財団法人、公益財産法人においては、監事は必置の機関とされています（法人法第170条第1項）。

2 監事の選任及び解任

　監事は、社団法人においては社員総会、財団法人においては評議員会の決議により選任されます（法人法第63条第1項、第177条）。理事が監事の選任議案を社員総会ないし評議員会に提出するには、監事（監事が2人以上ある場合にはその過半数）の同意を得なければなりません（法人法第72条第1項、第177条）。また、監事は、理事に対し、監事の選任を社員総会の目的とすること、または監事の選任に関する議案を社員総会に提出することを請求できます（法人法第72条第2項、第177条）。さらに、監事は、社員総会、評議員会において監事の選任もしくは解任または辞任について意見を述べることができます（法人法第74条第1項、第177条）。

　監事の員数については、法人法には定められておらず、各法人において任意に定めることができます。

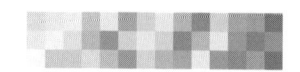

3 監事の資格

　監事の資格については、法人法第65条第1項、第177条に定めがあり、同項記載の者（法人や成年被後見人等、一定の罪を犯した者等）は監事になることができません。

　また、被監査者が監査者を兼ねると適切な監査を期待しえなくなることから、監事は、当該法人またはその子法人の理事または使用人を兼ねることができないこととされています（法人法第65条第2項、第177条）。

　公益法人においては、不特定かつ多数の者の利益の増進に寄与するという公益法人本来の目的から、各監事について、当該監事及びその配偶者または

３親等内の親族である監事の合計数が監事の総数の３分の１を超えないものであること、他の同一の団体の理事または使用人であるものその他これに準ずる相互に密接な関係にあるものとして政令で定める者である監事の合計数が監事の総数の３分の１を超えないものであることが、公益認定の基準とされています（認定法第５条第10号、第11号）。

4 監事の任期

監事の任期は、選任後４年以内に終了する事業年度のうち最終のものに関する定時社員総会、定時評議員会の終結のときまでです（法人法第67条第１項、第177条）。ただし、定款に定めることにより、その任期を選任後２年以内に終了する事業年度のうち最終のものに関する定時社員総会、定時評議員会終結のときまでとすることを限度として短縮することができます（法人法第67条第１項但書、第177条）。これは、監事の任期を理事の任期より短くすることを避け、監事の地位の強化を図るとともに、理事の任期にそろえたいという実務的要望に沿ったものです。

また、監事の改選期をそろえるため、定款に定めることにより、任期満了前に退任した監事の補欠として選任された監事の任期を、退任した監事の任期の満了するときまでとすることもできます（法人法第67条第２項、第177条）。

5 監事の権限と義務

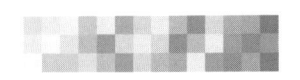

監事は、理事の職務の執行を監査し（法人法第99条第１項、第197条）、理事が作成した計算書類及び事業報告書ならびにこれらの附属明細書を監査し（法人法第124条第１項、第199条）、監査報告を作成しなければなりません（法人法第99条第１項、第197条）。監事の監査権限は、業務監査、会計監査の

双方に及びます。また、業務監査に関しては、妥当性監査にまでは及ばず、適法性監査に限られると解するのが通説です。

　監事は、上記監査業務を行うため、理事・使用人・子法人に対する報告請求権・財産状況調査権（法人法第99条第2項・第3項、第197条）、理事会への出席・意見陳述権（法人法第101条第1項、第197条）、理事会招集請求権（法人法第101条第2項、第197条）、理事の行為の差止請求権（法人法第103条第1項、第197条）等の権限を有しています。

　また、監事は、理事会に出席し、必要があると認めるときには意見を述べなければならない義務があります（法人法第101条第1項、第197条）。また、理事が不正の行為をしたとき、理事が不正の行為をするおそれがあると認めたとき、法令・定款に違反する事実があるとき、著しく不当な事実があると認めるときには、遅滞なく、理事会に対して報告する義務を負います（法人法第100条、第197条）。

　さらに監事は、理事が社員総会、評議員会に提出しようとする議案、書類その他法務省令で定めるものを調査しなければならず、その結果、法令もしくは定款に違反し、または著しく不当な事項があると認めるときは、その調査の結果を社員総会、評議員会に報告しなければなりません（法人法第102条、第197条）。

　これらの報告を受けた理事会、社員総会、評議員会による権限発動により理事の職務執行を監督する趣旨によるものです。

6 監事の責任

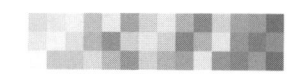

　監事は、法人との関係で、委任（民法第643条以下）の規定に従うものとされています（法人法第64条、第172条第1項）。したがって、監事は、法人に対し、善良な管理者の注意をもって委任事務を処理する義務（いわゆる「善管注意義務」）を負っており、これに違反した場合、財団法人に対し損害

2　機関　　193

賠償責任を負う（法人法第198条、第111条第1項）他、その職務を行うについて悪意または重大な過失があった場合には、これによって第三者に生じた損害を賠償する責任も負います（法人法第198条、第117条第1項）。

　監事は、このような義務を負っていることを念頭に、理事の業務執行の違法を見逃さないよう、適切に監査業務を行うことが求められます。

Q69 役員（理事・監事・評議員）の報酬等は、どのように決定しなければならないのでしょうか。

A

　理事・監事の報酬等は、定款または社員総会・評議員会の決議によって定める必要があります。評議員に対する報酬等については、定款で定める必要があります。また、公益法人については、公益法人法上の規律に基づき、報酬等の支給基準を策定し、公表する必要があります。

解説

1　理事の報酬等に関する規律

（1）報酬等の決定方法

　理事の報酬等は、定款にその額を定めていないときは、社員総会・評議員会の決議によって定める必要があります（法人法第89条、第197条）。これは、理事がその報酬等の額を自ら定めるいわゆる「お手盛り」を防止する必要があるためです。

　そして、このお手盛り防止の趣旨から、定款または社員総会・評議員会の決議においては、理事全員の報酬等の総額を定め、個々の理事の報酬額については、その総額の範囲内で理事会の決議によって定めることも許されると

解されています。

(2) 報酬等とは

「報酬等」とは、「報酬、賞与、その他職務遂行の対価として受ける財産上の利益及び退職手当」と定義されており、名目の如何を問いません（認定法第5条第13号）。

他方で、例えば使用人兼務理事における使用人部分の給与や実費支給の交通費等、使用人等とならんで等しく受ける通常の福利厚生は、理事の職務遂行の対価ではないため、「報酬等」に該当しません（公益認定等ガイドラインⅠ12.）。

2 監事の報酬に関する規律

監事の報酬等は、定款にその額を定めていないときは、社員総会・評議員会の決議によって定める必要があります（法人法第105条第1項、第197条）。

これは、監事としての職務の独立性を報酬の面からも確保する必要があるからです。このため、監事の報酬等を理事の報酬等と一括してその総額を決議することは認められていません。

また、定款または社員総会・評議員会の決議によって監事の報酬等の総額のみが決定されているときは、その具体的な配分は監事の協議（全員一致の決定）によって定める必要があり、理事または理事会が決定することは認められていません（法人法第105条第2項）。

さらに、監事は、その適正な報酬を確保するため、社員総会において、監事の報酬等について意見を述べることができます（法人法第105条第3項）。

3 評議員の報酬に関する規律

　評議員の報酬等は、定款で定める必要があります（法人法第196条）。

　これは、監事同様、理事からの独立性を報酬の面からも確保する必要があるからです。

4 公益法人における特別の規律

　公益法人の理事・監事・評議員の報酬が、民間事業者の役員の報酬等や公益法人の経理の状況に照らして不当に高額な場合には、法人の非営利性を潜脱するおそれがあり、適当ではありません。このため、公益法人法は、理事・監事・評議員について以下の規律を設けています。

（1）報酬等支給基準の策定・公表

　法人が公益認定を受けるためには、理事・監事・評議員に対する報酬等について、内閣府令の定めるところにより、民間事業者の役員の報酬等及び従業員の給与、当該法人の経理の状況その他の事情を考慮して、不当に高額なものとならないような支給の基準を定める必要があります（認定法第5条第13号）。

　また、公益法人は、当該支給基準に従って報酬等を支給し、かつ、当該支給基準を公表しなければなりません（認定法第20条）。

　なお、上記の規律は公益法人に報酬等の支給を義務づけるものではありませんから、無報酬としても問題ありません。その場合は、報酬等支給基準に無報酬である旨を定めることになります。しかし、定款で「原則無報酬」であるとしながらも、常勤役員等に対して支給することも「できる」と規定する場合は、支給する場合の基準について定めておくことが必要です。定款で支給ができる旨の規定はあるものの、当面の間は支給する予定がない場合

は、支給基準に無報酬である旨を定めたうえ、支給する場合の基準については省略しても構わない（ただし、将来支給することとなった場合に支給基準を改訂する必要がある）とされています（以上、FAQⅤ-6-③）。

（2）報酬等支給基準で定めるべき事項

報酬等支給基準には、下記4点を定める必要があります（FAQⅤ-6-⑥）。

① 理事等の勤務形態に応じた報酬等の区分

常勤役員、非常勤役員の報酬の別等をいいます。例えば、常勤理事に対する月例報酬、非常勤理事に対する理事会等への出席のつど支払う日当等になります。なお、非常勤理事等に対する日当が交通費実費相当額を超える場合には、報酬等に該当する場合があります。

② その額の算定方法

報酬等の算定の基礎となる額、役職、在職年数等により構成される基準をいい、どのような過程によってその額が算定されるかが第三者に理解できるものとなっている必要があります。内閣府が公表している具体例は、以下のとおりです。

認定基準を満たす例	・役職に応じた1人あたりの上限額を定めた上で、「各理事の具体的な報酬額については理事会が、監事や評議員については社員総会・評議員会が決定する」旨の規定（なお国等他団体の俸給表等を準用している場合、準用する給与規定を支給基準の別紙と位置づけ、支給基準と一体のものとして行政庁に提出する必要がある） ・退職慰労金につき「退職時の月例報酬に在職年数に応じた支給率を乗じて算出した額」を上限に「各理事については理事会が、監事や評議員については社員総会・評議員会が決定する」旨の規定
認定基準を満たさない例	・「社員総会（評議員会）の決議によって定められた総額の範囲内において決定する」旨の規定 ・「職員給与規定に定める職員の支給基準に準じて支給する」旨の規定

③ 支給の方法

支給時期(毎月か出席の都度か、各月または各年のいつ頃か)や支給手段(銀行振込か現金支給か)等をいいます。

④ 支給の形態

現金・現物の別等をいいます。ただし、金額の定めしかなく、現金支給であることが明らかな場合には、「現金」と記載する必要はありません。

(3) 報酬等支給基準の決定手続

理事・監事についての報酬等支給基準は、**1****2**の規律に鑑み、以下のいずれかの方法で決定する必要があります。

① 社員総会・評議員会で決定する方法
② 社員総会・評議員会では報酬等の総額を定めることとし、支給基準は理事については理事会で、監事が複数いる場合は監事の協議によって、それぞれ決定する方法

また、評議員についての報酬等支給基準は、**3**の規律に鑑み、定款または評議員会のいずれかで決定することになります(以上、FAQⅤ-6-④)。

3 法人の運営

Q70 法人の業務の適正性を確保するためには、どのような点に注意すればよいでしょうか。

A

　法人の業務の適正性を確保し、不祥事等を防止するために内部統制システムを整備することは、法人の規模に関わらず、理事の善管注意義務の内容として求められています。公益法人の場合は、公益認定基準である「経理的基礎」との関係から、財産管理上のリスク管理体制の整備も求められます。

　不祥事の原因として指摘される①権限の集中、②モニタリング機能の欠如、③人事の固定化等の問題に対処するため、各種規程を整備することが必要ですが、それらはあくまでも手段であり、目的ではありません。整備した規程を、法人全体に周知し履践する取組みが重要です。

　内部統制システムに完成形はありません。絶え間ない自己チェック、法人内外の環境の変化、他法人における不祥事例等を参考に改善していくことも含め、内部統制システムの構築だといえます。

解説

1 内部統制システムの必要性

（1）内部統制システムの必要性

　法人法第90条第4項第5号、第5項（第197条で一般財団法人にも準用）は、大規模法人（貸借対照表の負債の部に計上した合計額が200億円以上の法

人）の理事会に対し、理事の職務の執行が法令及び定款に適合することを確保するための体制その他法人の業務の適正を確保するために必要なものとして法務省令で定める体制（いわゆる内部統制システム）の整備を義務づけています。しかし、あらゆる法人において、業務執行の適正を確保するために、その法人の規模に応じて内部統制システムを確立することは必要不可欠ですので、たとえ大規模法人でなくとも、内部統制システムを構築することは、理事の業務執行の重要な内容であると考えられ、そのような内部統制システムの構築は、理事の善管注意義務から導かれる当然の職務と解されます。

　また、公益法人においては、規模の大小を問わず、「公益目的事業を行うのに必要な経理的基礎を有する」ことが求められます（認定法第5条第2号）。公益認定等ガイドラインによると、「経理的基礎」には経理処理、財産管理の適正性が含まれ、これらを確保する手段として、財産管理上のリスク管理体制を構築する必要があります。

(2) 公益法人・一般法人に求められる内部統制システムの内容

　それでは、内部統制システムを構築するためには、具体的にはどのようなことを行えばよいのでしょうか。法人法規則第14条には、内部統制システムの整備事項が規定されています（Q67の「別表②」参照）が、その文言からだけではいかなる整備を行うべきか、一義的に明らかとはいえません。この点、同様の規律がなされている株式会社では、どのような内部統制システムを採用するかは、会社の規模、事業内容等に応じて異なるものであり、取締役会は会社の特性に応じて業務執行の適正性を確保するために有効な体制を整備することが求められていると考えられていますので、社団法人、財団法人においても、法人の規模や事業内容に応じて、適切な体制を構築する必要があります。

　そして、適切な体制の内容を整理すると、基本的に、①法人の業務執行を規律する諸規程を整備し、②これに基づいて法人の業務執行が適正かつ効率

的に確保する体制を整備し、③さらに、そうした体制のもとで業務執行が適正に行われているかを監督・監視する体制を整備するという３点に集約されると考えてよいでしょう。

　このなかで特に重要なのは、③の業務執行が適正に行われているかを監視、監督する体制の整備、という点であると考えられます。法人や団体を舞台とする不祥事では、法人や団体内の監視・監督体制が整備されておらず、またはそうした体制があっても十分に機能していなかったために、問題が深刻化するまで露見しなかった場合が非常に多いからです。こうした観点からは、内部統制システム構築にあたってのポイントとして以下の各項目が考えられます。

2　内部統制システム構築にあたってのポイント

（1）権限の集中を防ぐ

　特定の役職員への権限の集中は、公益法人・一般法人を舞台とする不祥事の大きな原因の一つと考えられています。例えば、いわゆる「漢検事件」（旧民法上の公益法人であった財団法人日本漢字能力検定協会の理事長らによる法人資産の私的流用事案）でも、理事、監事、評議員それぞれの人事権がすべて特定の理事に集中しており、適切な監督機能を発揮できなかったことが問題視されました。一般法人及び公益法人における業務執行権限は理事または代表理事に集中していますので、法人の業務の適正性を確保するには、理事または代表理事の独断による業務執行が行われないようにすること、つまり権限の集中を防ぐことが重要です。

　例えば、定款や理事会規則において、代表理事が一定の範囲に属する財産を処分するには社員総会もしくは評議員会または理事会決議を経なければならない旨の規定を置くこと等が考えられます。

（2）十分なモニタリング体制を構築する

　法人法上、社員や評議員による業務執行の監視等に加え、理事相互の牽制や監視が働くことが予定されており、業務執行のモニタリングは機関設計のなかに織り込まれているといえます。しかし、過去の不祥事例からもわかるように、理事会が設置されているだけで不祥事が防止できるとはいえません。理事会での十分な議論を通じて代表理事の業務執行を牽制・監視するためには、他の理事が必要な情報を共有していることが重要です。重要な情報が迅速に各理事に伝わるよう、一定の重要な情報については理事に通知する旨の規定を作成する、理事会の会議資料は理事会開催日に先立って事前配布する等の方法が考えられます。また、情報収集の手段として、内部通報制度を設置したりアンケートを実施することも考えられます。

　外部から一定数の理事、監事を登用することも、理事間の密接な人間関係（馴れ合い）により相互の監督機能が有効に発揮されない事態を防ぐのに有効と考えられます。

（3）人事の固定化を防ぐ

　特定の役職員が長期間同じ業務を担当すると、当該役職員にしかわからない業務領域ができてしまい、他の役職員によるチェック機能が働きにくくなるという弊害があります。一度こうなると、他の人員と交代するのが難しくなり、さらに在任期間が長期化するという悪循環に陥りかねません。一般法人及び公益法人では人的資源の不足等により人事が固定化しやすい傾向にあるといえますので、特に注意が必要です。

　役職のローテーションに関し一定の基準や方針を設ける、あるいは、それが難しいなら、その分役職員が不正を働くことがないようにモニタリング体制を強化する必要があります。

(4) 財産管理上のリスク管理体制

　横領や盗難、不正経理を防ぐためには、何といっても個々の役職員を不正を起こしやすい環境に置かないことが重要です。

　具体的には、①通帳と銀行届出印を別々の金庫に保管し、鍵を同じ人に預けない、②法人内で保管する現金は最小限にとどめ、できるだけ銀行取引にする、③日常用いる小口現金口座と大口現金口座を分ける、④残高証明書の偽造を防ぐため、役員が銀行等の残高確認を直接行う等、財産管理の方法を工夫する必要があります。

　財産関係の不祥事も、往々にして経理担当者への権限の集中や人事の固定化により起きます。出納担当者と経理担当者が同一人だと不正を隠ぺいすることが容易になりますので、両者の職責を分離し、相互にチェック機能が働くような体制にすべきです。さらに、財務担当の理事や監事が定期的に帳簿残高と預金残高を照合する、経費で購入した物が実在するか確認する等のチェック体制を設ける等の仕組みを整備しておくべきでしょう。

　規程の整備という面では、印章取扱規程、預金管理規程、資金管理・運用規程等の規程を、たとえ小規模法人でも整備すべきでしょう。

3 内部統制システムの運用

　以上のように、内部統制システムの構築にあたっては各種規程の整備が基本ですし、特に多数の支部等を持つ法人の場合、個々の役職員に監督を行き届かせるのは困難ですので、内部統制システムの規程化が求められます。公益法人においては、立入検査への対応という観点からも各種規程の整備が重要です。

　しかし、整備した規程に従った業務運営がなされなければ、まったく意味がありません。規程を整備したことに満足せず、それを法人全体で共有化し、履践する取組みが重要です。内部統制に関する各種ルールの遵守につい

て、定期的な職場内研修を行って意識を浸透させる、ハンドブックを作成して配布する等、様々な工夫が考えられます。

4 内部統制システムの改善

　法人内外の環境の変化により、適切な内部統制システムの内容も日々進化していきます。構築された体制が期待どおり有効に機能しているか定期的に確認し、問題点があれば洗い出したうえで、さらなる内部統制システムの改善につなげる必要があります。このように、「内部統制システムの整備、運用、評価、改善」というサイクル（PDCAサイクル）が間断なくまわるような仕組み作りも、内部統制システム構築義務の一環といえるでしょう。

内部統制システム構築におけるPDCAサイクル

Plan
・内部規程の策定
・内部監査、モニタリング体制の策定
・法人内部の教育の計画

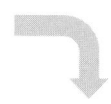

Do
・内部規程に沿った業務執行体制の構築
・内部監査・モニタリング体制の構築
・法人内部の教育の実施

Check
・内部監査、モニタリングの実施
　内部監査部門、理事会・監事・第三者を入れた委員会等による業務執行状況・財産管理状況の監督・監視
・内部通報制度、アンケート実施等による情報収集

Action
・内部統制システムに基づく業務の実施
・内部監査、モニタリング体制の改善
・コンプライアンス上の問題への対応

Q71 社団法人の社員総会は、どのように開催・運営を行えばよいのでしょうか。

A

　法人法が採用するガバナンスの仕組みは会社法をモデルとしており、各機関の開催・運営に関しても、会社法とよく似た規律となっています。

　社団法人の社員総会は、法令・定款に従って適法に開催・運営しなければなりません。開催手続や決議内容について、法令や定款に違反する点がある場合には、社員総会の決議が取り消され、または無効となる可能性があるので、注意が必要です。

　社員総会の開催・運営にあたっては、株式会社の株主総会対応等について経験のある弁護士等の専門家の助言を求めることも考えられます。

解説
1 社団法人におけるガバナンス

　平成18年に成立した公益法人制度改革三法は、公益法人制度に関する発想を大きく転換するものであり、非営利法人一般について法人の設立を準則主義とし、公的な規制を思い切って外す代わりに、運用上の問題については法人の活動に対する内部的なコントロール（ガバナンス）の仕組みを営利法人たる会社並みに作るという方向が採用されました。

　そのため、法人法が採用するガバナンスの仕組みは会社法をモデルとしており、各機関の開催・運営に関しても、会社法とよく似た規律となっています。ただし、非営利法人であるとの性質上その他の理由から、会社法とは一部異なる規律となっている点もあります。

3　法人の運営　　205

2 社員総会の開催

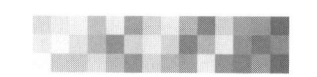

(1) 社員総会の招集決定

　社員総会を招集する場合には、①社員総会の日時及び場所、②社員総会の目的である事項があるときは当該事項、③社員総会に出席しない社員が書面によって議決権を行使することができることとするときはその旨、④社員総会に出席しない社員が電磁的方法によって議決権を行使することができることとするときはその旨、⑤法務省令で定める事項（役員等の選任や定款変更が議題である場合の議案の概要等）を定めなければなりません。

　これらの事項を定めるのは、理事会を設置していない一般社団法人の場合は理事です（法人法第38条第1項）。ただし、理事会を設置していない一般社団法人の場合、上記①～⑤については、その決定を特定の理事に委任することはできないので（法人法第76条第3項第2号）、結局、理事が2人以上いる場合には理事の過半数をもって決定することになります（法人法第76条第2項）。

　理事会を設置している一般社団法人の場合は、上記①～⑤の決定は理事会の決議によらなければなりません（法人法第38条第2項）。

(2) 社員総会の招集権者

　法人法は、社員総会は理事が招集するのが原則である旨を規定しています（法人法第36条第3項）。もっとも、理事のうちの代表理事が社員総会を招集する旨を定款に定めている一般社団法人が多く、この場合には、代表理事が社員総会を招集することになります。

　また、社員にも一定の要件のもとで社員総会の招集権が与えられています。総社員の議決権の10分の1（5分の1以下の割合を定款で定めた場合にあっては、その割合）以上の議決権を有する社員が集まれば、これらの社員は、理事に対し、社員総会の目的である事項及び招集の理由を示して社員総

会を招集することを請求することができます（法人法第37条第1項）。そして、①社員からの請求に対して遅滞なく社員総会招集の手続が理事によって行われない場合、②社員からの請求があった日から6週間（これを下回る期間を定款で定めた場合にあっては、その期間）以内の日を社員総会の日とする社員総会招集の通知が発せられない場合には、社員総会を招集するように請求した社員は、裁判所の許可を得て、社員総会を招集することができます（法人法第37条第2項）。

（3）招集通知

　社員総会の招集通知は、原則として、社員総会の日の1週間前までに、社員に対して発しなければなりません。もっとも、理事会を設置しない一般社団法人の場合には、1週間を下回る期間を定款で定めた場合には、当該期間前までに通知を発すればよいこととされています（法人法第39条第1項）。

　ただし、書面または電磁的方法によって議決権を行使することができることとして社員総会の招集を通知する場合には、理事会設置の有無に関わらず、社員総会の日の2週間前までに通知を発しなければなりません（法人法第39条第1項但書）。

　招集通知は、書面で行う旨が定款で規定されているのが一般的です。このような規定が定款で定められている場合には、書面で招集通知を発する必要があります。定款にこのような規定がない場合でも、理事会を設置している一般社団法人では、招集通知は書面で行わなければなりません（法人法第39条第2項第2号）。理事会を設置していない一般社団法人であっても書面または電磁的方法によって議決権を行使することができることとして社員総会の招集を通知する場合には、書面で招集通知をする必要があります。

　なお、定款では書面で行うかどうかが規定されていない場合であっても、後日の紛争を避けるため、社員総会の招集通知は書面で行うのが一般的ですし、行政庁の立入検査への対応のしやすさの見地からも通知は書面によるの

がよいでしょう。

　書面または電磁的方法によって議決権を行使することができることとして社員総会の招集を通知する場合を除き、社員の全員の同意があるときは、以上のような招集手続がとられなかったとしても、社員総会を適法に開催することが可能です（法人法第40条）。

（4）招集手続等に関する検査役の選任

　法人または総社員の議決権数の30分の1（これを下回る割合を定款で定めた場合にあっては、その割合）以上の議決権を有する社員は、社員総会に係る招集の手続及び決議の方法を調査させるため、当該社員総会に先立ち、裁判所に対して、検査役の選任を申し立てることができます（法人法第46条第1項）。

　裁判所によって選任された総会検査役は、総会の招集手続及び決議方法を調査し、その調査結果を裁判所に報告することとなるので、これにより、違法または不公正な手続の抑止を図るものです。

　事後に招集手続または決議方法の瑕疵もしくはその著しい不公正さが訴訟等において問題となったときには、検査役の調査報告書が証拠資料として重要な役割を果たすことになりますし、行政庁による立入検査においても、重要な説明資料となると考えられます。

3　社員総会の運営

（1）定足数及び可決要件

　社員総会の決議は、原則として、定款に別段の定めがある場合を除き、総社員の議決権の過半数を有する社員が出席し、出席した当該社員の議決権の過半数をもって行います（「普通決議」、法人法第49条第1項）。

　他方、社員の除名の決議、監事の解任決議、定款変更決議等、法人法第

49条第2項に掲げられている重要事項（特別決議事項）については、総社員の半数以上であって、総社員の議決権の3分の2（これを上回る割合を定款で定めた場合にあってはその割合）以上にあたる多数をもって行わなければなりません。

（2）社員総会における決議方法

　社員は、各1個の議決権を有するのが原則です（法人法第48条第1項本文）。

　ただし、定款で定めれば、各1個とは異なる議決権とすることが可能です（法人法第48条第1項但書）。例えば、定款で定めれば、社員のなかにA種類会員とB種類会員との種別を設け、A種類会員は2個の議決権を有し、B種類会員は1個の議決権とすることも可能です。また、例えば、A種類会員はすべての事項について議決権を有し、B種類会員は役員の選解任と決算の承認についてのみ議決権を有するとして、議決権の制限を設けることも可能です。

　もっとも、定款で定めたとしても、社員総会において決議する事項の全部について社員が議決権を行使できない旨の規定は、無効です（法人法第48条第2項）。

　また、一般社団法人が公益認定を受け公益社団法人となった場合には、①社員の議決権に関して、当該法人の目的に照らし、不当に差別的な取扱いをすることが禁止され（認定法第5条第14号ロ（1））、②社員の議決権に関して、社員が当該法人に対して提供した金銭その他の財産の価額に応じて異なる取扱いをすることが禁止されます（認定法第5条第14号ロ（2））。

（3）みなし決議

　定時社員総会は、毎事業年度の終了後一定の時期に招集しなければならないので（法人法第36条第1項）、社員総会をまったく開催しないという運用は許されません。

もっとも、社員総会の議案について、社員の全員が書面または電磁的記録により同意の意思表示をしたときは、当該提案を可決する旨の社員総会の決議があったものとみなされ（法人法第58条第1項）、定時社員総会の議題のすべての議案を可決する旨の社員総会の決議があったものとみなされる場合には、そのときに当該定時社員総会が終結したものとみなされます（法人法第58条第4項）。

　また、社員総会での報告事項についても、理事が社員の全員に対して社員総会に報告すべき事項を通知した場合において、当該事項を社員総会に報告することを要しないことについて社員の全員が書面または電磁的記録により同意の意思表示をしたときは、当該事項の社員総会への報告があったものとみなされます（法人法第59条）。

　上記のとおり、社員総会の招集については、社員の全員の同意があるときは、招集手続を経ることなく社員総会を開催することができますので、①社員総会の招集手続につき、招集手続を省略する旨の社員全員の同意があり、②社員総会での決議事項のすべてにつき社員の全員が書面または電磁的記録により同意し、③社員総会での報告事項がある場合には、社員の全員が報告を要しないことにつき書面または電磁的記録で同意すれば、結局、社員総会についての招集手続を省略し、さらに社員総会を実際に開催することなく、いわゆる持ち回り決議だけで意思決定をすることができるということになると考えられます。

（4）議長の権限

　社員総会の議長は、当該社員総会の秩序を維持し、議事を整理する責務があります（法人法第54条第1項）。また、議長は、その命令に従わない者その他社員総会の秩序を乱す者を退場させる権限を有しています（法人法第54条第2項）。

（5）理事等の説明義務

　社員総会で社員から特定の事項について説明を求められた場合には、理事等は、当該事項について必要な説明をしなければなりません（法人法第53条）。ただし、当該事項が社員総会の目的である事項に関しないものである場合や、その説明をすることにより社員の共同の利益を著しく害する場合等、正当な理由がある場合には説明を拒むことができます（法人法第53条但書、法人規則第10条）。

　正当な理由がないのに説明をしなかった場合には、社員総会の決議の瑕疵に該当し、決議取消事由となる可能性がありますので、注意が必要です。

　社員総会の開催・運営にあたっては、株主総会対応等について経験のある弁護士等の専門家の協力を得て、議事進行シナリオや想定問答の作成・検討、事前リハーサルの実施等の準備をすることも有用でしょう。また、必要に応じて、社員総会への出席を求めることも考えられます。

（6）社員総会における動議の取扱い

　社員総会での動議への対処方法は、法律には何も規定されていません。したがって、動議にどのように対処すべきかは、会議における動議の取扱いついての一般的議論が同様にあてはまるものと考えられます。

　審議手続に関する動議（手続的動議）としては、例えば、議長不信任動議、休憩動議、審議打切り動議等があります。審議手続に関する動議のうち、社員総会に提出された資料を調査する者を選任する旨の動議（法人法第55条第1項）、社員総会を延期または続行する旨の動議（法人法第56条）、会計監査人の出席を求める動議（法人法第109条第2項）は、法律上社員総会決議が必要なので、議長は必ず議場に諮らなければなりません（必要的動議）。また、議長不信任動議は、議長自身に関わるものなので議長に裁量権はなく、必ず議場に諮らなければなりません。以上の四つの動議以外の審議手続に関する動議は、議長に議事整理権（法人法第54条第2項）がある以上、議長の裁量

によって、どうするかを判断することができると考えられます（裁量的動議）。

　議案の内容に関する動議（実質的動議）は、修正動議というかたちで提出されることになります。議題から予測できる範囲内の議案の修正の場合には、議案の採決という形で諮らなければなりません。この場合、修正された議案の採否を社員に諮る場合と、原案を先に採決する場合とがあります。原案を先に採決し、原案が可決となれば、論理必然的に修正案は否決ということになるので、原案を先に採決する方法が簡便であり、会社の株主総会では一般的な取扱いです。

　動議の提出が予想される場合には、以上のような動議の取扱いについても、株主総会対応等について経験のある弁護士等の専門家の助言を得て、事前に対応を検討しておくことがよいでしょう。

（7）議事録の作成

　社員総会の議事録は、必ず作成しなければなりません（法人法第57条第1項）。

　社員総会の議事録には、①社員総会が開催された日時及び場所、②社員総会の議事の経過の要領及びその結果、③法が定める監事等の意見または発言の内容の概要、④社員総会に出席した理事、監事または会計監査人の氏名または名称、⑤議長が存するときは、議長の指名、⑥議事録作成に係る職務を行った者の氏名等を記載しなければなりません（法人規則第11条第3項）。

　社員総会議事録は、社員総会の日から10年間、主たる事務所に備え置かなければなりません（法人法第57条第2項）。従たる事務所にも、社員総会の日から5年間、社員総会議事録の写しを備え置かなければなりません（法人法第57条第3項）。

　法人法上は社員総会の議事録に署名者が必要である旨は定められていませんが、一般的には、社員総会議事録の署名者についての規定を定款に設けている例が多いものと思われます。

公益法人の場合、行政庁の立入検査の際は、議事録をベースに社員総会の開催や内容の適正さをチェックすることになりますので、議事録の作成は特に重要です。公益法人に行政庁の立入検査が入ると、担当官からは、まず「議事録を出してください」と求められることになります。「全員賛成と書いてありますが、本当に全員賛成でしたか」等の質問がなされ、法人運営の適正性が調査されるようです。

(8) 社員総会決議の瑕疵

　社員総会の決議に瑕疵がある場合には、その瑕疵の治癒を求める訴え（裁判）の制度が規定されています。

　法人法には、決議の瑕疵の軽重に応じて、社員総会の決議取消しの訴え（法人法第266条）、社員総会決議不存在確認の訴え（法人法第265条第1項）または無効確認の訴え（法人法第265条第2項）の3類型が規定されています。

　決議取消しの訴えは、招集手続や決議方法の瑕疵等、比較的軽微な瑕疵がある場合を予定した制度であり、そのために法的安定性の確保や濫訴防止の見地から、訴訟を提起できる者、出訴期間について限定が付されています。また、決議の取消事由が存在する場合であっても、その瑕疵が社員総会等の招集手続の法令・定款違反等の手続的瑕疵にすぎない場合には、裁判所は、①その違反する事実が重大でなく、かつ、②その違反があっても決議に影響を及ぼさないものであると認めるときは、訴えを棄却することができるとされています（「裁量棄却」、法人法第266条第2項）。

　一方、例えば社員総会を開催し決議した事実がないにも関わらず議事録のみ作成されているような場合や、決議の内容が法令に違反するような場合等、決議の瑕疵の程度が著しい場合には、社員総会決議の不存在の確認の訴え（法人法第265条第1項）・社員総会決議の無効の確認の訴え（法人法第265条第2項）が規定されています。瑕疵の著しい場面ですので、提訴権者・出訴期間に制限はありません。

Q72 立入検査への対応という観点から、公益社団法人の社員総会の運営上、特に留意しておくべき事項にはどのようなものがあるでしょうか。

A

　公益法人においては、立入検査にも十分に対応できるよう、規程類の整備により適法・適切なガバナンスを確立し、関係法令及び定款の遵守体制、適正な経理体制を整えておくことが重要です。

　旧民法上の社団法人から移行した公益社団法人では、旧来の内部規程が旧来のまま慣例として残り、慣例に従った運営が続いていることが少なくないものと考えられます。従来の慣例的な内部規程について、今一度ゼロベースで見直し、自社の総会開催及び運営の実務が、法人法や他の関係法令に適合する内容となっているかを検証する必要があるといえるでしょう。

　立入検査については、滋賀県公益認定等審議会と鹿児島県公益認定等審議会から、検査担当官がチェックすべき検討項目のリストが公表されており（巻末資料参照）、立入検査に備えた各法人での自己チェックに有用です。

解説
1 行政庁による監督の強化

　平成20年に新しい公益法人制度が施行され、旧民法上の社団法人・財団法人は、施行後5年の移行期間（平成25年11月末まで）の間に新たな公益法人または一般法人に移行の申請をすることとされました。

　移行期間を終えた現在、行政庁の主たる関心は、「新制度への円滑な移行」から、「新制度の信頼性維持（すなわち適切な監督の遂行）」に移っているものと考えられます。

　その意味で、今後、法人法の規律に沿った自律的なガバナンスの確立、内

部統制システムの構築、及びこれらの適切な運用の重要性が、ますます増していくものと考えられます。

2 立入検査におけるチェック項目

　内閣府は、新制度施行に際し、「監督の基本的考え方（平成20年11月21日）」及び「立入検査の考え方（平成21年12月24日）」を公表して、新制度下における行政の監督に関する基本的方針を明らかにしています。これによれば、公益法人においては、公益認定後3年以内に1回、第2回目以降については直近の立入検査後3年以内に立入検査を実施することとされています（「立入検査の考え方」）。

　立入検査については、滋賀県公益認定等審議会と鹿児島県公益認定等審議会から、検査担当官がチェックすべき検討項目のリストが公表されており、立入検査に備えた各法人での自己チェックに有用です（次ページ「社員総会の運営に関するチェック項目」参照）。

　特に、公益社団法人の社員総会においては、法令に従って適切に招集手続がなされているか（一部の社員に対して招集通知を発していない等の不備がないか）、定款によらずに社員の議決権を制限するような内規や運用がないか（例えば、理事の一存で議決権行使を制限できるような内規が生き残っていないか。コラム6参照）といった点を中心に、社員総会が社団法人の最高意思決定機関として適切に機能する仕組みが整っていることを、今一度確認する必要があるといえるでしょう。

　また、後日の立入検査への対応を視野に入れ、形式・実質共にしっかりとした招集通知や議事録を作成し備置するよう、意識する必要があるでしょう。

社員総会の運営に関するチェック項目

（以下、法とは法人法を指し、§とは条を指す）

ア 理事の選任に当たって、実質的に社員総会の権限が制限されるような運用がなされていないか。（社団のみ）（法§35）
- □ 理事選任等に当たって実質的な社員総会の権限が制限される運用をしていないか定款、議事録等で確認
- □ 変更届の提出があったか確認

イ 法令、定款に従って定期的に開催されているか。（社団のみ）（法§36）
- □ 社員総会の開催が法令、定款のとおり定期的に行われているか定款、議事録、開催通知等で確認

ウ 招集の請求は適切に行われているか。（法§37）
- □ 所定の手続により招集の請求が行われているか招集関係資料で確認

エ 招集の決定は適切に行われているか。（法§38）
- □ 所定の手続により招集の決定が行われているか理事会議事録で確認

オ 招集の通知は適切に行われているか。（社団のみ）（法§39）
- □ 所定の手続により招集の通知が行われているか定款、開催通知で確認

カ 招集手続の省略は適切に行われているか。（社団のみ）（法§40）
- □ 社員総会を社員全員の同意があった場合に省略して行ったことがあるか社員全員の同意に関する資料で確認

キ 参考資料は適切に交付されているか。（社団のみ）（法§41、法§42）
- □ 社員総会開催に当たり参考書類を交付しているか議案、法人法第102条の社員総会に報告すべき内容等交付した資料で確認

ク 議決権行使書面の行使が適正に行われているか。（社団のみ）（法§41、法§42）
- □ 議決権行使書面の行使が適正に行われているか議決権行使書面、議事録で確認

ケ 裁判所による招集の決定は適切か。（社団のみ）（法§47）
- □ 社員総会の開催決定は、裁判所の命令に基づき、理事会設置法人であれば理事会決議により、理事会設置法人でなければ理事の決定により行うので（法人法第38条第1項、第2項）理事会議事録、理事決定書

　　　　等で確認
コ　社員総会の定数は適正か。（社団のみ）
　　□ 社員総会の定数について、定款、議事録等で確認
サ　議決権の数は適正か。（社団のみ）（法§48）
　　□ 議決権の数は適正か議事録等で確認
シ　決議の方法は適正か。（社団のみ）（法§49）
　　□ 決議の方法は適正か議事録、定款で確認
ス　議決権の代理行使の方法は適正か。（社団のみ）（法§50）
　　□ 議決権の代理行使の方法は適正か、委任状、議事録等で確認
セ　書面による議決権の行使の方法は適正か。（社団のみ）（法§51）
　　□ 書面による議決権の行使の方法は適正か、議決権行使書面、議事録等で確認
ソ　電磁的記録による議決権の行使の方法は適正か。（社団のみ）（法§52）
　　□ 電磁的記録による議決権の行使がある場合、その方法が適正か、電磁的記録、議事録等で確認
タ　理事等の説明義務は果たされているか。（社団のみ）（法§53）
　　□ 社員総会において理事等の説明義務がある事項について適正に説明されているか議事録等で確認
チ　議長の権限は適切に行われているか。（社団のみ）（法§54）
　　□ 議長の権限はどのようになっているか定款、議事録等で確認
ツ　社員総会に提出された資料等の調査はどのように決議されたか。（社団のみ）（法§55）
　　□ 社員総会に提出された資料等の調査はどのように決議されたか議事録等で確認
テ　延期又は続行の決議は適正に行われているか。（社団のみ）（法§56）
　　□ 社員総会の延期または続行の決議は適正に行われたか議事録で確認
ト　議事録は適正に作成されているか。（社団のみ）（法§57）
　　□ 議事録が（署名等を含めて）適正に作成されているか議事録等で確認
ナ　決議の省略は適正に行われているか。（社団のみ）（法§58）
　　□ 決議の省略があった場合、適正に行われているか議事録等で確認
ニ　社員総会への報告の省略は適正に行われているか。（社団のみ）（法§59）

□ 社員総会への報告の省略があった場合、適正に行われているか議事録等で確認

（出典「鹿児島県立入検査実施要領」より抜粋）

COLUMN 6

勧告事例に学ぶガバナンス②
社員総会の運営について是正勧告がなされた事例

> 定款によらずして社員の議決権を制約する内部規程（賞罰規程）が法人法48条に違反するとして是正勧告がなされた事例（全日本テコンドー協会事件[1回目]）

　平成25年12月、行政庁（内閣総理大臣）は、公益社団法人全日本テコンドー協会に対し、認定法第28条第1項に基づく是正勧告を発しました。

　勧告は、同協会が法人法の規定に基づく法人運営を確立するために、以下の点を求めています。

① 法人法第48条の規定に適合するよう、社員総会においてすべての社員の議決権行使を認めること
② 上記①に関して賞罰規程につき必要な措置を講じること
③ 平成26年1月21日までに必要な措置を講じ、行政庁に報告すること

　公益認定等委員会の事実認定によれば、同協会は、理事会で賞罰規程を制定していたところ、その賞罰規程のなかで「社員の資格停止処分」を定め、当該「社員の資格停止処分」がなされた社員は、社員総会において一切の議決権を行使することができないとされていました。他方で、定款には、社員の議決権を制約するような規定はなかったとのことです。

　公益認定等委員会は、このような取扱いは法人法第48条の規定に違反すると判断し、勧告に至りました。

　旧民法上の社団法人から移行した公益社団法人では、旧来の内部規程が「慣例」として残り、旧来のまま運営が続いていることが少なくありません。本事例は、従来の「慣例」的な内部規程について、改めて見直し、法人法や

他の関連法令に沿ったものとなっているかを検証する必要を感じさせる事件といえるでしょう。

Q73 財団法人の評議員会は、どのように開催・運営を行えばよいのでしょうか。

A

　法人法が採用するガバナンスの仕組みは会社法をモデルとしており、各機関の開催・運営に関しても、会社法とよく似た規律となっています。

　ただし、評議員は、財団法人との間で委任関係に立ち、財団法人運営の監督を属人的に期待される機関であることから、1人1議決権が徹底される、議決権の代理行使は認められない、特別利害関係がある事項については議決権を行使できない等の特有の規律に服します。

解説

1 評議員会の開催

（1）評議員会の招集決定

　評議員会を招集する場合には、理事会の決議によって、①評議員会の日時及び場所、②評議員会の目的である事項があるときは当該事項、③法務省令で定める事項（役員等の選任や定款変更が議題である場合の議案の概要等）を定めなければなりません（法人法第181条第1項）。

（2）評議員会の招集権者

　法人法は、評議員会は理事が招集するのが原則である旨を規定しています（法人法第179条第3項）。もっとも、理事のうちの代表理事が評議員会を招集する旨を定款に定めている一般財団法人が多く、この場合には、代表理事が評議員会を招集することになります。

　また、評議員が評議員会を招集することができる場合があります。評議員は、理事に対し、評議員会の目的である事項及び招集の理由を示して評議員会を招集することを請求できます（法人法第180条第1項）。この場合において、①評議員からの請求に対して遅滞なく評議員会招集の手続が理事によって行われない場合、②評議員からの請求があった日から6週間（これを下回る期間を定款で定めた場合にあっては、その期間）以内の日を評議員会の日とする評議員会招集の通知が発せられない場合には、評議員会を招集するように請求した評議員は、裁判所の許可を得て、評議員会を招集することができます（法人法第180条第2項）。

（3）招集通知

　評議員会の招集通知は、評議員会の日の1週間前までに、評議員に対して書面で発しなければなりません。ただし、1週間を下回る期間を定款で定めることも可能であり、この場合には、定款で定めた期間前までに評議員に対して書面で招集通知を発することになります（法人法第182条第1項）。

　評議員の承諾がある場合には、書面ではなく、電磁的方法によって招集通知を発することも可能です（法人法第182条第2項）。

　また、評議員全員の同意があるときは、書面や電磁的方法によって招集通知を発しなくても適法に評議員会を開催することが可能です（法人法第183条）。

2 評議員会の運営

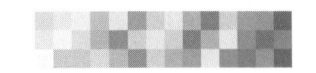

(1) 定足数及び可決要件

　評議員会の決議は、定款に別段の定めがある場合を除き、決議に加わることができる評議員の過半数（これを下回る割合を定款で定めた場合にあっては、その割合以上）が出席し、その過半数（これを上回る割合を定款で定めた場合にあっては、その割合）をもって行います（「普通決議」、法人法第189条第1項）。

　なお、決議について特別の利害関係を有する評議員は議決に加わることができません（法人法第189条第3項）。このため、定足数の要件は「議決に加わることができる評議員」が基準とされています。

　監事の解任決議、定款変更決議等、法人法第189条第2項に定められている重要事項（特別決議事項）については、議決に加わることができる評議員の3分の2（これを上回る割合を定款で定めた場合にあってはその割合）以上にあたる多数をもって行わなければなりません。

(2) 評議員会における決議方法

　評議員は、各1個の議決権を有しています。一般社団法人における社員の議決権のように、各1個と異なる議決権を許す規定はありません。

　一般社団法人の場合には、社員総会において社員が代理人によって議決権を行使することや社員が書面によって議決権を行使することを認める規定が法人法に規定されています（法人法第50条、第51条）。

　しかし、一般財団法人の場合には、評議員会において評議員が代理人によって議決権を行使することや評議員が書面によって議決権を行使することを認める規定はありません。したがって、評議員は、代理人による議決権行使や書面による議決権行使をすることはできません。

（3）みなし決議

　定時評議員会は、毎事業年度の終了後一定の時期に招集しなければならないので（法人法第179条第1項）、評議員会をまったく開催しないということはできないというのが原則です。

　しかし、評議員会の議案について、評議員の全員が書面または電磁的記録により同意の意思表示をしたときは、当該提案を可決する旨の評議員の決議があったものとみなされ（法人法第194条第1項）、定時評議員会の議題のすべての議案を可決する旨の定時評議員会の決議があったものとみなされた場合には、そのときに当該定時評議員会が終結したものとみなされます（法人法第194条第4項）。また、評議員会での報告事項についても、理事が評議員の全員に対して評議員会に報告すべき事項を通知した場合において、当該事項を評議員会に報告することを要しないことについて評議員の全員が書面または電磁的記録により同意の意思表示をしたときは、当該事項の評議員会への報告があったものとみなされます（法人法第195条）。

　上記のとおり、評議員会の招集手続については、評議員全員の同意があるときは、招集手続を経ることなく評議員会を開催することができます（法人法第183条）。したがって、①評議員会の招集手続につき、招集手続を省略する旨の評議員全員の同意があり、②評議員会の決議事項のすべてにつき評議員の全員が書面または電磁的記録により同意し、③評議員会での報告事項がある場合には評議員の全員が報告を要しないことにつき書面または電磁的記録により同意すれば、結局、評議員会についての招集手続を省略し、さらに、評議員会を実際に開催することなく、いわゆる持回り決議だけで意思決定をすることができると考えられます。

（4）テレビ会議等での開催

　遠方に所在する等の理由により現に評議員会の開催場所に赴くことができない評議員が当該評議員会決議に参加するための方策として、テレビ会議や

電話会議の方法により会議に参加することも許されると解されています。

(5) 議事録の作成

　評議員会の議事録は、必ず作成しなければなりません（法人法第193条第1項）。

　評議員会の議事録には、①評議員会が開催された日時及び場所、②評議員会の議事の経過の要領及びその結果、③決議を要する事項について特別の利害関係を有する評議員があるときは当該評議員の氏名、④法が定める監事等の意見または発言の内容の概要、⑤評議員会に出席した評議員、理事、監事または会計監査人の氏名または名称、⑥議長が存するときは議長の氏名、⑦議事録作成に係る職務を行った者の氏名等を記載しなければなりません（法人規則第60条第3項）。

　評議員会の議事録は、評議員会の日から10年間、主たる事務所に備え置かなければなりません（法人法第193条第2項）。従たる事務所には、評議員会議事録の写しを評議員会の日から5年間備え置かなければなりません（法人法第193条第3項）。

　法人法は、評議員会の議事録に署名者が必要である旨は定めていません。したがって、定款で特段の定めを置かない限り、評議員会議事録に誰かが署名しなければならないということはありません。しかし、議事録に記載されている事項の重要性に鑑みれば、その議事録記載事項が評議員会の審議の概要を正確に記載していることを当該一般財団法人で確認していることが必要です。そこで、一般的には、評議員会議事録の署名者についての規定を定款に設け、評議員会議事録の内容を署名者が確認していることを明らかにして、当該一般財団法人としても評議員会議事録の内容を確認していることを示すようにしています。

　公益法人の場合、行政庁の立入検査の際は、議事録をベースに評議員会の開催や内容の適正さをチェックされます。したがって、議事録の作成は特に

重要となります。行政庁の立入検査では、担当官からまず「議事録を出してください」と求められます。「記述どおり、本当に全員賛成でしたか」等の質問がされ、法人運営の適正性が調査されます。

（6）評議員会の決議の瑕疵

　評議員会の決議に瑕疵がある場合には、その瑕疵の治癒を求める訴えを提起することができます。法人法には、決議の瑕疵の軽重に応じて、評議員会の決議取消しの訴え（法人法第266条）、評議員会の決議の不存在確認の訴え（法人法第265条第1項）または無効の確認の訴え（法人法第265条第2項）の3類型が規定されています。

Q74 立入検査への対応という観点から、公益財団法人の評議員会の運営上、特に留意しておくべき事項にはどのようなものがあるでしょうか。

A

　公益法人においては、立入検査にも十分に対応できるよう、規程類の整備によって適法・適切なガバナンスを確立し、関係法令及び定款の遵守体制、適正な経理体制を整えておくことが重要です。

　特に、評議員会の役員選任権限に対して、理事や理事会による不当な制約が課されていないか等、理事の専横を適切に予防できる仕組みが確保されていることを確認することが重要と考えられます。

　また、評議員は、財団法人との間で委任関係に立ち、財団法人運営の監督を属人的に期待される機関ですので、欠員が生じた場合の手当て（補欠の選任等）についても留意しておくのが望ましいでしょう。

　立入検査の点については、滋賀県公益認定等審議会と鹿児島県公益認定等

審議会から、検査担当官がチェックすべき検討項目のリストが公表されており、立入検査に備えた各法人での自己チェックに有用です。

解説

1 行政庁による監督の強化

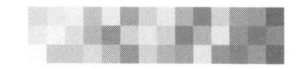

　平成20年に新しい公益法人制度が施行され、施行後5年の移行期間（平成25年11月末まで）を終えた現在、行政庁の主たる関心は、「新制度への円滑な移行」から、「新制度の信頼性維持（すなわち適切な監督の遂行）」に移っているものと考えられます。

　今後は法人法の規律に沿った自律的なガバナンスの確立や内部統制システムの構築、適切な運用の重要性が、ますます増していくでしょう。

2 立入検査におけるチェック項目

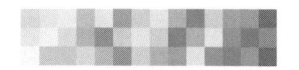

　内閣府は、「監督の基本的考え方（平成20年11月21日）」及び「立入検査の考え方（平成21年12月24日）」により、新制度下における行政の監督に関する基本的方針を明らかにしています。公益法人においては、公益認定後3年以内に1回、第2回目以降については直近の立入検査後3年以内に立入検査を実施することとされており、留意が必要です。

　立入検査については、滋賀県公益認定等審議会と鹿児島県公益認定等審議会から、検討項目のリストが公表されています。立入検査に備えた各法人での自己チェックに有用でしょう（次ページ「評議員会の運営に関するチェック項目」参照）。

　特に、公益財団法人の制度趣旨からは、評議員の理事に対する独立性が確保されているか、評議員の理事に対する監督権限を骨抜きにするような内規・運用がないか（**コラム7参照**）等の点を中心に、評議員による監督の実

効性が機能する仕組みが確保されているかが重要な検査項目になるものと考えられます。

評議員会の運営に関するチェック項目

(以下、法とは法人法を指し、§とは条を指す)

ア 評議員と財団との関係は適切か。(財団のみ)(認§5-3、4)
- □ 評議員と財団の関係について特別な関係かどうか履歴書、就任書等で確認

イ 評議員の選任の方法は適切か。(財団のみ)(法§153)
- □ 評議員は、評議員会等定款で定められた方法で選任されているか議事録等で確認

ウ 評議員の資格等は適格か。(財団のみ)(法§173)
- □ 評議員は、法人法第173条の兼任をしていないか履歴書、就任書等で確認

エ 評議員の任期は適正か。(財団のみ)(法§174)
- □ 評議員の任期について定款等で確認

オ 評議員の定数は適正か。(財団のみ)(法§173-3)
- □ 評議員の定数について定款、役員名簿等で確認

カ 評議員の欠員に対する措置は適当か。(財団のみ)(法§175)
- □ 欠員が生じた場合、法人法第175条に規定されている措置をしているか議事録、役員等名簿等で確認

キ 評議員会の設置は適切か。(財団のみ)(法§170)
- □ 評議員会の設置について定款で確認

ク 評議員会の権限等は適当か。(財団のみ)(法§178)
- □ 評議員会の権限等について定款、議事録等で確認

ケ 招集手続は適切に行われているか。(財団のみ)(法§179)
- □ 評議員会の招集について招集関係資料で確認

コ 招集の請求は適切に行われているか。(財団のみ)(法§180)
- □ 所定の手続により招集の請求が行われているか招集関係資料で確認

サ 招集の決定は適切に行われているか。(法§181)

□ 所定の手続により招集の決定が行われているか議事録等で確認
シ 招集の通知は適切に行われているか。(財団のみ)(法§182)
　　□ 所定の手続により招集の通知が行われているか定款、開催通知で確認
ス 招集手続の省略は適切に行われているか。(財団のみ)(法§183)
　　□ 評議員会を評議員全員の同意があった場合に省略して行ったことがあるか評議員全員の同意に関する資料で確認
セ 招集手続等に関する検査役の選任は適正か。(財団のみ)(法§187)
　　□ 招集手続等に関する検査役の選任は適正か議事録等で確認
ソ 法令、定款に従って定期的に開催されているか。(財団のみ)
　　□ 評議員会の開催が法令、定款のとおり定期的に行われているか、定款、議事録及び開催通知等で確認
タ 評議員会の定数は適正か。
　　□ 評議員会の定数について、定款、議事録等で確認
チ 決議の方法は適正か。(財団のみ)(法§189)
　　□ 決議の方法は適正(本人が出席しているか(書面又は代理人による決議ではないかどうか等))か議事録、定款で確認
ツ 理事等の説明義務は果たされているか。(財団のみ)(法§190)
　　□ 評議員会において理事等の説明義務がある事項について適正に説明されているか議事録等で確認
テ 評議員会に提出された資料等の調査はどのように決議されたか。(財団のみ)(法§191)
　　□ 評議員会に提出された資料等の調査を行う者の選任はどのように決議されたか議事録等で確認
ト 延期又は続行の決議は適正に行われているか。(財団のみ)(法§192)
　　□ 評議員会の延期または続行の決議は適正に行われたか議事録で確認
ナ 議事録は適正に作成されているか。(財団のみ)(法§193)
　　□ 議事録が(署名を含めて)適正に作成されているか議事録等で確認
ニ 決議の省略は適正に行われているか。(財団のみ)(法§194)
　　□ 決議の省略があった場合、適正に行われているか議事録等で確認
ヌ 評議員会への報告の省略は適正に行われているか。(財団のみ)(法

§195）
　　☐ 評議員会への報告の省略があった場合、適正に行われているか議事録
　　　等で確認

（出典「鹿児島県立入検査実施要領」より抜粋）

COLUMN 7

勧告事例に学ぶガバナンス③
評議員会による役員の選出手続について勧告がなされた事例

> 定款（及び定款細則）によって評議員会の理事選任権限に制約を課すことが法人法の規定（第177条において準用する第63条第1項、第178条第3項及び第185条）に反するとされた事例（日本アイスホッケー連盟事件）

　平成25年11月、行政庁は、公益財団法人日本アイスホッケー連盟に対し、認定法第28条第1項に基づく是正勧告を発しました。新制度のもとで2件目の勧告です。

　勧告は、同連盟が法人法の規定に基づく法人運営を確立するために、以下の点を求めています。

① 評議員会における役員の選任結果に基づき、速やかに旧体制から新体制への業務引継ぎを行い、法人の業務を適切に執行する体制をすみやかに確立すること。また、役員変更の登記及び行政庁への届出を遅滞なく行うこと
② 上記①の措置を平成25年12月17日までに講じ、行政庁に報告すること

　同連盟では、平成25年9月に開催された評議員会における役員選任の有効性をめぐり、法人内で紛争が発生し、役員交代が円滑に行われない状態が続いていました。

　争点は、評議員会における役員選任の前提として「役員推薦委員会」の推薦が必要である旨を規定する同連盟の定款細則の有効性でした。

　公益認定等委員会は、以下のように判断し、勧告に至りました。

- 当該定款細則等の規定・運用が、役員推薦委員会からの推薦以外に評議員会への提案を認めないものであるとすれば、法人法に基づく評議員会の議決権、評議員の提案権を違法に制約するものであり、認められない
- 適法な解釈・運用を前提とすれば、9月28日の評議員会における役員選任の決議は有効である
- したがって、旧体制が選任決議の有効性を認めず、新体制への業務引継ぎがなされない事態が継続する限り、当該法人は、法人法に違反・抵触している疑いがある

　本事例も、他のスポーツ競技の公益法人における勧告事例と同様、法人内部の紛争を端緒とするものですが、こうした発覚の端緒の特殊性に目を奪われるべきではありません。
　評議員会における役員選任のプロセスが法人法等の関係法令に適合することは、公益法人のガバナンスにおいて基本的事項です。本事例もまた、従来の慣例的な内部規程の見直しの必要性を改めて感じさせる事件といえるでしょう。

Q75 理事会の開催・運営はどのようにすればよいでしょうか。

A

　理事会は、先の公益法人制度改革において、理事の職務執行に対する監督機関として位置づけられた重要な機関です。また、新制度のもとでは、個々の理事は法人との関係で委任関係に立ち、法人に対して善管注意義務を負い、代表訴訟による責任追及の可能性にさらされることとなりました。
　今後の理事会運営は、こうした理事会及び理事の位置づけを十分に意識したものとする必要があります。

解説

1 理事会の開催

(1) 理事会の開催頻度

　代表理事や業務執行理事は、3か月に1回以上、自己の職務の執行状況を理事会に報告しなければなりません（法人法第91条第2項本文）。ただし、この報告は、定款で毎事業年度ごとに4か月を超える間隔で2回以上その報告をしなければならない旨を定めた場合には、この限りではないとされています（法人法第91条第2項但書）。

　つまり、定款に特段の定めを設けない限り、代表理事や業務執行理事が職務執行状況を報告するために、少なくとも、3か月に1回の頻度で理事会を開催しなければならないということになります。また、定款に特段の定めを設けた場合でも、毎事業年度ごとに4か月を超える間隔で2回以上、理事会を開催しなければならないということになります。

(2) 理事会の招集権者

　理事会は常設の機関ではなく、招集権者が招集することによって開催される機関です。

　理事会の招集権は、定款または理事会での別段の定めがなければ、個々の理事にあります（法人法第93条第1項本文）。

　理事会を招集する理事を定款または理事会で定めた場合には、当該理事が招集権を有します（法人法第93条第1項但書）。もっとも、当該理事以外の理事であっても、招集権を有する理事に対して理事会の目的である事項を示して理事会の招集を請求することができ、請求日から5日以内に、請求日から2週間以内の日を理事会の日とする理事会の招集の通知が発せられない場合には、理事会招集請求を行った理事が理事会を招集することが可能です（法人法第93条第2項・第3項）。

このほか、監事も、理事の不正行為や定款違反事実等があると認め、必要があると認めるときは、理事会招集権限を有する理事に対して理事会の招集を請求することができます（法人法第101条第2項）。この場合にも、請求日から5日以内に、請求日から2週間以内の日を理事会の日とする理事会の招集の通知が発せられない場合には、理事会招集請求を行った監事が理事会を招集することが可能です（法人法第101条第3項）。

(3) 理事会の招集通知

　理事会を招集する者は、理事会の日の1週間前（これを下回る期間を定款で定めた場合にあっては、その期間）までに、各理事及び各監事に対して、その通知を発しなければなりません（法人法第94条第1項）。

　法人法上は、その通知が書面であることまでは要求していませんので、定款で招集方法について特別な定めがないのであれば、口頭で招集通知を発しても有効です。

　理事及び監事の全員の同意がある場合には、招集の手続を経ることなく理事会を開催することが認められています（法人法第94条第2項）。したがって、例えば、定款で理事会の1週間前までに書面で招集通知を発しなければならないと規定している場合であっても、理事及び監事の全員の同意があるのであれば、直前に口頭で招集通知を発して理事会を開催することが可能です。

2 理事会の運営

(1) 定足数及び可決要件

　理事会の決議は、定款に別段の定めがない限り、議決に加わることができる理事の過半数（これを上回る割合を定款で定めた場合にあっては、その割合以上）が出席し、その過半数（これを上回る割合を定款で定めた場合にあっては、

その割合以上）をもって行います（「普通決議」、法人法第95条第1項）。

　決議について特別の利害関係を有する理事は議決に加わることができないので（法人法第95条第2項）、定足数の要件は「議決に加わることができる理事」を基準とすることとされています。

　定足数も可決要件も、定款で加重することが可能です。したがって、意思決定に慎重な判断が求められるような事項については、定足数・可決要件を加重する旨を定款に規定しておくことも考えられます。

　なお、理事会の決議に参加した理事であって、当該理事会の議事録に異議をとどめなかった者は、その決議に賛成したものと推定されますので（法人法第95条第5項）、注意が必要です。

（2）みなし決議

　理事と一般社団法人・一般財団法人との関係は委任に関する規定に従うとされており、理事は、自ら理事会に出席し、善良な管理者の注意義務をもって意思決定にあたる必要がある、ということになります。したがって、理事が議決権行使を他の理事に委任することや、理事会に出席せずに書面により議決権行使をすることは認められていません。

　もっとも、一般社団法人・一般財団法人も、議決に加わることができる理事の全員が書面（または電磁的方法）により議案ついて同意した場合には、当該議案を可決する旨の理事会決議があったものとみなす旨を定款に規定することができます（法人法第96条）。したがって、このような定款の規定があれば、議決に加わることができる理事の全員が書面によって意思表示を行うことにより、議案を可決することが可能となります。つまり、定款に規定があり、かつ、理事の全員が書面で同意するのであれば、いわゆる持回り決議を行うことも可能です。

(3) テレビ会議等での開催

　遠方に所在する等の理由により現に理事会の開催場所に赴くことができない理事が当該理事会決議に参加するため、テレビ会議や電話会議により会議に参加することも許されると解されています。

(4) 議事録の作成

　理事会の議事録は、必ず作成しなければなりません（法人法第95条第3項）。

　理事会の議事録には、①理事会が開催された日時及び場所、②理事会が招集権者以外の理事や監事が招集した場合にはその旨、③理事会の議事の経過の要領及びその結果、④決議を要する事項について特別の利害関係を有する理事があるときは当該理事の氏名、⑤法が定める意見または発言の内容の概要、⑥署名者が代表理事とされている場合には代表理事以外の理事であって理事会に出席した者の氏名、⑦理事会に出席した会計監査人の氏名または名称、⑧議長が存するときには、議長の氏名等を記載します（法人規則第15条第3項）。

　理事会議事録は、理事会の日から10年間、主たる事務所に備え置かなければなりません（法人法第97条第1項）。

　理事会の議事録については、出席した理事及び監事がこれに署名または記名押印するのが原則です。ただし、理事の署名または記名押印については、定款で議事録に署名しまたは記名押印しなければならない者を代表理事とすることができます（法人法第95条第3項）。すなわち、定款で定めれば、議事録への書面または記名押印は、理事会に出席した代表理事と監事が行うことで足り（これは、会社における取締役会議事録等にはみられない、公益法人・一般法人に特有の取扱い）、定款に特段の規定がない場合には、理事会に出席したすべての理事と監事が行うことになります。

　議事録には実態を表した記載をしなければなりません。虚偽記載は100万

円以下の過料に処せられます（法人法第342条第7号）。

　公益法人の場合、行政庁の立入検査の際は、議事録をベースに理事会の開催や内容の適正さをチェックすることになります。したがって、理事会の議事録の作成は非常に重要です。公益法人に行政庁の立入検査が入ると、担当官からは、まず「議事録を出してください」と求められることになります。「本当に理事が集まりましたか」「全員賛成と書いてありますが、本当に全員賛成でしたか」等の質問がなされ、法人運営の適正性が調査されるようです。

（5）理事会の決議の瑕疵

　社員総会・評議員会の決議に瑕疵がある場合には、法人法には、決議の瑕疵の軽重に応じて、決議取消しの訴え（法人法第266条）、決議の不存在確認の訴え（法人法第265条第1項）または無効の確認の訴え（法人法第265条第2項）の3類型が規定されています。

　他方、理事会決議の瑕疵については、法人法には何の規定も設けられていません。しかし、決議が不存在であることや決議が無効であることの確認を求める訴訟を提起することは、民事訴訟の一般原則上も可能であると解されています。

Q76 立入検査への対応という観点から、理事会の運営上、特に留意しておくべき事項にはどのようなものがあるでしょうか。

A

　公益法人においては、立入検査にも十分に対応できるよう、規程類の整備によって適法・適切なガバナンスを確立し、関係法令及び定款の遵守体制、適正な経理体制を整えておくことが重要です。

特に、理事会の運営にあたっては、理事会が理事の職務執行に対する監督機関として実質的に機能していること、及びそのことが、議事録及びその附属書類から適切に読み取れるようにしておくことが重要といえるでしょう。

　立入検査の点については、滋賀県公益認定等審議会と鹿児島県公益認定等審議会から、検査担当官がチェックすべき検討項目のリストが公表されており、立入検査に備えた各法人での自己チェックに有用です。

解説

1 行政庁による監督の強化

　新公益法人制度施行後5年の移行期間（平成25年11月末まで）が経過し、現在、行政庁の主たる関心は、「新制度への円滑な移行」から、「新制度の信頼性維持（すなわち適切な監督の遂行）」に移っているものと考えられます。

　理事会の運営も、法人法の規律に沿った自律的なガバナンスの確立、内部統制システムの構築、及びこれらの適切な運用の重要性を意識したものとすることが必要です。

2 立入検査におけるチェック項目

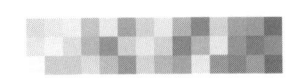

　内閣府は、「監督の基本的考え方（平成20年11月21日）」及び「立入検査の考え方（平成21年12月24日）」により、新制度下における行政の監督に関する基本的方針を示しており、公益法人においては、公益認定後3年以内に1回、第2回目以降については直近の立入検査後3年以内に立入検査を実施することとされています（「立入検査の考え方」）。

　また、立入検査については、滋賀県公益認定等審議会と鹿児島県公益認定等審議会から、検査担当官がチェックすべき検討項目のリストが公表されています。これらは立入検査に備えた各法人での自己チェックに有用です。

3　法人の運営　235

理事会は、先の公益法人制度改革において、理事の職務執行に対する監督機関として位置づけられた重要な機関であり、新制度のもとでは、個々の理事は法人との関係で委任関係に立ち、法人に対して善管注意義務を負うため、代表訴訟による責任追及の可能性にさらされることとなりました。

　理事会の運営にあたっては、理事会が理事の職務執行に対する監督機関として実質的に機能していること、及びそのことが議事録及びその附属書類から適切に読み取れるようにしておくこと（「見える化」）が重要といえるでしょう。

理事会の運営に関するチェック項目

（以下、法とは法人法を指し、§とは条を指す）

ア　理事会の設置は適切か。（法§60、法§170）
　　□ 理事会の設置について定款で確認

イ　理事会の権限等は適当か。（法§90、法§197）
　　□ 理事会の権限等について定款等で確認

ウ　競業、財団との取引等の制限は適切か。（法§92）
　　□ 法人法第84条に規定されている取引が行われた場合、理事会に対して報告をしているか議事録等で確認

エ　招集手続は適切に行われているか。（法§94、法§197）
　　□ 所定の手続により招集の請求が行われているか通知書等、また、手続がされていない場合、理事及び監事全員の同意があるか同意書等で確認

オ　法令、定款に従って定期的に開催されているか。
　　□ 理事会の開催が、法令、定款のとおり定期的に行われているか、定款、議事録、開催通知等で確認

カ　理事会の定数は適正か。
　　□ 理事会の定数について定款、議事録等で確認

キ　決議の方法は適正か。（法§95、法§197）
　　□ 決議の方法は適正（本人が出席しているか（書面又は代理人による決議ではないかどうか等））か議事録、定款で確認

ク　決議の省略は適正に行われているか。（法§96、法§197）

> 　　□ 決議の省略があった場合、適正に行われているか議事録等で確認
> ケ　議事録等は適正に作成されているか。（法§97、法§197）
> 　　□ 議事録が（署名を含めて）適正に作成されているか議事録等で確認
> コ　理事会への報告の省略は適正に行われているか。（法§98、法§197）
> 　　□ 理事会への報告の省略があった場合、適正に行われているか通知書等で確認
> サ　欠格事項に係る確認書の保存状況は適正か。（法§123-4）
> 　　□ 確認した根拠資料は10年間、主たる事務所に保存してあるか確認

（出典「鹿児島県立入検査実施要領」より抜粋）

Q77

公益法人において作成・備置きあるいは行政庁に提出すべき書類にはどのようなものがあるでしょうか。また、作成すべき書類の情報開示についての留意点にはどのようなものがあるでしょうか。

A

　公益法人は一般法人と比べて事業運営に高度の透明性が求められることから、広範な書類の作成の義務がある他、一般法人にはない情報開示ルールがあります。「財政基盤の明確化」、「経理処理、財産管理の適正性」及び「情報開示の適正性」は、公益認定等ガイドラインにおいて「公益目的事業を行うのに必要な経理的基礎」（認定法第5条第2号）の要素とされ、行政庁に厳しくチェックされる事項です。作成した書類に不足や不備があった場合は行政庁から指導や報告徴求を受けることもありえますし、「経理的基礎」に欠けていると判断されると、公益認定を取り消される可能性もありますので注意が必要です（認定法第29条第2項第1号）。なお、定期提出書類の具体的内容等については第3章を併せて参照してください。

解説

1 公益法人に求められる書類整備

(1) 事業計画書その他の書類

　公益法人特有のものとして、公益認定申請書に記載していた公益目的事業をそのとおり実施しているか、公益目的事業費率が法定の水準を超えているかどうか等を確認する資料として、以下の書類の作成等が義務づけられています（認定法第21条第1項）。

① 事業計画書
② 収支予算書
③ 資金調達及び設備投資の見込みを記載した書類

(2) 財産目録その他の書類

　さらに公益法人では、一般法人法上の計算書類等に加えて、以下の書類の作成等が義務づけられています（認定法第21条第2項）。

① 財産目録
② 役員等名簿
③ 報酬等の支給の基準を記載した書類
④ キャッシュ・フロー計算書
⑤ 運営組織及び事業活動の状況の概要及びこれらに関する数値のうち重要なものを記載した書類（施行規則第28条第1項）

　各書類の詳細については、第3章や国・都道府県公式公益法人行政総合情報サイト「公益法人information」上の情報(注)を参照してください。

　　　（注）https://www.koeki-info.go.jp/pictis_portal/koeki/pictis_portal/common/portal.html

2 情報開示のルール

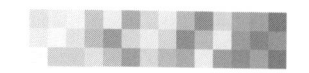

公益法人については、行政庁および公衆による監督という観点から、一般法人と比べて広範な情報開示のルールが定められています。

(1) 閲覧請求

作成し、事務所に備え置いた上記書類等については、「何人」からも閲覧の請求ができ、正当な理由なくこれを拒むことができません（認定法第21条第4項）。なお、役員名簿や社員名簿について閲覧請求があった場合、個人の住所に係る記載又は記録の部分を除外して閲覧させることができます（認定法第21条第5項）。

(2) 行政庁への提出・公開

公益法人は、これら書類を事務所に備置きするだけでなく、行政庁にも提出しなければなりません。行政庁が提出を受けた書類に対しても閲覧、謄写の請求ができるようになっています（認定法第22条第2項）。

(3) 報酬等の支給基準の公表

理事、監事、評議員に対する報酬等の支給基準については、事務所への備置き（法人法第21条）および行政庁への提出のほかに、公表（法人法第20条第2項）もしなければならないとされています。具体的な公表の媒体・方法は明らかにされていませんが、国民に広く明らかにするという意味で、ホームページで公表することが考えられます。

3 スケジュール

公益法人には、次のスケジュールでの書類作成・備置き・開示が要求され

ています（下表参照）。

（1）計算書類等の作成・備置き

　事業年度経過後、当該事業年度に係る貸借対照表、損益計算書、事業報告書ならびにこれらの附属明細書（計算書類等）を作成し、定時社員総会または定時評議員会の2週間前（理事会を設置していない社団法人にあっては1週間前）から主たる事務所に5年間、従たる事務所に3年間備置きしなければなりません。

（2）認定法上の書類の作成・備置き

① 事業年度開始前日までに、当該事業年度の事業計画書、収支予算書、資金調達及び設備投資の見込みを記載した書類（事業計画書等）を作成し、事業年度末日までの間、主たる事務所及び従たる事務所に（従たる事務所においては写しを）備え置かなければなりません（認定法第21条第1項、認定規則第27条）。

② 事業年度経過後3か月以内に、財産目録、役員等名簿、役員等の報酬等の支給の基準を記載した書類、キャッシュフロー計算書（注）、運営組織及び事業活動の概要ならびにこれらに関する数値のうち重要なものを記載した書類を作成し、主たる事務所に5年間、写しを従たる事務所に3年間備え置く必要があります（認定法第21条第2項、認定規則第28条第1項）。公益認定を受けた日の属する事業年度にあっては、当該公益認定を受けた後遅滞なく備え置く必要があります。

（注）会計監査人の設置が義務づけられている場合または任意に作成している場合

（3）行政庁への提出

　上記書類のうち、事業計画書等については毎事業年度開始の前日までに行政庁に提出しなければなりません。それ以外の書類については、事業年度経

過後3か月以内に提出しなければなりません（認定法第22条第1項）。

作成・備置き等のスケジュール

（ウェブサイト「公益法人information」の「定期提出書類の手引き（公益法人編）」69頁の表に追記等したもの。https://www.koeki-info.go.jp/pictis_portal/other/ikougo.html）

書類名	備考
事業年度開始前までに作成して事務所に備え置くもの	
事業計画書	事業年度開始前日までに作成し、当該事業年度の末日まで備え置く（認定法第21条第1項） 事業年度開始前日までに行政庁に提出する（認定法第22条第1項）
収支予算書	
資金調達及び設備投資の見込みを記載した書類	
事業年度経過後に作成して事務所に備え置くもの	
財産目録	事業年度経過後3か月以内に作成し、主たる事務所に5年間、従たる事務所に3年間備え置く 事業年度経過後3か月以内に作成し、行政庁に提出する
役員等名簿	
理事、監事及び評議員に対する報酬等の支給の基準を記載した書類	
キャッシュ・フロー計算書（注1）	
運営組織及び事業活動の状況の概要及びこれらに類する数値のうち重要なものを記載した書類	
貸借対照表及びその附属明細書	① 定時社員総会または定時評議員会の2週間（注3）前の日から、主たる事務所に5年間、従たる事務所に3年間備え置く ② 定時社員総会または定時評議員会後に遅滞なく公告する（注4） ③ 事業年度経過後3か月以内に行政庁に提出する
損益計算書及びその附属明細書	
事業報告及びその附属明細書	
監査報告及び会計監査報告（注2）	
事務所に常時備え置くもの	
定款	―
社員名簿	―

（注1）会計監査人の設置が義務づけられているか、任意に作成している場合のみ
（注2）会計監査人を設置している場合のみ
（注3）理事会を設置していない社団法人では1週間
（注4）負債総額200億円以上の大規模法人に限り、貸借対照表に加え、損益計算書の公告が必要

3　法人の運営　　241

COLUMN 8

勧告事例に学ぶガバナンス④
法人の経理的基礎に欠けているとして勧告を受けた事案

> 簿外の資金の流れが長期間にわたり存在し、代表理事個人と法人の会計が区別されていないとして、公益法人が行政庁から2度目の勧告を受けた事案
> （公益社団法人全日本テコンドー協会）

　公益社団法人全日本テコンドー協会（以下「協会」という）における不祥事は、2度の勧告を経て、新法施行後初めての公益認定の自主返上に至りました。
　事案は、公益財団法人日本オリンピック委員会（JOC）から支払われる専任コーチの謝金を代表理事が集金し、それを自己または自己の関連会社の名義で寄附し、個人または関連会社の税務申告の際に寄附金控除または損金処理の対象とするなどしていた、というものです。上記謝金を原資とする帳簿に記載されていない資金の流れが、少なくとも平成19年度から平成23年度にわたる5年間という長期間にわたり存在していたことが認められました。
　行政庁は、平成26年4月16日、「代表理事である会長個人の財布と法人の会計とが確実に分離されていることは、公益性の認定以前に一般法人としての法人格が成り立つ上での当然の前提である」と厳しく指摘したうえで、以下の点について勧告しました。

① 経理的基礎（経理処理・財産管理の適正性）を回復する重要な一環として、代表理事である会長個人の財布と法人の会計とを分離するため法人として必要な措置を講ずること
② 上記措置を講ずるにあたっては、理事及び社員に対して必要な情報をすべて開示すると共に、経緯をよく説明すること
③ その検討を通じ、理事会及び監事の責任を具体的に明らかにするとともに、当該責任に応じ、再発防止策の徹底を含め、適切な措置を講ずること
④ 上記措置を行政庁に報告すること

　本件では、公益認定等委員会に対する報告での事実関係の解明や再発防止策が不十分であり、役員の責任の所在も明らかにされていないとして、公益

財団法人全日本柔道連盟の事例（コラム9参照）と同様、2回目の報告要求がなされました。協会は、公益認定等委員会とのやりとりのなかで、本件謝金問題は公益認定前の期間の問題であり、移行申請時点での貸借対照表の資産及び負債の金額は正しい額になっていたし、代表理事はむしろ不足する事業活動費を個人的に負担していた等と主張したようです。しかし、公益認定等委員会は、認定法第5条第2号により公益法人に求められる「経理的基礎」は、公益法人として活動する限り継続的に有していることが必要であり、ある時点における貸借対照表の残高が仮に正しい金額となっていたとしても、経理的基礎が備わっていることにはならないし、代表理事が最終的に儲けてさえいなければ不適正経理が免責されるというものでもないと述べ、協会の主張を一蹴しています。

協会は平成26年4月の総会で自ら公益認定を返上することを決め、公益認定は同年7月に取り消されました。これにより、平成31年7月まで公益認定の再申請はできないことになりました。公益法人では、「経理的基礎」が厳しく監督されることに改めて注意を喚起する事例といえます。

Q78 法人に不祥事が生じた場合、どのような点に注意して対応を行えばよいでしょうか。

A

不祥事を防止する平時の取組みが最も重要なのはいうまでもありませんが、万が一不祥事が起きてしまった場合は、問題の迅速な解決そして法人の信頼保持のため、不祥事に対する適切な対応が求められます。

不祥事が発生した場合、役員は、法律上認められた権限を行使する等して情報の共有を図り、損害の拡大を防ぐ必要があります。さらに、事実関係の調査及び原因の究明を行い、責任の所在に応じた当事者の処分等を検討する

と共に、将来、同様の不祥事が起こらないように適切な再発防止策をとることが極めて重要です。公益法人の場合、ここに行政庁からの報告要求等に対する対応も加わります。

解説

1 はじめに

　一口に不祥事といっても様々ですが、不祥事は公益法人・一般法人に対する信頼を失わせ、ステークホルダーに損害を及ぼしうるものですから、迅速かつ適正に対処する必要があります。公益法人が税制優遇措置を受けながら公益目的事業を実施する社会的存在であることに加え、不祥事の続発によって公益法人改革がなされたという経緯（Q1参照）からも、公益法人における不祥事に対しては特に厳しい目が向けられているといえます。

2 役員が不祥事の端緒をつかんだ場合

　法人の財産や名誉に対する損害を最小限にとどめるためには、初動が肝要です。例えば、法人の理事が不祥事に気づいた場合、基本的には直ちに他の理事へ通報し、必要に応じて理事会を招集する必要があります。また理事は、一般社団法人に著しい損害を及ぼすおそれのある事実があることを発見したときは、直ちに、その事実を社員に（財団法人及び監事を設置している社団法人では監事に）報告しなければなりません（法人法第85条、第197条）。

　「著しい損害を及ぼすおそれのある事実」とは、法人の役員や従業員が法人財産について多額の横領をしていた場合等、典型的な不祥事を含みますが、これらに限られません。理事の報告義務は、社員による検査役選任の申立て（法人法第86条）、差止請求（法人法第88条）、監事による理事会への報告（法人法第100条、第197条）、差止請求（法人法第103条第1項）等、社員及

び監事の重要なガバナンス上の権限行使の前提となります。監事も、理事会の招集を請求する権限を持っていますので（法人法第101条第2項）、不祥事の発生を知った場合、必要に応じて理事会の招集を請求すべきでしょう。また、不祥事が継続中の場合、さらなる損害の拡大を防ぐため、直ちに差止請求を行うべきです。

3 事実関係の調査及び原因の究明

（1）事実関係の調査

　不祥事が起きた場合、法人として迅速に事実関係を把握するため、不祥事を起こした本人や関係者から事情聴取を行います。団体の内部者のみで調査を行うと、調査結果に関して行政庁や社会からの信頼が得られない可能性がありますので、事案の内容や規模によっては、弁護士等、外部の有識者による第三者委員会を設置するのが適切な場合もあります。新公益法人制度下の勧告事例でも、実際に第三者委員会が活用されています（公益財団法人全日本柔道連盟に対する勧告に関する**コラム9**参照）。第三者委員会を設置して調査を依頼した場合、法人のガバナンス上の問題について厳しく指摘されることもありえますが、これを厳粛に受け止め、不祥事の再発防止策を真摯に実行していく覚悟でなければなりません。

　社団法人の場合、不祥事をきっかけに提訴請求や代表訴訟が起きる可能性もあります（法人法第278条第1項、第2項）。法人としては、将来、証拠として使われる可能性があることを認識したうえで、正確な事実調査をする必要があります。

（2）原因の究明

　次に、調査の結果をふまえて、不祥事が起きた原因を究明することが重要です。原因を的確に把握していなければ、適切な再発防止策を策定すること

はできません。

4 役員、職員の処分

(1) 責任の所在に応じた関係者の処分

不祥事の社会的非難の程度や事案の性質によっては、法人として、不祥事を起こした本人に対して解任、解雇等の処分を行うことが考えられます。法人による処分は、処分の対象者にとって大きな不利益をもたらすので、本人に十分弁明の機会を与えるべきでしょう。

問題となっている行為と均衡のとれた処分をするという視点も重要です。責任の重さに対応した処分を決めるうえでも、調査の場合と同様、団体外の有識者の関与は検討に値します。

(2) 告訴や損害賠償請求

例えば、法人の資産の使用が業務上横領、背任等の犯罪行為となる場合には、法人として、不正に関与した役員、職員を刑事告訴することも検討する必要があります。また、法人から不正行為に関与した役員、職員に対して損害賠償請求を行うことで、不正行為により流出した法人の資産を回収しなければなりません。直接不正行為に関与していない役員についても、監督義務違反に基づき損害賠償責任を追及するのが相当な場合もあります。

公益法人・一般法人においては無報酬ないし少額の報酬で役員に就任している例が少なくないと思われますが、役員の監督責任は報酬の多寡に関わらず認められるので注意が必要です。訴訟等の手続に関しては、相談できる弁護士等の専門家がいるとよいでしょう。

5 再発防止策の策定

　法人は、不祥事が発生し、その事実関係及び原因が判明した後には、今後同じような不祥事を起こさないように対策を講じる必要があります。不祥事を起こした公益法人では、行政庁から、再発防止策を具体的に明らかにするよう求められることが多いでしょう。

6 信頼の回復

　不祥事がメディアで取り上げられてしまったような場合は、社会からの信頼回復のため、対外的な広報を行うことも一つの選択肢です。不祥事が起きた原因と、処分内容、それをふまえての再発防止策、法人としての謝罪の表明等を広報することが考えられます。不祥事をきっかけに、ホームページ等においてその意思決定や活動内容を積極的に公開することにより、運営の透明性を高めている法人もあります。さらなる不祥事の発生を防ぐ取組みとして有効といえるでしょう。

7 報告要求への対応（公益法人の場合）

　公益法人は、行政庁から不祥事の事実関係や再発防止策について報告要求や立入検査を受ける場合があります（認定法第27条）。報告要求に対して報告の提出がない場合や報告内容に虚偽が含まれる場合には、認定法第66条により過料に処せられる可能性もあります。また、報告内容が不正確だったり不十分な場合、複数回報告要求を受ける可能性もありますので注意が必要です（公益財団法人全日本柔道連盟に対する勧告に関する**コラム9参照**）。

勧告事例に学ぶガバナンス⑤
暴力問題・不正経理等の不祥事に関し勧告を受けた事案

COLUMN 9

> 柔道女子日本代表の監督らによる女子選手への暴力問題並びに助成金の不正受給及び助成金からの拠出資金の簿外管理について、公益法人が行政庁から勧告を受けた事案（公益財団法人全日本柔道連盟）

　公益財団法人全日本柔道連盟（以下「全柔連」という）に対する行政庁の勧告は、新公益法人制度施行後初めての勧告事例ですが、本件は、不祥事自体に加え、不祥事発覚後の対応の不適切さが目立った事例といってよいでしょう。

　不祥事の内容は、①柔道女子日本代表の監督らが女子選手に対して暴力的指導・パワハラ行為をしていた、②全柔連の指導者が、受給資格がないにも関わらず日本スポーツ振興センターから助成金を受け取っており、全柔連の幹部が助成金の一部を不正に強化留保金として徴収していた、③全柔連の現職理事が女性職員に対してセクハラ行為をしたというものです。

　全柔連は、公益認定等委員会の報告要求に応じて報告書を提出した際、具体的な根拠を示さずに第三者委員会の報告に異論を述べる等、事実関係を真摯に報告しなかったと指摘され、異例の再報告要求を受けることになりました。後日の公益認定等委員会の認定によれば、当初の報告書は、法人の執行部が、理事会の認識と異なる内容で、理事会の承認も経ずに提出したものであったとのことです。

　報告要求の公表については法律に規定がありませんが、本件では、事態の重大さから、全柔連に対する報告要求の内容がインターネットで公表されました。

　平成25年7月23日付の行政庁による勧告は概ね以下のとおりでした。

① 「技術的能力」（暴力等の不当行為に依存することなく競技者等を適正に育成することを組織的に実施しうる能力）及び「経理的基礎」（必要な費用を適切に計上し、透明性をもって管理すること及び助成金等を受け入れる場合のコンプライアンスを徹底すること）を回復し、確立すること
② 問題の認められた助成金を返還し、返還により全柔連に生じた損害につ

いて責任の所在に応じた損害賠償等を検討すること。「強化留保金」は
　　直ちに廃止し、再発防止策を徹底すること
　③ 一連の事態における執行部の関与ならびに一連の事態が明らかになって
　　以降の執行部、理事会、監事、評議員会の対応について、各機関にお
　　ける責任の所在を明らかにし、これに応じた適切な措置を講ずること
　④ 各機関が期待される責務を適切に果たし、法人としての自己規律を発揮
　　することにより、公益認定を受けた法人として事業を適正に実施しう
　　る体制を再構築すること
「一連の事態が明らかになって以降」の対応についても言及していることから、不祥事発覚後の対応を強く問題視していることがうかがえます。

　本件勧告と同時に、公益認定等委員会は、すべての公益法人に自己規律の確保を改めて呼びかける声明を発表し、そのなかで、各公益法人の実情に応じ、運営に外部の視点を反映させる仕組みの構築が必要であり、特に不祥事が発生した法人やそのリスクの高い法人は、外部人材の登用等、より積極的な外部の視点の導入が重要だと述べました。

　外部人材の登用を中心とするガバナンス整備の機運を高める一つのきっかけにはなったのかもしれません。

Q79
公益法人において粉飾決算が行われていることが発覚した場合、公益法人として、どのように対応すればよいでしょうか。

A
　粉飾決算は、公益法人にとってガバナンス不全の表れの最たるものといえます。粉飾決算が行われていることが発覚した場合、またその兆候を察知した場合には、理事会、監事、社員・評議員が法律上認められた調査及び是正

権限を最大限駆使すると共に、必要に応じて外部者からなる第三者委員会に調査を委託して事案の全貌を正確かつ客観的に把握し、不正関与者の厳正な処分と再発防止策を取りまとめることが重要です。

解説

1 公益法人のガバナンスと粉飾決算

(1) 適切な「経理的基礎」の重要性

　公益法人は、公益目的事業を行うがゆえに、税制上の優遇措置を受ける等のメリットを享受しています。いわば、国民に経済上の負担を強いるかわりに、国民全体にとっての共通利益を追求する存在です。そのため、帳簿等の数字を操作することによって国民の目を欺く粉飾決算は、一般企業におけるそれ以上に、公益法人制度の前提である国民の信頼と期待を裏切る重大な背信行為といえるでしょう。

　そのことは、認定法が、公益認定の基準として「公益目的事業を行うのに必要な経理的基礎及び技術的能力を有するものであること」と規定し、正確な経理処理がなされることを公益法人存立の当然の前提としていることからも明らかです。当然、公益認定取得後の立入調査でも、経理的基礎の状況は重点調査項目となることが予想されます（滋賀県公益認定等委員会、鹿児島県公益認定等審議会等が公表している立入検査チェックリスト（巻末資料参照）でも挙げられています）。

　粉飾決算がなされていないことは、外部への情報発信による意思決定の透明性・客観性を重視する公益法人のガバナンスにとっての要なのです。

(2) 過去の事例におけるガバナンスの失敗

　しかし、実際には、公益法人の「経理的基礎」が適切に整備されていないとしてガバナンスの不備を指摘された事例が複数存在します。

例えば、公益社団法人全日本テコンドー協会に対する勧告事例（**コラム8**）では、日本オリンピック委員会から支払われる専任コーチの謝金を原資とする帳簿に記載されていない資金（「裏金」）の流れが5年という長期にわたり存在するばかりか、そもそも公益性の認定以前に法人格が成り立つうえでの当然の前提である代表理事個人の財布と法人の会計の区分がされていない等の根本的な問題が指摘されています。

　公益社団法人全日本柔道連盟（全柔連）に対する勧告事例（**コラム9**）でも、日本スポーツ振興センター（JSC）が運営するサッカーくじ（toto）の売上げ等をもとにした公的性格の強い助成金を、一部の指導者が不適切に受給し、その一部が当該法人の強化委員会内に積み立てられた「強化留保金」の原資になっていたとされる、いわゆる助成金問題について、不透明・不適切な慣行を漫然と放置していました。特に「強化留保金」については、当該法人の事業遂行のため必要な経費を適正に費用計上せず、助成金の使用目的に違背する拠出を求めてこれを賄っていたこと等が指摘されています。

　いずれの勧告事例でも、代表理事に加え、理事会や監事らが適切な権限行使を怠った責任がある旨が指摘されました。このことからわかるように、法は、公益法人の「経理的基礎」が適切に整備されるよう、不適切な会計処理等があればこれを調査し是正するために必要な権限を各機関に与えています。次に、これらの各機関の権限に基づき、実際にどのようなアクションが考えられるかについて概観してみましょう。

2 粉飾決算の調査のためのアクション

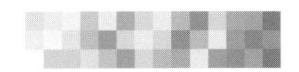

（1）理事会による調査

　理事会は、理事の職務の執行を監督する権限と責務を有しています（法人法第90条第2項第2号、第197条）。そのため、まずは理事会に、係る監督権限に基づく監督の一環として、理事が粉飾決算等の不正行為を行っていない

かを調査することが期待されます。

　しかし、粉飾決算は、代表理事を含む複数の理事が関与して行われる場合も少なくありません。そのため、実際には理事間の馴れ合いから、十分な調査が尽くされなかったり、調査したとしてもその客観性に疑問が生じたりすることもあり得ます。

(2) 監事による調査

　そこで重要となるのが、理事の職務執行を監査する機関である監事（法人法第99条第1項前段、第197条）による調査（監査）です。

　すなわち、監事には、①理事及び使用人への事業報告請求権（法人法第99条第2項前段、第197条）、②法人の業務・財産の状況の調査権（法人法第99条第2項後段、第197条）、③子法人に関する同様の権限（法人法第99条第3項、第197条）が認められており、粉飾決算が疑われる場合には、これらの権限を十分に活用することが期待されます。

　しかし、監事と不正行為を行った理事との間に強い人的関係がある等監事の独立性に疑問が生じるような場合には、十分な調査が尽くせないおそれがあります。

(3) 社員・評議員による調査

　また、公益社団法人の社員及び公益財団法人の評議員には、法人の会計帳簿等の閲覧謄写請求権が認められており（法人法第121条第1項、第199条）、会計帳簿等の内容を精査して粉飾決算が行われていないか調査することが考えられます。しかし、実際には、粉飾決算が巧妙な偽装工作を伴って行われることが通常であることから、会計帳簿の検証だけでは調査として十分でない場面も少なくないでしょう。

　その他、社員・評議員としては、理事会議事録を閲覧することで粉飾決算に係る意思決定の痕跡がないか調査したり（法人法第97条第2項、第197条）、

裁判所に検査役の選任を申し立てて、当該検査役に公益法人の業務及び財産の状況を調査させたりすることも考えられます（法人法第86条第1項、第197条）。

(4) 第三者委員会による調査

　これまでみてきたのは、法人の内部からの調査でしたが、近時、調査の客観性を確保して調査を実益あるものとするため注目されているのが、いわゆる第三者委員会による法人の外部からの調査です。

　第三者委員会は、公益法人から委嘱を受けた外部者からなる組織です。主に法人と直接の利害関係がない弁護士、公認会計士、学者等の有識者から構成され、当該調査に必要なあらゆる権限が与えられることが想定されます。

　第三者委員会による調査では、事実の調査に併せて、再発防止策の提言や不正関与者の厳正な処罰を求める意見等も取りまとめられることもあり、実際に多くの不祥事事例において、第三者委員会による報告をもとに、団体としての対応が決定されています。

　近時では、不祥事が発生した場合の企業の事実調査や情報公開が適切でないと、役員の善管注意義務違反が問われかねないと理解されるようになってきました（ダスキン事件（最高裁判決平成20年2月12日）参照）。同様に、公益法人の理事等としても、善管注意義務（法人法64条、同法172条1項、民法644条）の一内容として、第三者委員会を積極的に活用し、社会に対する十分な説明責任を果たしていくことが求められる場合もあると考えるべきでしょう。

3 粉飾決算の調査のためのアクション

(1) 理事会による是正

　以上みてきた各調査主体による調査を受けて、理事会では、理事に対する監督権限の一環として、この問題について不正に関与した理事の責任を追及

し、場合によっては代表理事の解任を行うことが考えられます（法人法第90条第2項第3号、第197条）。理事会による監督権限の発揮が、公益法人による不正行為を最も迅速に是正する方法です。

（2）監事による是正

　監事は、調査によって理事が粉飾決算等の不正行為をし、またはそのおそれがあることを発見した場合は、遅滞なく理事会に報告しなければなりません（法人法第100条、第197条）。理事会への報告によって、上記**（1）** の理事会による是正権限の発動を促すのです。

　また、理事会に対して報告を行っても、理事会による監督権能が有効に発揮されないときは、自ら当該不正行為を行う理事に対し、当該行為の差止めを請求することもできます（法人法第103条第1項、第197条）。

（3）社員・評議員による是正

　社員・評議員は、社員総会・評議員会の決議によって、理事らを解任することができます（法人法第70条第1項、第176条第1項）。

　また、厳格な要件のもと、裁判所を通じて理事の行為の差止めを請求することも可能です（法人法第88条第1項、第197条）。

（4）監督官庁を通じた是正

　その他、監督官庁に対して粉飾決算等の事実を通報し、行政庁による検査や是正の勧告を行うように促して（認定法第27条第1項、第28条）、これを受けた法人内部で上記の是正措置が行われることを期待するという方法も考えられます。

　その結果、公益認定が取り消される事態（認定法第29条）に直結することもありえるため、最後の手段ともいえますが、これまでみてきた手法等により不正・不法な状態を是正できないほどガバナンスが欠如してしまった公益

粉飾決算に関する調査と是正

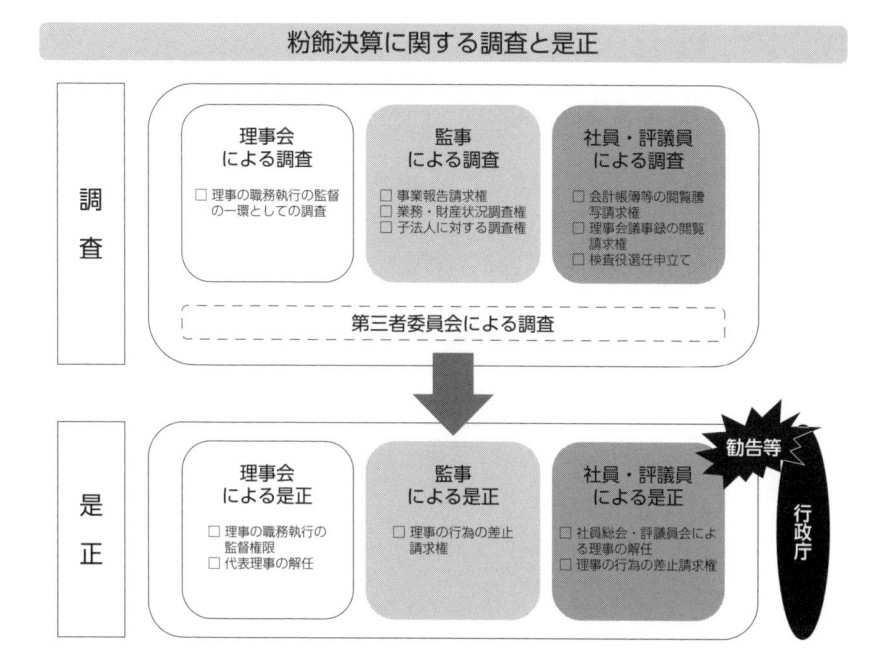

調査

- 理事会による調査
  - 理事の職務執行の監督の一環としての調査
- 監事による調査
  - 事業報告請求権
  - 業務・財産状況調査権
  - 子法人に対する調査権
- 社員・評議員による調査
  - 会計帳簿等の閲覧謄写請求権
  - 理事会議事録の閲覧請求権
  - 検査役選任申立て

第三者委員会による調査

是正

- 理事会による是正
  - 理事の職務執行の監督権限
  - 代表理事の解任
- 監事による是正
  - 理事の行為の差止請求権
- 社員・評議員による是正
  - 社員総会・評議員会による理事の解任
  - 理事の行為の差止請求権

勧告等 → 行政庁

法人においては、もはや、やむをえないというべきでしょう。

Q80 公益法人として、反社会的勢力を排除するためにはどのような点に留意して取り組んでいけばよいのでしょうか。

A

　公益法人には一般企業と同等またはそれ以上に反社会的勢力の排除が求められています。理事、監事及び評議員の就任時や新たな取引先との取引開始時に適切なスクリーニングを心がけるとともに、万一事後的に反社会的勢力との関係が判明した場合には直ちに関係を解消できるよう、定款や契約に暴力団排除条項を規定しておくことが重要です。

解説

1 反社会的勢力排除の必要性

（1）反社会的勢力の排除に関する近時の動向

　反社会的勢力とは、暴力、威力と詐欺的手法を駆使して経済的利益を追求する集団または個人をいいます。

　近年、反社会的勢力を社会から排除していくことは、民間の企業にとっても社会的責任の観点から必要かつ重要だと指摘されるようになりました。これは、暴力団が組織実態を隠ぺいする動きを強めるとともに、活動形態においても、企業活動を装ったりする等不透明化を進展させ、資金獲得活動を巧妙化させているためだといわれています（平成19年6月19日犯罪対策閣僚会議幹事会申合せ「企業が反社会的勢力による被害を防止するための指針について」）。

　このような流れを受け、各地の自治体でも、暴力団排除活動に関する住民や事業者らの責務を明らかにした条例が制定されるに至っています。例えば、東京都の条例では、事業者は、契約の相手方が暴力団関係者であることが判明した場合に、直ちに契約を解除することができる、いわゆる暴力団排除条項を契約に定めるよう努めることが求められています（東京都暴力団排除条例第18条第2項第1号）。

（2）公益法人における反社会的勢力排除の取組みの重要性と現状

　公益法人は、公益を目的とする事業を実施することで、様々な税制上の優遇措置等のメリットを享受しうる団体です。「公益法人」という器を隠れ蓑に、反社会的勢力がその経済的なメリットを享受するような事態は絶対に避けなければなりません。そのため、上記の反社会的勢力排除が社会的責任であるとの指摘は、公益法人にも当然に、かつ、一般企業以上にあてはまるといえます。

しかし、残念ながら、実際にはガバナンスに対する意識の不足から、一般企業と比べても、反社会的勢力排除の取組みが十分とはいえない公益法人が多いのが現状かもしれません。

　例えば、平成26年4月、公益社団法人日本プロゴルフ協会は、暴力団員等が法人の事業活動を支配しているおそれが払拭できないとして、行政庁から勧告を受けています（**コラム10参照**）。

　また、財団法人日本相撲協会（平成26年に公益財団法人に移行）は、平成21年7月の名古屋場所において、暴力団幹部に維持員席（いわゆる砂かぶり席）で相撲観戦をさせていたことが発覚し、暴力団排除宣言等、暴力団排除に向けた種々の取組みを実施することとなりました。

（3）公益法人制度における反社会的勢力排除の仕組み

　以上のような反社会的勢力に向けた排除の動向や公益法人における必要性に鑑み、公益法人制度においても、反社会的勢力排除に関する直接的な仕組みが導入されています。

　すなわち、認定法は、理事、監事及び評議員に暴力団員または暴力団員でなくなった日から5年を経過しない者があること（認定法第6条第1号ニ）や、暴力団員等が法人の事業活動を支配していること（認定法第6条第6号）を欠格事由として定め、これに該当する一般社団法人または一般財団法人は公益認定を受けることができず、公益認定を受けた後に該当するようになった場合も公益認定が取り消される旨を規定しています（認定法第29条第1項第1号）。

　このように、従前軽視されがちであった公益法人のガバナンスに対する改革では、反社会的勢力の排除は、法人の公益認定の審査そのものに直結する極めて重要な要素として位置づけられています。

　また、行政庁は、公益法人の事業の適正な運営を確保するために必要な限度において、公益法人の事務所に立入検査等を行うことができますが（認定

法第27条第1項)、その際にも、上記の反社会的勢力排除に関する欠格事由がないかどうかは、当然、検査対象となることが想定されています。

例えば、滋賀県公益認定等委員会立入検査チェックリストにおいては、(理事、監事及び評議員が)「暴力団員または暴力団員でなくなった日から5年を経過しない者」でないことを確認する「確認書の保存」が検査項目として挙げられています（滋賀県公益法人等立入検査実施要領別記様式第5号「欠格事由に係る確認書の保存③-エ」)。なお、この滋賀県の立入検査チェックリストからわかるように、行政庁からは、反社会的勢力排除に関する欠格事由がないことを公益法人としてどのように確認したか、という観点から調査がなされることが想定されます。公益法人側としては、確認結果を適切に記録化し、客観的にその手法や判断の根拠を説明できるようにしておくことが肝心です。

2 反社会的勢力排除のための方策

(1) 法人内部からの排除

公益法人として、反社会的勢力を排除するためには、まず、社員、理事、監事、評議員といった公益法人内部に反社会的勢力が入り込まないようにすることが何よりも重要です。

そのためには、新たな社員の加入時や、理事、監事及び評議員の就任時において適切にスクリーニングをかけ、例えば自身が反社会的勢力とは一切関係がないことを誓約する誓約書を提出させたり、表明保証条項が入った契約書を締結したりすることが考えられます。

また、事後的に反社会的勢力との関係が判明した場合にもすみやかに対処することができるよう、反社会的勢力に属していること等を法人の社員、理事、監事、評議員の欠格（除名・解任）事由とする旨を定款に定めておくことも考えられます。

（2）取引先からの排除

　次に、公益法人の取引先等に反社会的勢力が入り込むことを避け、反社会的勢力に経済的な便益を与えないようにすることも必要です。

　そのため、新たな取引先と取引を開始するにあたっては、当該取引先が反社会的勢力との関係が疑われるような事情がないか、十分に調査を尽くすことが重要です。反社会的勢力との関係が疑われるとき等、場合によっては警察等に暴力団に関する情報提供を依頼することも検討すべきです。

　また、事後的にも適切な対処を可能にするため、取引契約のなかに、上記各自治体の暴力団排除条例でも規定されているような暴力団排除条項を導入しておくことも重要です。平成26年11月にまとめられた「『企業が反社会的勢力による被害を防止するための指針』に関するアンケート（調査結果）」によると、アンケートに回答した企業の87.1％超が「契約書・取引約款等に暴力団排除条項を盛り込んでいる（または盛り込む予定である）」と回答しており、その割合は今後も増加していくものと思われます。

　理事は公益法人に対する受任者として善管注意義務を負っており（法人法第64条、民法第644条）、理事会はいわゆる内部統制システムを整備することが想定されていますが（法人法第90条第4項第5号・第5項、第197条）、近時はこの善管注意義務ないし内部統制システムの内容として、暴力団排除条項を適切に整備・導入する体制作りが求められてきていると考えるべきでしょう。

COLUMN 10

勧告事例に学ぶガバナンス⑥
暴力団との関係に関して勧告がなされた事案

> 暴力団員等が事業活動を支配しているとの疑いを払拭することができていないとして、公益法人が行政庁から勧告を受けた事案（公益社団法人日本プロゴルフ協会）

　平成25年、公益社団法人日本プロゴルフ協会（通称PGA。以下、「日本プロゴルフ協会」という）において、ツアー賞金王の経験がある副会長と九州地区の理事が在職中に指定暴力団の会長らとゴルフをプレーする等していたことが発覚しました。その後、同法人内にて調査委員会が組織され、一定の懲戒処分、再発防止策等が行われましたが、平成26年4月1日、行政庁から、「認定法第6条第6号（筆者注：公益法人としての欠格事由として、法人の事業活動が暴力団員等に支配されることを挙げている規定）に該当するおそれがあり、同条に違反するとの疑いを払拭することができていない」として、下記の措置をとるよう求める勧告を受けるに至りました。

① 客観的かつ徹底した事実解明
② 再発防止策の徹底
③ 役員の責任を明らかにすること
④ 事案の全体像について社員及び会員に対する説明を適切に行うこと
⑤ 国民に対する説明責任を果たすために必要な措置を講ずること
⑥ これらの措置を平成26年5月30日までに講じ、行政庁に報告すると共に、その後6か月後、1年後及び2年後に計3回、勧告の内容に沿った施策及びその達成状況等を報告すること

　日本プロゴルフ協会は、日本における男子プロゴルフの統括団体であり、レッスンプロを中心に全国に約5200人の会員を有する組織です。そのような団体が、反社会的勢力との関係を直接的な理由としてこのような具体的かつ厳しい内容の勧告を受けたことは、スポーツ界のみならず、社会全体に大きな衝撃を与えました。この勧告を受け、同法人では直ちに第三者委員会による調査報告書をまとめ（平成26年5月26日）、勧告に従った定期報告を

行っています（平成26年5月30日、11月28日）。

　勧告書は、勧告に至った理由として、主に以下について挙げました。

① 本件事案は、暴力団排除を掲げ法人内で推進してきた副会長及び理事自らが暴力団と長期にわたり交際し、くり返し金員を受け取っていたもので、単に従前の暴力団排除の措置の実効性が上がっていないというにとどまらず、法人そのものの公益目的事業の適正な執行にも疑いを抱かせるものであること

② 法人外部との関係において、他の役員や会員の間に広く同様の事情が存することがないのかという疑いを招いたにも関わらず、第三者委員会の設置の必要性を再三否定し、法人の内外に対する説明・公表を怠ってきたこと

③ 事案の重大性についての認識が極めて希薄であり、事案の客観的かつ徹底した事実解明と再発防止策が講じられず、厳正な対処がなされてこなかったこと

④ 事案の全体像について法人内外への説明がほとんどなされていないこと

　このなかで繰り返し指摘されているのは、単に法人として内部的な調査を行い、関係者の処分を含む再発防止策をまとめただけでは足りず、法人の外部に適切に事実を開示・説明して、その評価を受けなければならないという視点です。勧告書の「社団法人の第一のステークホルダーは法人を構成する社員（中略）であり、また、税制優遇を受けて（中略）公益目的事業を行う公益法人にとって究極のステークホルダーは、納税者でもある国民である」との指摘は、反社会的勢力排除のためだけでなく、公益法人のガバナンス全体の根本に置かれなければならない思想といえるでしょう。

　なお、現在までのところ、行政庁から公益法人に対してなされた勧告は5件ですが、反社会的勢力との関係における勧告は、この日本プロゴルフ協会の事案が最初でした。これからも同種の勧告が続いてしまうのか、それとも本件をきっかけに公益法人のガバナンス改革が進み、この1件にとどまるのか、今後の推移を見守りたいところです。

Q81 公益法人が定款を変更することは可能でしょうか。また、可能である場合、どのような手続で行うのでしょうか。

A

公益法人も定款を変更することは可能です。社員総会（公益社団法人）または評議員会（公益財団法人）の特別決議を経る他、行政庁への届出や、一定の事項について行政庁の認定を受ける必要があります。

解説

1 定款変更の意味

定款は、団体の組織と活動に関する根本規則であり、いわば団体のガバナンスにとっての「憲法」です。

いかなる団体においても、内外の状況に応じて根本規則を一定程度変更する必要性があることは否定できません。

しかしながら、とりわけ公益法人において、定款は、公益認定の申請時に申請書に添付され、行政庁による各種の公益認定基準の判断において参照されることが想定されており（認定法第7条第2項第1号）、定款の内容と公益認定とが直結しています。したがって、公益法人における定款の変更は、公益認定によって審査された公益法人のガバナンス体制を根本的に変更することを意味することになります。

このような観点から、公益法人においても定款の変更は可能とされてはいるものの、他の手続と比べても厳格な要件が要求されることになるのです。

2 公益社団法人の定款変更手続

公益社団法人は、その成立後、社員総会の決議によって、定款を変更する

ことができます（法人法第146条）。

　通常の決議は、総社員の議決権の過半数を有する社員が出席し、出席した当該社員の議決権の過半数をもって行われますが（いわゆる通常決議。法人法第49条第1項）、定款変更の場合は、総社員の半数以上であって、総社員の議決権の3分の2（定款によってこれを上回る割合を定めることも可能）以上の多数によって行われる必要があります（いわゆる特別決議。法人法第49条第2項第4号）。

　また、定款を変更した旨を行政庁へ届け出る必要がある他（認定法第13条第1項第3号）、定款記載事項のなかには行政庁の認定を要する事項があり（次ページ表中⑤）、法人の内部からだけでなく、行政庁によるモニタリングの強化も図られています

3 公益財団法人の定款変更手続

　公益財団法人は、その成立後、評議員会の決議によって、定款を変更することができます（法人法第200条）。

　この際要求される決議も、議決に加わることができる評議員の3分の2（定款によってこれを上回る割合を定めることも可能）以上にあたる多数をもって行われる必要があり、通常の決議と比べて可決要件が加重されています。

　ただし、公益社団法人と異なり、「目的」と「評議員の選任及び解任の方法」は、原則として変更することができず（法人法第200条第1項但書）、当該事項を評議員会の決議によって変更することができる旨設立時定款に定めておくか（法人法第200条第2項）、設立の当時予見することのできなかった特別の事情により当該定款変更を行わなければその運営の継続が不可能または著しく困難となるに至った場合に裁判所の許可を得たうえで行うこと（法人法第200条第3項）が必要です。

　また、この他、行政庁への届出や行政庁の認定が必要となるのは、公益社

定款変更の手続

	公益社団法人	公益財団法人
① 定款変更の可否	可能	可能 ただし、「目的」と「評議員の選任及び解任の方法」については原則不可
② 決議機関	社員総会	評議員会
③ 必要な議決数／割合	総社員の半数以上であって、総社員の議決権の3分の2（定款によってこれを上回る割合を定めることも可能）以上の多数	議決に加わることができる評議員の3分の2（定款によってこれを上回る割合を定めることも可能）以上にあたる多数
④ 行政庁への定款変更の届出	必要	
⑤ 行政庁の認定を要する事項	公益目的事業を行う都道府県の区域（定款で定めるものに限る）または主たる事務所もしくは従たる事務所の所在場所の変更（従たる事務所の新設または廃止を含む）	
	公益目的事業の種類または内容の変更	
	収益事業等の内容の変更	

団法人の場合と同様です。

Q82 公益法人は、その事業を他の法人に譲渡することができますか。また、他の法人と合併することはできますか。

A

　公益法人も事業譲渡をすることは可能です。また、他の公益法人または一般社団法人もしくは一般財団法人と合併することも可能です。ただし、行政庁への届出が必要となり、行政庁の認定や認可が求められる場合もあるので

留意が必要となります。

解説

1 事業譲渡

　公益法人は、公益社団法人の場合は社員総会、公益財団法人の場合は評議員会の特別決議によって、その事業の「全部」を譲渡することができます（法人法第147条、第49条第2項第5号、第201条、第189条第2項第4号）。他方、事業の「一部」を譲渡する場合には、理事会の決議によって行うことが可能です。

　もっとも、公益法人の事業が譲渡されることにより、公益認定の基礎となる公益目的事業自体に変更が生じてしまう可能性があります。そのため、事業譲渡にあたっては、原則的に、事前にその旨を行政庁に届け出ることとされました（認定法第24条第1項第2号）。また、事業譲渡に伴い公益目的事業の種類もしくは内容、または収益事業等の内容の変更をしようとするときは、行政庁の認定を受けることも必要となります（認定法第11条第1項第2号、第3号）。

2 合併

　公益法人は、他の公益法人、または他の一般社団法人もしくは一般財団法人と合併することができます。他方、他の法律に基づき設立された法人（株式会社等）とは合併することはできません（法人法第242条、認定法第24条第1項第1号、第25条等）。

　合併するにあたって必要な手続の概要は、以下のとおりです。なお、行政庁による一定のモニタリングが図られている（次ページ表中④～⑥）点は、事業譲渡の場合と同様です。

3　法人の運営　　265

公益法人の合併手続

	吸収合併	新設合併
① 合併契約承認の決議	社員総会または評議員会の特別決議	
② 書類の備置き	①の決議の2週間前の日または③の債権者異議手続として必要な公告・催告の日のいずれか早い日以降、消滅法人にあっては効力発生日まで、存続法人にあっては効力発生日後6か月経過後まで、合併契約等に関する書面を主たる事務所に備置きが必要	
③ 債権者異議手続	1か月以上の異議申出期間をおいて、官報公告及び知れたる債権者に対する各別の催告（日刊紙への掲載や電子公告により不要とすることができる）	
④ 行政庁への届出	必要（ただし⑤または⑥の場合を除く）	
⑤ 行政庁の認定	公益目的事業を行う都道府県の変更等、公益目的事業の種類等の変更、収益事業等の内容の変更の際に必要	
⑥ 行政庁の認可	―	新設法人が消滅する公益法人の地位を承継するに際して必要
⑦ その他	公益法人が消滅する場合、公益目的取得財産残額を定款に規定する公益法人等に贈与が必要	

Q83 公益法人は、どのような場合に解散するのでしょうか。

A

　公益法人は、定款で定めた存続期間が満了した場合等法定の解散事由が発生した場合に解散します。ただし、原則として行政庁への届出が必要となるので留意が必要です。

解説

1 公益法人にとっての解散とは

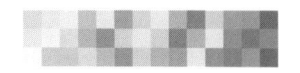

　解散は、当該法人が目的たる事業の継続を終了し、清算手続（既存の法律関係の整理と残余財産の処理を行って法人格を消滅させるための手続）に入るための手続です。

　公益法人の解散も、会社法による会社の解散と同じように、法定の解散事由の発生により生じます。しかし、公益法人にあって、税務上の優遇という形で公的資源を投入した法人が、当初の公益目的事業を達成して消滅していくのか、それとも不達成のまま消滅していくのかは、国民全体にとっての大きな関心事です。

　そのため、解散に際しては行政庁への届出が要求されており、行政庁を通じたモニタリングが図られています。

2 公益法人の解散事由

　公益法人は、下記記載の法定の解散事由に該当する場合に解散し、清算手続に入ります（法人法第148条、第202条）。

公益法人の解散事由

	公益社団法人	公益財団法人
①	定款で定めた存続期間の満了	
②	定款で定めた解散事由の発生	
③	社員総会の特別決議	—
④	社員が欠けたこと	
⑤	当該法人が消滅する合併を行ったこと	
⑥	破産手続開始決定があったこと	
⑦	解散命令又は解散の訴えによる解散を命ずる裁判があったこと	
⑧	—	基本財産の滅失その他の事由による法人の目的である事業の成功の不能
⑨	—	純資産が2期連続で300万円を下回ったこと

3 解散に伴う情報開示手続

　公益法人が上記解散事由①～④、⑧、⑨によって解散する場合、2週間以内に主たる事務所の所在地で解散の登記をする必要があります（法人法第308条第1項）。

　これに加えて、公益法人が合併（解散事由⑤）以外の事由により解散した場合、清算人（または破産管財人）は、解散の日から1か月以内に、その旨を行政庁に届け出なければなりません（認定法第26条）。行政庁は当該届出があったときは、その旨を公示するものとされており、行政庁を通じて国民によるモニタリングが図られているのです。

第3章

定期提出書類等

1 事業計画書

Q84 事業計画書等は、いつまでに作成しなければならないでしょうか。

A

　毎事業年度開始の日の前日までに当該事業年度の事業計画書、収支予算書及び資金調達及び設備投資の見込みを記載した書類（以下「事業計画書等」という）を作成し、当該事業年度の末日までの間、事業計画書等を主たる事務所に、その写しを従たる事務所に備え置く必要があります（認定法第21条第1項、認定規則第27条第1項）。

　すなわち、3月決算の法人は3月31日までに翌年度の事業計画書等を作成しなければなりません。

解説

　公益法人は、不特定かつ多数の者の利益の増進に寄与するため活動することが求められることから、その事業運営において透明性が確保されていなければなりません。このような観点から、公益法人は、事業計画等に関する書類の作成・提出・開示が求められています。

　そして、事業計画書等については、提出書と理事会等の承認を受けたことを証する書類を添えて、毎事業年度開始の日の前日までに、行政庁へ提出する必要があります（認定法第22条第1項）。

なお、公益法人となった場合の最初の事業年度に係る事業計画書等については、行政庁への提出は不要です。
　また、一般法人が公益認定を受けて公益法人となった場合の最初の事業年度に係る事業計画書等については、公益認定を受けた後遅滞なく作成し、備え置く必要があります。

2 事業報告書

Q85 公益目的取得財産残額の趣旨、計算方法はどのようなものでしょうか。

A

　公益目的取得財産残額とは、公益認定の取消し等の場合に法人が贈与すべき額であり、当該公益法人が取得したすべての公益目的事業財産から公益目的事業のために費消・譲渡した財産を除くことを基本として計算するものと定められています（認定法第30条第2項）。

　なお、実際に公益認定の取消し等が行われた時点で、当該法人の公益目的事業財産の取得や費消・譲渡の状況を過去に遡って正確に算定することは、実務上非常に困難であると考えられます。このため、認定法施行規則では、事業年度ごとに、当該事業年度の末日における公益目的取得財産残額を算定し（認定規則第48条）、公益認定の取消し等が行われた場合には、直近の事業年度末日における公益目的取得財産残額をもとに一定の調整を行うことにより、実際に贈与すべき公益目的取得財産残額を確定することとされています（認定規則第49条、第50条）。

[解説]

1 公益目的取得財産残額

　公益法人は、公益認定の取消しがあった場合、公益目的事業に係る収益から公益目的事業に係る費用を控除した額を類似の事業を目的とする他の公益

法人等に贈与しなければなりません（認定法第5条第17号）。公益目的事業の財産は、主体が変わっても、公益活動のために費消されるべきという考え方によっています。

　公益目的事業に係る収益と費用である公益目的事業財産の取得や費消・譲渡の状況を過去に遡って正確に算定することは困難であるため、次ページの別表Hのとおり、毎事業年度、認定規則第48条に沿って公益目的取得財産額を計算することとされています。

　公益目的取得財産額は、フロー概念である公益目的事業に係る収益と費用の額と、ストックの概念である公益目的保有財産の額を合算することによって算定されます。

2　正味財産増減計算書との関係

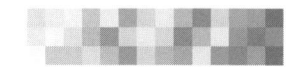

　別表Hに「損益計算書（公益目的事業会計）上の数値」とう欄があるとおり、基本的には、正味財産増減計算書内訳表の公益目的事業会計の区分の各損益科目の数字を、別表Hの各欄に記載していくことによって、当該年度の公益目的増減差額が計算されます。

　それに過年度の公益目的増減差額を加算し、当該年度末の公益目的保有財産の額を加算することによって、公益目的取得財産残額が計算されます。

公益目的取得財産残額

別表H(1) 当該事業年度末日における公益目的取得財産残額

事業年度	自 年 月 日	法人コード	
	至 年 月 日	法人名	

記載要領：下表の水色欄（　部分）を記載してください。

公益目的取得財産残額とは、毎事業年度末における公益目的事業財産の未使用残高です。認定取消時には残高に相当する額の財産を、法で定める適格な法人のうち、定款で定める者に贈与しなければなりません。

公益目的取得財産残額は、以下の計算により算定します。

| 公益目的増減差額 ＋ 公益目的保有財産 ＝ 公益目的取得財産残額 |

このうち、公益目的増減差額とは、公益に充てられるべき資金（流動資産）であり、以下の計算により算定します。

前事業年度の末日の公益目的増減差額 ＋ 当該事業年度に増加した公益目的事業財産 − 当該事業年度の公益目的事業費等
＝ 当該事業年度末日の公益目的増減差額

１．公益目的増減差額

当該事業年度末日の公益目的増減差額 （2欄+14欄−20欄）	1	円

前事業年度の末日の公益目的増減差額	2	円

当該事業年度に増加した公益目的事業財産

損益計算書（公益目的事業会計）上の数値

寄附を受けた財産の額	3	円
交付を受けた補助金等	4	円
公益目的の事業に係る対価収入	5	円
収益事業等から生じた利益のうち公益目的事業財産に繰り入れた額	6	円
社員が支払った経費の額【公益社団法人のみ記載】	7	円
公益目的保有財産の運用益等（5欄に算入した額を除く）	8	円
公益目的事業に係る引当金の取崩額	9	円

その他の数値

公益目的保有財産に係る調整額（22欄−21欄）（マイナスの場合は零）	10	円
合併により承継した他の公益法人の公益目的取得財産残額	11	円
認定等の日前に取得した不可欠特定財産の帳簿価額の増加額	12	円
3欄〜12欄の他、定款等の定めにより公益目的事業財産となった額	13	円
当該事業年度に増加した公益目的事業財産の合計額（3欄〜13欄の合計）	14	円

当該事業年度の公益目的事業費等

損益計算書（公益目的事業会計）上の数値

公益目的事業費の額（財産の評価損等の調整後の額）	15	円
15欄の他、公益目的保有財産に生じた費用及び損失の額	16	円
15欄、16欄の他、公益目的事業の実施に伴って生じた経常外費用の額	17	円
15欄〜17欄の他、他の公益法人の公益目的事業のために寄附した財産の価額	18	円

その他の数値

公益目的保有財産に係る調整額（21欄−22欄）（マイナスの場合は零）	19	円
当該事業年度の公益目的事業費等の合計額（15欄〜19欄の合計）	20	円

２．公益目的保有財産

当該事業年度末日における公益目的保有財産の帳簿価額の合計額（別表C(2)A）	21	円

【参考数値】

前事業年度末日における公益目的保有財産の帳簿価額の合計額	22	円
うち認定等の日前に取得した不可欠特定財産の帳簿価額の合計額	23	円

３．公益目的取得財産残額

当該事業年度末日における公益目的取得財産残額（1欄＋21欄）	24	円

Q86 これまでの勧告の事例や公益認定取消しの事例には、どのようなものがありますか。

A

　平成26年12月末までに出された内閣府による勧告の事例としては、平成25年7月の公益財団法人全日本柔道連盟に対するもの、平成25年11月の公益財団法人日本アイスホッケー連盟に対するもの、平成25年12月及び平成26年4月の公益社団法人全日本テコンドー協会に対するものならびに平成26年4月の公益社団法人日本プロゴルフ協会に対するものがあります。

　同じく都道府県レベルの勧告の事例としては、平成26年3月の静岡県公益認定等審議会による公益財団法人静岡県学校給食会に対するものがあります。

　公益認定取消しの事例としては、平成26年7月の公益社団法人全日本テコンドー協会に対するものがあります。

解説

1　勧告

(1) 勧告が行われる場合

　行政庁は、公益法人について、下記 **2**(2)で挙げている認定取消事由のいずれかに該当する相当な疑いがある場合には、期限を定めて、必要な措置をとるべき旨の勧告をすることができます（認定法第28条1項）。

　また、行政庁は、勧告を受けた公益法人が、正当な理由がなく、その勧告に係る措置をとらなかったときは、当該公益法人に対し、その勧告に係る措置をとるように命令することができます（認定法第28条3項）。

(2) 事例

① 公益財団法人全日本柔道連盟

　全日本柔道連盟では、柔道指導における暴力問題や助成金に関する不適切な取扱い等がありました。これに関して内閣府は、下記**2**(2)①（認定基準のうち「公益目的事業を行うのに必要な経理的基礎及び技術的能力を有するものであること」に不適合）及び③（法人法第90条（理事会の権限等）第2項違反等）に該当する相当な疑いがあるとして、平成25年7月23日付で勧告を行っています。

② 公益財団法人日本アイスホッケー連盟

　日本アイスホッケー連盟では、評議員会で選定した新役員を旧役員が認めず、役員の交代が適切に行われていませんでした。これに関して内閣府は、下記**2**(2)③（法人法第178条（評議員会の権限等）違反）に該当する相当な疑いがあるとして、平成25年11月19日付で勧告を行っています。

③ 公益社団法人全日本テコンドー協会

　全日本テコンドー協会では、定款ではなく理事会決議で制定された賞罰規程に基づいて資格停止処分にした正会員に議決権を与えていませんでした。これに関して内閣府は、下記**2**(2)③（法人法第48条（議決権の数）第2項違反）に該当する相当な疑いがあるとして、平成25年12月10日付で勧告を行っています。また、補助金に関する不適切な会計処理が行われていたこと等に関しても、下記**2**(2)①（認定基準のうち「公益目的事業を行うのに必要な経理的基礎及び技術的能力を有するものであること」に不適合）に該当する相当な疑いがあるとして、平成25年4月16日付で勧告を行っています。

④ 公益社団法人日本プロゴルフ協会

　日本プロゴルフ協会では、理事及び副会長が指定暴力団会長等と交際していました。これに関して内閣府は、下記**2**(2)③（認定法第6条（欠格事由）違反）に該当する相当な疑いがあるとして、平成26年4月1日付で

勧告を行っています。
⑤ 公益財団法人静岡県学校給食会

　小学校等で発生した食中毒事故をきっかけに、静岡県学校給食会では、役職員や、委託工場の選定に係る実地調査の調査員に食品衛生の専門家がいなかったことがわかりました。これに関して静岡県公益認定等審議会は、下記 **2**（2）①（認定基準のうち「公益目的事業を行うのに必要な経理的基礎及び技術的能力を有するものであること」に不適合）に該当する相当な疑いがあるとして、平成26年3月7日付で勧告を行っています。

2 公益認定取消し

（1）必ず認定取消しになる場合

　行政庁は、公益法人が次のいずれかに該当するときは、その公益認定を取り消さなければなりません（認定法第29条第1項）。

① 公益認定の欠格事由（認定法第6条各号（第2号を除く））のいずれかに該当するとき
② 偽りその他不正の手段により公益認定、変更の認定（認定法第11条第1項）または合併による地位の承継の認可（認定法第25条第1項）を受けたとき
③ 正当な理由がなく、行政庁による勧告に係る措置の命令（認定法第28条第3項）に従わないとき
④ 公益法人から公益認定の取消しの申請があったとき

（2）認定取消しになりうる場合

　行政庁は、公益法人が次のいずれかに該当するときは、その公益認定を取り消すことができます（認定法第29条第2項）。

① 公益認定の基準（認定法第5条第1号～第18号）のいずれかに適合しな

くなったとき
② 公益法人の事業活動等に関する規定（認定法第14条〜第26条）を遵守していないとき
③ 上記**2**(2)①及び②の他、法令または法令に基づく行政機関の処分に違反したとき

(3) 事例

　内閣府は、平成26年7月1日付で全日本テコンドー協会に対して公益認定の取消しを行っています。全日本テコンドー協会は内閣府から2度の勧告を受けていましたが、平成26年4月の社員総会において公益認定を返上することを決めたため、上記**2**(1)④に該当することになりました。

　公益認定が取り消された公益法人は一般法人となるため（認定法第29条第5項、第6項）、全日本テコンドー協会は一般社団法人へ変更されました。

　この取消しについて内閣府は、勧告で指摘した事項について法人が自主的に改善措置を完了する前に、当の法人から公益認定の取消しの申請をしたことは異例の事態であり、民による公益の増進の担い手として、社会的存在としての責務を自覚しつつ、関係法令の規定を守りつつ、高い志を持って公益活動を継続しなかったことは残念であるとのコメントを出しています。

　認定を取り消された法人は、認定取消し後1か月以内に、定款で定めた贈与の相手方と、公益目的取得財産残額相当分の財産の贈与について書面による贈与契約を成立させる必要があります。契約が成立しない場合は、国または都道府県への贈与契約が成立したとみなされます（認定法第30条第1項）。公益目的取得財産残額は、法人が所有する公益目的財産の取得額から公益目的事業のための費消額等を控除して算出されます（認定法第30条第2項）。

　なお、認定取消しの日から5年間は、新たに公益認定を受けることができません（認定法第6条第2号）。

3 変更認定申請書

Q87 どのような場合に、変更認定申請をしなければなりませんか。

A

　公益法人が次の事項を変更する場合は、変更認定申請を行い、あらかじめ行政庁の認定を受ける必要があります（認定法第11条）。

① 公益目的事業を行う都道府県の区域の変更
② 主たる事務所または従たる事務所の所在場所の変更
③ 公益目的事業の種類の変更
④ 公益目的事業または収益事業等の内容の変更

　③及び④に関する変更は、収支相償、公益目的事業比率、遊休財産額保有制限の判定に係る変更となるため、変更認定申請書は、変更認定申請事業年度の収支予算書をもとに作成することとなります。

　なお、事業の日程や財務数値等、毎年度変動することが一般的に想定されうるような事項の変更は、上記③及び④の変更に該当せず、変更の認定を受けること及び変更の届出の必要はありません。

　実務的には、補助金や助成金の対象が変わった等の公益目的事業または収益事業等の内容の変更の場合に、事業報告内で報告するにとどめるか、変更届を行うか、上記④の変更認定申請を行うかで、判断に悩む場合が多いと思われますが、現時点では判断基準が明文化されていません。法人の解釈と行政庁の判断が異なり、法人としては事業報告内で報告するに留めたものの、立入検査において指摘された事例もあります。したがって、変更認定申請に

際しては、行政庁との事前協議が望ましいと思われます。

　上記の他、合併または事業譲渡に伴い事業の内容等に変更が生じる場合も、変更の手続が必要となります。

解説

1 変更認定と変更届出について

　そもそも、一般法人または特例民法法人が公益認定または移行認定の申請を行う際、その申請書類において、主たる事務所の所在地や、公益目的事業・収益事業等の内容、理事・監事等の氏名等、認定基準を満たしていることを確認するために必要な事項を記載する必要があり、公益認定（移行認定を含む。以下同じ）を受けて公益法人となった後は、申請した事項に基づき、行政庁の監督（認定法第27条～第29条）に服することとなります。

　認定法では、この監督の実効性を担保するため、これらの申請した事項を変更する場合、変更の内容に応じて、行政庁に①「変更認定の申請」または②「変更の届出」を行うことが義務づけられています。

　ここでいう①「変更認定の申請」とは、変更前に、あらかじめ行政庁の認定を受ける手続（認定法第11条）、②「変更の届出」は、変更後に、遅滞なく行政庁へ届け出る手続（認定法第13条）のことで、この設問では①「変更認定の申請」を中心に述べており、②「変更の届出」については、4「変更届」を参照ください。

2 変更認定の申請について

　以下の事項を変更する場合は、変更前にあらかじめ行政庁の認定を受ける必要があります（認定法第11条）。

(1) 公益目的事業を行う都道府県の区域の変更

「公益目的事業を行う都道府県の区域」は必ずしも定款に記載事項ではありませんが、これを定款に記載している場合、公益認定申請書記載事項である（認定法第7条第1項第2号）と共に、特例民法法人の移行認定申請書記載事項です（整備法第103条第1項）。このため、これを変更しようとする場合は、行政庁に「変更認定申請」または「変更届出」により変更の認定を受ける必要があります（認定法第11条第1項第1号、認定規則第7条第1号・第2号）。なお、「公益目的事業を行う都道府県の区域」を定款に定めていない場合は、これを変更しても、そのことだけで変更認定の申請や変更の届出が必要となることはありません。

「変更認定申請」による変更の認定を受けなければならない場合として、主に次の場合が考えられます。

No	変更前所管行政庁	変更の内容	申請の種類
①	都道府県知事	定款を変更して、2以上の都道府県の区域で公益目的事業を行う旨、定める場合	変更認定
②	内閣総理大臣	定款を変更して、1の都道府県の区域で公益目的事業を行う旨、定める場合	変更認定

なお、次の場合は、所管行政庁は変わらないため、「軽微な変更」に該当することから変更認定を受ける必要はなく「変更届出」を行えば足ります（認定法第13条第1項第2号）。

No	変更前所管行政庁	変更の内容	申請の種類
③	内閣総理大臣	公益目的事業を行う都道府県の区域を定款で変更するが、変更後における公益目的事業の活動区域または事務所の所在場所が2以上の都道府県の区域内となる場合	変更届出

　上記「公益目的事業を行う都道府県の区域」の①または②の変更に伴い、「公益目的事業の内容」も変わる場合は、「公益目的事業を行う都道府県の区域」と「公益目的事業の内容」を同時に変更する旨の変更認定申請が必要となる点、注意が必要です。

　また、上記「公益目的事業を行う都道府県の区域」の③の変更に伴い、「公益目的事業の内容」も変わる場合は、まずは「公益目的事業の内容」を変更する旨の変更認定申請を行い、当該変更認定を受けた後、「公益目的事業を行う都道府県の区域」の変更に係る変更届を提出することになります。

（2）主たる事務所または従たる事務所の所在場所の変更

　「主たる事務所または従たる事務所の所在場所」は、公益認定申請書記載事項であり（認定法第7条第1項第2号）、特例民法法人の移行認定申請書記載事項です（整備法第103条第1項）。したがって、これを変更しようとする場合で行政庁が変更となる場合、あらかじめ変更の認定を受ける必要があります（認定法第11条第1項第1号、認定規則第7条第1号・第2号）。なお、従たる事務所を新設または廃止しようとする場合も同様です。

　よって、行政庁の変更がない以下の場合、軽微な変更（認定法第11条第1項、認定規則第7条第1号）に該当し、変更認定ではなく、変更届出の手続を行えばたります（認定法第13条第1項第2号）。

No	現在の所管行政庁	変更の内容	申請の種類
①	内閣総理大臣	当該変更後の事務所の所在場所または定款で定める公益目的事業の活動区域が2以上の都道府県の区域内となるものである場合(注)	変更届出
②	都道府県知事	同一の都道府県の区域内での変更である場合(注)	変更届出

(注)事務所の所在場所の変更(従たる事務所の新設または廃止を含む)

　なお、法人登記では、主たる事務所及び従たる事務所を登記する必要がある(法人法第301条第2項第3号、第302条第2項第3号)ので、変更認定の手続が必要かどうかについても、法人登記の記載事項に変更があるかどうかで判断します。

　ただし、パンフレットにおいて記載する支部、駐在員事務所その他の施設の所在場所の変更であっても、法人登記上の事務所でない場合には、変更認定及び変更届出の手続は不要です。海外事務所についても、法人登記の対象ではないため、変更認定及び変更届出の手続は不要です。

(3) 公益目的事業の種類の変更

　公益法人は、公益目的事業を行うことを主たる目的とする法人(認定法第5条第1号)ですが、「公益目的事業の種類」は、そもそも認定法附則別表各号に定められており(認定法第2条第4号)、公益認定の際の公益認定申請書記載事項であり(認定法第7条第1項第3号)、特例民法法人の移行認定申請書記載事項(整備法第103条第1項)となっています。

　したがって、公益目的事業の種類の変更の変更については行政庁の監督対象となることから、変更認定申請が必要とされています。

公益目的事業の種類についての認定法附則別表はＱ４を参照ください。

（４）公益目的事業または収益事業等の内容の変更

公益目的事業または収益事業等の内容を変更（新規事業を立ち上げる場合及び事業の一部を廃止する場合を含む）しようとする場合は、変更の認定を受ける必要があります。

申請時において公益目的事業として申請した事業が公益性を失った場合は、事業の廃止として、変更の認定を受ける必要があります。

また、申請時において収益事業等として申請した事業が公益目的事業の要件を満たすこととなった場合は、収益事業の廃止、公益目的事業の新規事業として変更の認定を受ける必要があります。

ただし、事業の内容の変更であっても、公益目的事業における受益の対象や規模が拡大する場合等、事業の公益性についての判断が明らかに変わらないと認められる場合は、変更認定ではなく、変更届出の手続を行うこととなります。この例としては、専門的知識の普及を行うため、セミナー（公益目的事業）を開催している場合において、従前は、一定の資格を有する者のみ受講できることとしていたところ、受講要件を撤廃し、資格の有無に関わらず受講できることとする場合が考えられます。

3 変更認定の手続

「変更認定申請・変更届出の手引き（公益法人が変更認定申請・変更届出をする場合）」（平成21年6月15日現在版）によれば、変更認定申請時、次に記載する申請書及び添付書類を作成し、行政庁に提出する必要があります（認定法第11条）。

No	書類名	書類の内容	公益目的事業を行う都道府県の区域	主たる事務所従たる事務所	公益目的事業の種類または内容、収益事業等の内容
			変更内容		
1	申請書	かがみ文書	○	○	○
2	別紙1	法人の基本情報及び組織について	○	○	○
3	別紙2	法人の事業について	×	×	○
4	別紙3（別表A～F）	法人の財務に関する公益認定の基準に係る書類について	×	×	○
5	定款変更の案	―	○	※1	※1
6	確認書	―	○	※1	○
7	許認可等を証する書類	―	※3	※3	※2
8	事業計画書	―	×	×	○
9	収支予算書	―	×	×	○
10	事業・組織体系図	―	※3	※3	※3
11	寄附の使途の特定の内容がわかる書類	―	×	×	※4
12	理事会の議事録の写し	―	○	○	○

※1：定款変更を伴う場合のみ、提出
※2：事業の内容の変更に伴い、新たに許認可が必要となる場合のみ、提出
※3：すでに行政庁に提出されているものに変更がある場合のみ、提出
※4：公益目的事業以外に使途を特定した寄附がある場合のみ、提出
　　なお、複数の事項を同時に変更しようとする場合（公益目的事業を行う都道府県の区域の変更に伴い、公益目的事業の内容が変わる場合等）は、それぞれの変更において必要とされている書類をすべて提出する必要があります。

3　変更認定申請書

Q88 新規に公益目的事業を立ち上げたいと思っています。準備段階での費用はどの会計区分集計にすればよいでしょうか。

A

新規事業を立ち上げる場合は公益目的事業または収益事業等の内容を変更しようとする場合に該当するため、変更の認定を受ける必要があります（認定法第11条）。変更認定後であれば、当該準備段階での費用は、新規事業に対応する公益目的事業会計区分に集計します。変更認定前の費用は、法人会計に区分することになると考えられます。

解説

1 変更認定を行った場合

まず、公益目的事業または収益事業等の内容を変更しようとする場合は、変更の認定を受ける必要があり（認定法第11条）、これには、新規事業を立ち上げる場合も含まれます。変更認定後に計上された当該準備段階での費用は、新規事業に対応する公益目的事業会計区分に集計します。

2 変更認定を受ける前の場合

公益目的事業または収益事業等の内容の変更の認定を受けていない事業については、準備段階での費用を、既存の公益目的事業会計の区分に計上することはできません。ここで、法人会計区分には、管理活動に関する費用を計上する他、公益目的事業会計または収益事業会計に該当しない費用が計上されます。よって、変更認定前の、準備段階での費用は法人会計に区分することになると考えられます。

4 変更届

Q89
どのような場合に、変更届を提出しなければなりませんか。また、変更届出はどのようなタイミングで行えばよいでしょうか。

A

以下の変更を行った後は、遅滞なく行政府に届出を行うことが求められます（認定法第13条第1項）。

① 法人の名称または代表者の氏名の変更
② 定款で定めた公益目的事業を行う都道府県の区域の変更であって、変更認定が不要であるもの
③ 主たる事務所または従たる事務所の所在場所の変更であって、変更認定が不要であるもの
④ 公益目的事業または収益事業等の内容の変更であって、変更認定が不要であるもの
⑤ 定款の変更であって、変更認定が不要であるもの（認定法第13条第1項第3号）
⑥ 理事、監事、評議員または会計監査人の氏名もしくは名称の変更
⑦ 理事、監事及び評議員に対する報酬等の支給の基準の変更
⑧ 事業を行うにあたり必要な許認可等の変更

解説

1 変更届と変更認定申請との相違点

　Q87にて述べたとおり、一般法人または特例民法法人は公益認定または、移行認定を行う際、申請書類において認定基準を満たしていることを確認する事項を申請書類に記載しており、公益法人となったあとは、行政庁の監督に服することになります（認定法第27条～第29条）。

　この監督の実効性を担保するため、認定法は、公益法人が申請した事項を変更する場合には、行政庁に①「変更認定の申請」や②「変更の届出」を行うことを義務づけています。

　①変更認定申請の場合には、行政庁から変更認定を受けなければそもそも変更することはできません（認定法第11条第1項本文）。したがって、変更前にあらかじめ変更認定申請を行って、変更認定を受けておく必要があります。

　他方、②変更届出は、変更を行った後に、遅滞なく届出を行うことが求められます（認定法第13条第1項）。したがって、変更届出は事後的に行えば足ります。

　なお、変更届出を怠ったとしても、変更自体は有効ですが、理事、監事または清算人は、50万円以下の過料に処せられます（認定法第66条第1号）。

2 各項目の解説

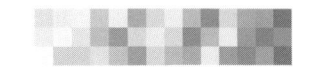

届出事項についてまとめると、以下のようになります。

変更内容	解　説
① 法人の名称または代表者の氏名の変更（認定法第13条第1項第1号）	―
② 定款で定めた公益目的事業を行う都道府県の区域の変更であって、変更認定が不要であるもの（認定法第13条第1項第2号、第11条第1項第1号）	所管行政庁が内閣総理大臣である公益法人が、定款で定めた公益目的事業を行う都道府県の区域を変更しても、なお所管行政庁が内閣総理大臣である場合
③ 主たる事務所または従たる事務所の所在場所の変更であって、変更認定が不要であるもの（認定法第13条第1項第2号、第11条第12項第1号、認定規則第7条第2号）	主たる事務所または従たる事務所の所在場所を変更しても所管行政庁が変わらない場合
④ 公益目的事業または収益事業等の内容の変更であって、変更認定が不要であるもの（認定法第13条第1項第2号）	公益目的事業または収益事業等の内容の変更であって、公益認定申請書の記載事項の変更を伴わないもの（認定規第7条第3号）については軽微な変更となり変更認定ではなく変更届出を行う 例えば、公益目的事業における受益の対象や規模が拡大する場合等、事業の公益性についての判断が明らかに変わらないと認められる場合
⑤ 定款の変更であって、変更認定が不要であるもの（認定法第13条第1項第3号括弧書き）	定款変更であっても、変更認定申請を行わなければならない場合には、変更認定申請時に係る手続のなかで定款を提出するため、変更届出は不要
⑥ 理事、監事、評議員または会計監査人の氏名もしくは名称の変更（認定法第13条第1項第4号、認定規則第11条第2項第1号）	これらの者が、新たに選任された場合や退任した場合には、変更の届出が必要。任期満了により退任した後に、引き続き再任された場合には届出は不要。なお、登記上は、役員等が退任し、新たに就任したこととなるため、変更の登記が必要
⑦ 理事、監事及び評議員に対する報酬等の支給の基準の変更（認定法第13条第1項第4号、認定規則第11条第2項第2号）	理事、監事及び評議員に対する報酬等については、不当に高額なものとならないような支給の基準を定めていることが公益認定基準とされている（認定法第5条第13号）ため、この基準を変更した場合には、遅滞なく変更届出が必要
⑧ 事業を行うにあたり必要な許認可等の変更（認定法第13条第1項第4号、認定規則第11条第2項第3号）	公益認定申請時に「事業を反復継続して行うのに最低限必要となる許認可等」として、申請書に記載した許認可等についてその内容に変更（新たに許認可等が必要になった場合を含む）があった場合、変更の届出が必要。 なお、公益認定の申請時に記載した許認可等について、当該許認可等に有効期限がある場合における、更新の届出は不要。その場合、事業報告等を提出する際に、更新後の許認可証の写しを提出

表中②の公益目的事業を行う都道府県の区域の変更や③の主たる事務所または従たる事務所の所在場所の変更について、所轄行政庁の変更を伴う場合は変更の認定、変更を伴わない場合は変更の届出となります。

変更前所管行政庁	変更後所管行政庁		
	内閣総理大臣	都道府県知事	他の都道府県知事
内閣府総理大臣	届出※1	認定	該当なし
都道府県知事	認定	届出※2	認定

※1：変更後における公益目的事業を行う都道府県の活動区域または事務所の所在場所が2以上の都道府県の区域内となる、公益目的事業を行う都道府県の区域の変更または事務所の所在場所の変更（従たる事務所の新設または廃止を含む）
※2：同一の都道府県の区域内での事務所の所在場所の変更（従たる事務所の新設または廃止を含む）

3　変更届出の手続

　「変更認定申請・変更届出の手引き（公益法人が変更認定申請・変更届出をする場合）」（平成21年6月15日現在版）によれば、変更届出に該当する変更があった場合には、次に記載する申請書及び添付書類を作成し、行政庁に届け出る必要があります（認定法第13条第1項）。

No	書類名	書類の内容	変更事項								
			法人の名称	代表者の氏名	公益目的事業を行う都道府県の区域	主たる事務所の所在場所	従たる事務所の所在場所	公益目的事業または収益事業等の内容	定款	理事、監事、評議員または会計監査人	理事等に対する報酬等の支給基準	許認可等
1	届出書	かがみ文書	○	○	○	○	○	○	○	○	○	○
2	別紙1	法人の基本情報について	○	○	○	○	×	○	×	×	×	×
3	別紙2	法人の事業について	×	×	×	×	×	○	×	×	×	×
4	定款	―	○	×	×	○	※1	※1	○	×	※1	×
5	登記事項証明書	―	○	○	※2	○	○	※2	※2	○	※1	×
6	就任(または退任)した理事等の名簿	―	×	※3	×	×	×	×	×	※5	×	×
7	理事等の名簿	―	×	○	×	×	×	×	×	※5	×	×
8	役員等名簿	―	×	○	×	×	×	×	×	※5	○	×
9	報酬等支給基準	―	×	×	×	×	×	×	×	×	※1	×
10	確認書	―	○	※3	○	○	※1	○	○	※5	×	○
11	許認可等を証する書類	―	×	×	×	×	×	×	×	×	×	○
12	事業計画書	―	×	×	×	×	×	○	×	×	×	×
13	収支予算書	―	×	×	×	×	×	○	×	×	×	×
14	事業・組織体系図	―	※4	※4	※4	※4	※4	※4	※4	※4	※4	×

※1：定款変更を伴う場合のみ、提出
※2：登記事項に変更がある場合のみ、提出
※3：理事の就任・退任を伴う場合のみ、提出
※4：すでに行政に提出されているものに変更がある場合のみ、提出
※5：会計監査人のみの変更の場合は、提出不要

Q90

当法人は、街路の花壇等の手入れを公益目的事業として認定されています。加えて、低木の街路樹の剪定についても公益目的事業として実施しようと考えています。変更認定が必要か、どのように判断したらよいでしょうか。

A

　設問の内容が、公益目的事業の内容の変更にあたる場合には、変更認定が必要となります。公益目的事業の内容の変更にあたるかどうかは、実施予定の事業の内容が、過去の公益認定申請、または変更認定によって認定されている公益目的事業の内容に含まれるかどうかによって判断されます。

　具体的には、過去の公益認定申請書または変更認定申請書での、公益目的事業に係る記載によって、実施予定の事業を推察できるかどうかがポイントです。実施予定の事業を推察できない場合には、公益目的事業の内容の変更にあたります。実務的には、公益目的事業に係る記載内容、表現によって、判断に迷う場合も多いと考えられます。判断に迷う場合には行政庁にご相談されることをお勧めします。

解説

　公益目的事業の内容を変更しようとする場合は、変更の認定を受ける必要があります（認定法11条、Q88参照）。

　ただし、公益目的事業の内容の変更であっても、公益認定申請書の記載事項の変更を伴わないものについては軽微な変更となり変更認定ではなく変更届出で足りるものとされています（認定規則7条3号、Q89参照）。

　また、公益目的事業の内容の変更にはあたらないとして、変更認定・変更届出ともに不要な場合もあります。

そのため、実施予定の事業について変更認定等が必要か否かを、公益認定申請書等の記載に照らして、あらかじめ判断する必要があります。

　例えば、認定申請書に「花壇等の樹木・草花の保護・育成を図るため、街路の花壇等への散水・雑草の除去等の手入れを行い、もって公共スペースの緑化を図る」と公益認定申請書に記載されていたとします。この場合、低木の街路樹の剪定は文言として明示されていません。しかし、樹木の保護・育成を図るという目的に相違はなく、また、剪定という業務も花壇等の手入れという文言に内包されていると読み取ることも考えられます。

　この例のように判断に迷うような場合には、あらかじめ行政庁の担当者に、実施予定の事業の内容を説明し、変更認定や変更届の要否の相談を行うことが円滑な方法となると思われます。

第4章

一般法人(移行法人)

1 公益目的支出計画

Q91 当期、経費削減に努めました。そのため、実施事業が黒字になりました。どのような対応をしたらよいでしょうか。

A

経費削減等により実施事業が黒字となった場合には、事業の収支構造の見直しや公益目的支出計画の変更認可を行政庁に申請することが考えられます。

解説

1 公益目的支出計画とは

従来の公益法人から一般社団法人・一般財団法人に移行する場合、これまで公益法人として寄附や税制優遇等を受けて形成してきた財産が事業内容や残余財産の帰属が法人自治に委ねられる一般法人に移行することにより、無制限に公益以外に費消されることは適当ではありません。

このため、移行に際して純資産が残っている法人は公益目的支出計画を作成（行政庁の認可が必要）し、公益目的財産額に相当する金額まで、公益を目的とする支出（公益に関する事業や他の公益法人、社会福祉法人、国・地方公共団体等への寄附）を行います。この公益目的財産額の達成のための公益目的支出計画は、各法人の事業規模や事業内容で達成の方法や期間が異なることになります。

2 実施事業を赤字にするための方策

　実施事業が黒字（収入超過）になることは、公益目的財産残額が増加することになるため（ただし、当初の公益目的財産額以上には増加しません）、公益目的支出計画の達成が困難となります。このため、同計画を達成するために以下のような対策を行います。

　具体的には、事業の収支構造の見直しによる公益目的事業の対価引下げや国・地方公共団体及び他の公益法人等への寄附による支出計画の達成が考えられます。これにより、受益者・公益事業のサービスの拡大等をとおして、従来の過大見積りに基づく収支計画をより公益の拡大に資する計画へと見直しが行われます。なお、費用（支出）の増額による支出計画達成も考えられますが、その場合であっても当然に公益目的による支出が前提であり、不相当に高い支出を公益目的事業の費用として処理するのは適当でないことはいうまでもありません。

　その他、公益目的支出計画の達成期間等を変更する方法もありますが、この場合には、行政庁への公益目的支出計画の変更認可の申請が必要となります（整備法第125条第1項、整備規則第36条）。

Q92 運転資金が不足して、公益目的支出計画が予定どおり実施できなくなってしまいました。どうしたらよいでしょうか。

A

　運転資金が不足して、公益目的支出計画が予定どおり実施できなくなった場合、まずは現在の運転資金で実施できる規模に実施事業を縮小することが考えられます。その結果、公益目的支出計画の実施期間が延長となる場合に

は、公益目的支出計画の変更の認可を受ける必要があります。

　運転資金を確保して資金不足を解消する方法としては、資金の借入れや収益事業の実施、他法人との合併等の方法が考えられますが、実施する方法に応じて、変更認可または変更届出の手続が必要です。

解説

1 公益目的支出計画の変更

（1）実施期間を延長する場合

　各事業年度の公益目的支出の額や実施事業収入の額が変更になることにより、公益目的支出計画が完了予定年月日に完了しないことが明らかな場合には、完了予定年月日の変更を行う必要があり、当該変更について、変更の認可を受ける必要があります（整備法第125条第1項、整備規則第35条第3項）。

（2）実施期間を延長しない場合

　各事業年度の実施事業収入の額や公益目的支出の額が計画に記載した見込額と異なっていても公益目的支出計画が完了予定年月日に終了することが見込まれる場合には、公益目的支出計画の変更（整備法第125条）に該当しないため、変更認可の手続は不要です。また、公益目的支出計画における軽微な変更（整備規則第35条第3号）にも該当しないため、変更届出の手続も不要です。

2 運転資金の確保

（1）資金の借入れや収益事業の実施等

　移行認可の申請時に、別表D「公益目的支出計画実施期間中の収支の見込み」において、実施事業等以外の事業を含む法人全体の収支の見込み（多額

の借入れや、施設の更新、高額財産の取得・処分等、法人全体の財務に大きな影響を与える活動を含む）を記載しましたが、移行後に、多額の借入れ等や資産運用方針の大幅な変更等を行うことにより、移行申請時の収支の見込みが変更される場合には、あらかじめ、当該多額の借入れ等や資産運用方針の変更等の内容について届出が必要です（公益認定等ガイドラインⅡ2.）。

なお、当該変更により、公益目的支出計画が完了予定年月日までに完了しない場合は、変更の届出ではなく、変更認可の手続を行うことになります（整備法第125条第1項、整備規則第35条第3項）。

(2) 他法人との合併

移行法人が合併をした場合には、合併後存続する法人（公益法人を除く）または合併により設立する法人（公益法人を除く）は、内閣府令で定めるところにより、認可行政庁に合併をした旨を届け出る必要があります（整備法第126条第1項）。この場合、合併後存続する法人または合併により設立する法人についての公益目的財産額は、合併をする移行法人の公益目的財産額の合計額になります（整備法第126条第4項）。

Q93 一般法人（移行法人）において、立入検査の際の留意点を教えてください。またどのような頻度で実施されるのでしょうか。

A

一般法人（移行法人）の立入検査については、公益目的支出計画が履行できるかどうかを確保する観点から実施されます（整備法第123条第2項）。また、移行法人においては、公益目的支出計画の履行を確保できないと疑うに足りる相当な理由ある場合に限り、立入検査が行われます。すなわち、従来

の公益法人ではすべての法人に対して立入検査が行われましたが、移行法人においては、必ずしも立入検査が行われるとは限りません。

解説

1 立入検査の位置づけ（監督の具体的措置の範囲の一つ）

移行法人については、移行認可の登記終了後、行政庁及び法律で行政庁の権限を委任等された合議制の機関が、移行法人の公益目的支出計画の履行を確保するために必要な範囲内において「監督」が行われます。

「監督」の具体的な措置として、整備法第123条第2項に監督の根拠規定が置かれ、さらに公益目的支出計画の変更の認可、公益目的支出計画実施報告書の作成及び提出、報告徴収、立入検査、勧告、命令、認可の取消し等の規程が置かれています（「監督の基本的考え方」）。

したがって、立入検査は行政庁の監督として、移行法人の実態把握のための重要な手段の一つになります。

2 移行法人の立入検査

移行法人の立入検査については、整備法第128条第1項の規定に基づき、移行法人が、次の①から③のいずれかに該当すると疑うに足りる相当な理由があるときは、特例民法法人から一般法人への移行に係る整備法の規程の施行に必要な範囲内で立入検査を実施することとなります。

すなわち、立入検査を行う場合、公益目的支出計画の履行を確保できないと疑うに足りる相当な理由があることが前提になります。

① 正当な理由がなく、公益目的支出計画に定める支出をしないこと
② 各事業年度の支出が、公益目的支出計画に定めた支出に比して著しく少ないこと

③ 公益目的財産残額に比べ、当該移行法人の純資産額が著しく少ないにも関わらず、整備法第125条第1項の変更の認可を受けず、将来における公益目的支出計画の実施に支障が生ずるおそれがあること

移行法人に対する立入検査は、事前に計画して検査が行われるものではなく（公益法人の場合と異なる）、上記事態の発生に応じて実施することになります。

COLUMN 11
移行法人は相当の理由があるときのみ立入検査が行われる。

移行法人においては、公益法人と異なり、必ずしも立入検査が行われるとは限りません。また移行法人でなくなった場合（公益目的支出計画が完了した場合）には、立入検査が行われることはありません。

Q94

移行法人として公益目的支出計画を順調に実施してきましたが、このたび他の移行法人と合併することを検討しています。この場合、誰が公益目的支出計画を実施する義務を負うことになるのでしょうか。また、合併にあたっては、主にどのような手続が必要となるでしょうか。

A

移行法人は、他の移行法人と合併することができます。合併には、一方が存続法人として他方を吸収する吸収合併と、一般法人を新設する新設合併の二つの方法があります。いずれの場合も、まず合併を行い、そのうえで変更認可を経て、存続または新設された法人が公益目的支出計画を実施する義務を負うことになります。

|解説|

1 吸収合併（移行法人Aが移行法人Bを吸収）

合併にあたっては、主に下記の手続を経ることとなります。

（1）吸収合併契約締結（法人法第244条）

吸収合併存続法人及び吸収合併消滅法人の名称及び住所、合併の効力発生日等を定めます。また、合併契約締結後、債権者保護手続を進める必要があります。

（2）合併登記（法人法第306条）

合併の効力発生日から2週間以内に、吸収合併存続法人の変更登記及び吸収合併消滅法人の解散登記を行います。

（3）合併の届出（整備法第126条第1項第1号）

吸収合併存続法人の行政庁及び吸収合併消滅法人の行政庁の両方に届け出ることが必要です。

（4）変更認可申請（整備法第125条）

変更認可申請については、認可の基準として、移行認可申請を定めた整備法第117条第2号が準用されており、公益目的支出計画が適正であり、かつ、当該認可申請法人が当該公益目的支出計画を確実に実施すると見込まれるものであるかが審査されます。

2 新設合併（一般法人を新設）

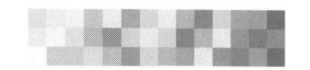

（1）新設合併契約締結（法人法第254条）

　新設合併消滅法人の名称・住所の他、新設合併設立法人の目的・名称・所在地、定款に定める事項、設立時理事・設立時監事等を定めます。また、合併契約締結後、債権者保護手続を進める必要があります。

（2）合併登記（法人法第307条）

　新設合併消滅法人が合意により定めた日等から２週間以内に、新設合併消滅法人について解散の登記をし、新設合併設立法人について設立の登記をします。

（3）合併の届出（整備法第126条第１項第３号）

　吸収合併消滅法人の行政庁に届け出ることが必要です。

（4）変更認可申請（整備法第125条）

　変更認可申請については、認可の基準として、移行認可申請を定めた整備法第117条第２号が準用されており、公益目的支出計画が適正であり、かつ、当該認可申請法人が当該公益目的支出計画を確実に実施すると見込まれるものであるかが審査されます。

3 会計処理

　公益法人会計基準では、合併を想定した会計処理を定めていません。そのため、簿価引継や、時価評価のいずれかを、事情に応じて用いることになります。実務上は、相対的に事務負担が軽い、簿価引継を用いた事例もあるようです。

2 公益目的支出計画実施報告書

Q95 公益目的支出計画実施報告書の作成上の注意点には、どのようなものがありますか。

A

公益目的支出計画実施報告書は、移行認可申請書及び公益目的財産額の確定に係る必要書類の記載ならびに、添付書類として同時に提出する貸借対照表や正味財産増減計算書（各内訳表含む）の金額に基づいて作成します。

「公益目的財産額」は、移行認可申請書に記載した金額ではなく、移行登記後に行政庁に提出した確定後の金額を記載します。各事業年度末日の「公益目的収支差額」は、その年度の金額ではなく、一般法人へ移行してからの累計額を記載します。

解説

1 公益目的支出計画実施報告書

一般法人への移行の登記をした移行法人は、行政庁に公益目的支出計画の実施の完了の確認（整備法第124条）を受けるまでの間、公益目的支出計画に従って、公益目的のための支出を適正に行う必要があります。このため、移行法人は、事業年度ごとに、公益目的支出計画の実施状況を明らかにする書類（公益目的支出計画実施報告書）を作成しなければなりません（整備法第127条第1項）。

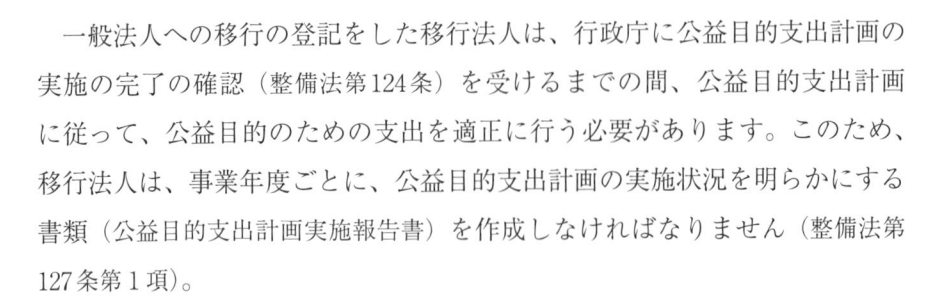

作成された公益目的支出計画実施報告書は、監事による監査及び理事会の承認を受けた後、社員総会または評議員会に報告されることになります（整備法第127条第2項、整備規則第43条）。

　また、移行法人は、公益目的支出計画実施報告書を備置き等すると共に（整備法第127条5項第6項）、毎事業年度経過後3か月以内に、移行認可を受けた行政庁に提出しなければなりません（整備法第127条第3項）。

　提出を受けた行政庁は、閲覧または謄写の請求に応ずる他（整備法第127条第4項）、公益目的支出計画実施報告書等の写しを公益認定等委員会（都道府県にあっては合議制機関）へ送付します（整備法第135条第1項）。

2 作成上の注意点

(1) 公益目的支出計画の概要

　公益目的支出計画の概要については、以下の表に記入します。

公益目的支出計画実施報告書

【別紙2:公益目的支出計画実施報告書】
2.公益目的支出計画実施報告書
【　　年度(　　年　月　日から　　年　月　日まで)の概要】

1.公益目的財産額		円
2.当該事業年度の公益目的収支差額(①+②-③)		円
①前事業年度末日の公益目的収支差額		円
②当該事業年度の公益目的支出の額		円
③当該事業年度の実施事業収入の額		円
3.当該事業年度末日の公益目的財産残額		円
4.2の欄に記載した額が計画に記載した見込み額と異なる場合、その概要及び理由[注]		

注:詳細は、別紙様式に個別の実施事業等ごとに記載してください。

【公益目的支出計画の状況】

公益目的支出計画の完了予定事業年度の末日	①.計画上の完了見込み	平成　年　月　日
	②.①より早まる見込みの場合	平成　年　月　日

| | 前事業年度 || 当該事業年度 || 翌事業年度 |
	計画	実績	計画	実績	計画
公益目的財産額	円	円	円	円	円
公益目的収支差額	円	円	円	円	円
公益目的支出の額	円	円	円	円	円
実施事業収入の額	円	円	円	円	円
公益目的財産残額	円	円	円	円	円

※前事業年度及び当該事業年度の計画及び実績の額、翌事業年度の計画の額を記載してください。

公益目的支出計画実施報告書記入の注意点

【○年度の概要】 「1．公益目的財産額」欄	移行申請時の金額ではなく、移行登記後に行政庁に提出した確定後の金額を記載
「①前事業年度末日の公益目的収支差額」欄	前事業年度の公益目的支出計画実施報告書に記載されている額を記載
「②当該事業年度の公益目的支出の額」及び「③当該事業年度の実施事業収入の額」の欄	別紙2-①実施事業（公益目的事業）の状況等、「別紙2-②実施事業（継続事業）の状況等」及び「別紙2-③特定寄附の状況等」で計算された各事業の公益目的支出の額の合計額及び実施事業収入の額の合計額をそれぞれ記載。なお、公益目的財産額の確定時に計上されていた指定正味財産から一般正味財産に振り替えることによって生じた収益については、公益目的支出計画の計算上は収益計上しないことができる（整備規則第17条第1項、但書） 「2．当該事業年度の公益目的収支差額」は、「①前事業年度末日の公益目的収支差額」＋（「②当該事業年度の公益目的支出の額」－「③当該事業年度の実施事業収入の額」）で算出
「3．当該事業年度末日の公益目的財産残額」欄	「1．公益目的財産額」－「2．当該事業年度の公益目的収支差額」により計算された額を記載。なお、当該事業年度の公益目的収支差額がマイナスの場合には、「公益目的財産額」＝「公益目的財産残額」となる
【公益目的支出計画の状況】 前事業年度の「実績」欄	前事業年度の公益目的支出計画実施報告書に記載されている額を記載
当該事業年度の「公益目的財産額」、「公益目的収支差額」、「公益目的支出の額」、「実施事業収入の額」及び「公益目的財産残額」の欄	上記【○年度の概要】においてそれぞれ対応する欄の金額を記載
各事業年度の「計画」欄	最新の公益目的支出計画（公益目的財産額の確定の手続または変更認可を受けたもののうち直近のもの）に記載した計画上の金額を記載
当該事業年度及び前事業年度の「計画」欄	移行法人になった最初の事業年度（以下、「移行初年度」という）が1年未満の場合であっても計画上の1事業年度分の金額を記載
移行初年度の場合	【○年度の概要】 「①前事業年度末日の公益目的収支差額」欄：ゼロと記載
	【公益目的支出計画の状況】 前期事業年度の「計画」及び「実績」の欄：空欄とする

（2）実施事業の状況等

実施事業の状況等については、主に以下の点に注意して記入します。

実施事業（継続事業）の状況等

②〔公益目的支出計画実施報告書〕
（事業単位ごとに作成してください。）

【実施事業（継続事業）の状況等】

事業番号	事業の内容

(1) 計画記載事項

事業の概要

①	当該事業に係る公益目的支出の見込額		円
②	〃　　実施事業収入の見込額		円

(2) 当該事業年度の実施状況

事業の実施状況について

①	当該事業に係る公益目的支出の額		円
②	〃　　実施事業収入の額		円
③	（①－②）の額		円
④	当該事業に係る損益計算書の費用の額		円
⑤	〃　　損益計算書の収益の額		円
①及び②に記載した額が計画に記載した額と異なる場合、その内容及び理由[注]				

注：この事業に係る公益目的支出の額等の変更が、公益目的支出計画全体の実施に影響を与えるか否かについても記載してください。

実施事業のうち公益目的事業と継続事業について、それぞれ「【実施事業（公益目的事業）の状況等】」または、「【実施事業（継続事業）の状況等】」の表題の様式を用いて、事業単位ごとに作成します。
　「事業番号」、「事業の内容」及び（1）計画記載事項の各欄については、最新の公益目的支出計画に記載した内容を転記します。
　（2）当該事業年度の実施状況の「事業の実施状況について」の欄は（1）の「事業の概要」に記載した事項に対応する形で具体的に記載します。「公益目的支出の額」等の各欄については、【実施事業収入の額の算定について】及び【公益目的支出の額の算定について】で計算したものを転記します。
　なお、実施事業の定義ならびに（3）実施事業資産の状況等、【実施事業収入の額の算定について】及び【公益目的支出の額の算定について】に関する作成上の注意点に関しては、FAQ Ⅳ-2-2を参照ください。

（3）特定寄附の状況等

　特定寄附とは、整備法第119条第2項第1号ロ及び認定法第5条第17号で規定する寄附を、公益目的支出計画の支出として認めたものです。
　「（3）当該寄附に係る時価評価資産の状況等について」は、該当する資産がある場合に、公益目的財産額の確定の手続として行政庁に提出した別表Aの記載と同じ番号、名称、算定日の時価を記載します。移行後に取得した資産については、記載不要です。
　特定寄附に係る収入については、公益目的支出計画上、実施事業収入には該当しませんので、【実施事業収入の額の算定について】の記載は不要です。
　その他の項目については、**(2)** と同様に記載します。

Q96 実施事業資産とはどのような資産ですか。

A

　実施事業資産とは、公益目的支出計画の実施のための担保となるべく、特例民法法人が自ら、実施事業のために保有するものとして位置づけ、移行認可申請書等に記載した資産です。

　公益目的支出計画実施報告書の実施事業収入及び公益目的支出の額については、正味財産増減計算書の収益及び費用に基づいて記載しますが、実施事業資産を時価評価していた場合や、指定正味財産の部からの振替による収益があった場合等、調整が必要になる場合があります。

解説

1 実施事業資産

　実施事業資産とは、実施事業（整備法第119条第2項第1号イまたはハに規定する事業）に係る資産です。

　実施事業の実施を資産面から担保するために、特例民法法人が一般法人への移行認可を申請した際または一般法人への移行の登記をした移行法人が変更認可を申請した際に、公益目的支出計画へ実施事業別に記載されています。

2 作成上の注意点

（1）公益目的支出計画実施報告書における記載

　公益目的支出計画実施報告書では、事業単位ごとに作成する【実施事業の状況等】の下記の項目において、実施事業資産について記載します。

実施事業資産の状況等

②〔公益目的支出計画実施報告書〕

【実施事業（継続事業）の状況等】
（3）実施事業資産の状況等

(事業単位ごとに作成してください。)

番号注	資産の名称	時価評価資産の算定日の時価	移行後に取得した場合の取得価額	前事業年度末日の帳簿価額	当該事業年度末日の帳簿価額	使用の状況
		円	円	円	円	
		円	円	円	円	
		円	円	円	円	
		円	円	円	円	
		円	円	円	円	
		円	円	円	円	
		円	円	円	円	
		円	円	円	円	

注：算定日に有していた資産については、移行認可申請書（別表A公益目的財産額の算定）に記載した資産の番号（イ1、ロ2・・a1・など）を記載してください。

「（3）実施事業資産の状況等」では、当該事業年度に保有していた実施事業資産について、各資産の使用の状況や前事業年度末日及び当該事業年度末日の帳簿価額等を記載します。その際、移行時に保有していた実施事業資産については、公益目的財産額の確定の手続として行政庁に提出した別表Aの記載と同じ番号、名称、算定日の時価を記載します。移行時に保有していた実施事業資産のうち時価評価資産以外の資産については、算定日の時価の記載は不要です。移行後に取得した資産については、番号及び算定日の時価の記載は不要です。なお、前年度の公益目的支出計画実施報告書に記載している実施事業資産は、当該事業年度中に売却等を行ったものであってもすべて記載する必要があります。

実施事業収入の額及び公益目的支出の額

②〔公益目的支出計画実施報告書〕

【実施事業(継続事業)の状況等】

事業番号	事業の内容

【実施事業収入の額の算定について】

①「損益計算書の収益の額」に対応した②「実施事業収入の額」を記載し、その算定に当たっての考え方を記載してください。

損益計算書の科目	①損益計算書の収益の額	②実施事業収入の額	②の額の算定に当たっての考え方(注)
	円	円	
	円	円	
	円	円	
	円	円	
	円	円	
	円	円	
	円	円	
	円	円	
計	円	円	

<u>注</u>:実施事業収入の額の算定の記載事項について、必要な説明書類を添付してください。

【公益目的支出の額の算定について】

①「損益計算書の費用の額」に対応した②「公益目的支出の額」を記載し、その算定に当たっての考え方を記載してください。

損益計算書の科目	①損益計算書の費用の額	②公益目的支出の額	②の額の算定に当たっての考え方(注)
	円	円	
	円	円	
	円	円	
	円	円	
	円	円	
	円	円	
	円	円	
	円	円	
	円	円	
計	円	円	

<u>注</u>:①と②が同額である場合には、「科目」欄を「その他」として、まとめた額を①及び②欄に記載してもかまいません。

【実施事業収入の額の算定について】では、実施事業資産から生じた運用益や売却益等の収益は実施事業収入に含まれることから、その額及び実施事業の収入に該当するか否かといった算定にあたっての考え方を記載します。

【公益目的支出の額の算定について】では、実施事業資産から生じた減価償却費等の費用や売却損等の損失は公益目的支出に含まれることから、その額及び算定にあたっての考え方を記載します。時価評価した実施事業資産に係る減価償却費がある場合には、当該時価をもとに算出した額を公益目的支出の額とします。

また、他会計振替額は、収入の額及び支出の額に算入しません。「①損益計算書上の費用の額」と「②公益目的支出の額」が同様の場合は、科目を「その他」として費用額等を記載のうえ、右例の「考え方」の欄には①と②が同額である旨を記載します。

（2）時価評価した実施事業資産の取扱い

移行法人において実施事業資産として保有する「満期保有目的の債券」、「子会社株式及び関連会社株式」、「その他有価証券のうち市場価格のないもの」や「不動産」の時価が著しく下落した場合の減損については、当該減損が発生した事業年度の経常外費用に減損損失として計上した場合には、当該事業年度の公益目的支出の額に算入されます（整備規則第16条第3項）。

実施事業資産のうち、上記以外の「売買目的有価証券」または「その他有価証券のうち市場価格のあるもの」の評価損益については、当該評価損益が発生した事業年度の公益目的支出の額又は実施事業収入の額に算入せず（整備規則第18条）、当該資産の売却時において売却損益を公益目的支出計画に反映します。なお、売却価額と比較する原価額は、公益目的財産額の算定日に保有していた有価証券にあっては公益目的財産額の算定日（確定日）における時価とし、移行後に取得した有価証券にあっては取得価額となり、会計帳簿上の金額と異なる場合がありますので注意が必要です。

(3) 別表A　計画実施期間中の収支の見込みについて

別表A「計画実施期間中の収支の見込みについて」では、主に以下の点に注意して記入します。

　　　　　　　　　資産の取得や処分、借入について

別表A〔公益目的支出計画実施報告書〕

【公益目的支出計画実施期間中の収支の見込みについて】

(2) 資産の取得や処分、借入について

実施内容（計画の変更内容）及び公益目的支出計画の実施に対する影響等[注2]

注2：「公益目的支出計画実施期間中の収支の見込み」の備考欄に記載した多額の借入れや施設の更新、高額財産の取得・処分等の活動を実施した場合は、公益目的支出計画に与えた影響を記載してください。また、「公益目的支出計画実施期間中の収支の見込み」の備考欄に記載したもののうち、計画内容に変更があった場合に、変更の内容、その理由及び公益目的支出計画に対する影響を記載してください。
　また、「公益目的支出計画実施期間中の収支の見込み」の備考欄に記載したもの以外で、法人全体の財務に大きな影響を与える活動を新たに予定する場合は、その内容、理由及び公益目的支出計画に対する影響を記載してください。

公益目的支出計画実施報告書の別表A【計画実施期間中の収支の見込みについて】は、移行認可を受けた際の公益目的支出計画の別表D「公益目的支出計画実施期間中の収支の見込み」の備考欄に記載した、またはその後に行政庁に届け出た法人全体の財務に影響を与える活動を実施した場合に、その内容や公益目的支出計画に対する影響等を記載します。

また、「公益目的支出計画実施期間中の収支の見込み」の備考欄に記載したもの以外で、法人全体の財務に大きな影響を与える活動を新たに予定する場合は、その内容、理由及び公益目的支出計画に対する影響を記載します。

実施事業資産である施設の更新や高額財産の取得・処分を行った、または予定している場合もこれに該当すると考えられます。なお、当該活動は公益目的支出計画の実施に影響を及ぼす可能性が高いため、変更前に、あらかじめ変更の内容について行政庁に届け出る必要があります（整備法第125条第1項、公益認定等ガイドラインⅡ2.）。

(4) 計算書類等

　公益目的支出計画実施報告書等の提出にあたり、当該事業年度の計算書類等を添付します（整備法第127条第3項）。貸借対照表については、実施事業資産を区分して明らかにする必要があり、損益計算書については、その内訳表において、実施事業等に関する会計（実施事業等会計）をその他の事業等に関する会計と区分し、さらに実施事業等ごとに区分する必要があります（整備規則第42条第1項第2項）。

Q97 事業所を移転するために、実施事業資産として位置づけてきた土地と建物を売却しました。何か問題はあるでしょうか。

A

　土地及び建物の売却が適正な取引価格で行われる通常の取引であれば、公益目的支出計画の実施ができなくなるといった状況とならない限り、問題はありません。
　ただし、当該売却取引が法人の役職員や特定の個人への利益の供与といったものに該当する場合には、認可された公益目的支出計画の適正性に疑義が生じる可能性があります。

> 解説

1 実施事業資産

　実施事業資産は、実施事業の実施を資産面から担保するために、法人が実施事業のために保有すると定めた財産（整備規則第17条第1項第2号）です。そのため、実施事業資産は、実施事業のために使用・収益される必要がありますが、事業環境の変化等により、売却や保有目的の変更をすることは可能です。

2 公益目的支出計画への影響

　実施事業資産の売却に伴う売却益は、実施事業収入となり、公益目的支出の額から控除されます（整備規則第17条第1項第2号）。そのため、公益目的収支差額を減らす影響がありますので、売却益が多額になり、公益目的支出計画が完了予定年月日に完了せず、完了予定年月日が延びる場合には、公益目的支出計画の変更認可が必要となります（整備法第125条第1項、整備法規則第35条第1項第3号ロ）。なお、売却損益の計算にあたっては、当該実施事業資産が、申請時や公益目的財産額確定時に時価評価した資産である場合には、確定時の時価と売却価格の差額によって計算されます（整備法規則第14条第2項）のでご注意ください。

　また、仮に当該売却に伴い実施事業が公益目的支出計画どおりに実施ができないといった場合には、行政庁からの報告要求や立入検査等が実施されますので（整備法第128条、第129条）、説明資料の準備等の留意が必要です。

3 特別の利益

　公益目的支出計画が適正であるかどうかを判断する認可基準の一つに、実

施事業を行うにあたり、特別の利益を与えないものであること（公益認定等ガイドラインⅡ1.(2)）が求められています。特別な利益とは、法人の役職員や特定の個人に対して、社会通念に照らして不相当な利益の供与や優遇を与えるものです（公益認定等ガイドラインⅠ3.）。移行認可申請書において、あらかじめ土地及び建物の売却が想定されており、その旨を記載している場合でも、土地及び建物の売却を通して、売却先に利益の供与が認められる場合には、認可取消し（整備法第131条第1項）となる可能性があります。

Q98 公益目的支出計画実施報告書に不備や法令等違反があった場合に、行政庁はどのような監督手段をとるのでしょうか。

A

公益目的支出計画実施報告書に不備があった場合、行政庁は必要に応じて資料の追加や提出書類の修正を指導することがあります。

また、行政庁は提出書類において公益目的支計画が履行されているかを確認し、必要に応じて、報告徴収、立入検査、勧告、命令といった、監督上の必要な措置を講じることがあります。

解説

1 監督の範囲

一般法人への移行を認可した行政庁（以下「認可行政庁」という）は、移行法人の公益目的支出計画の履行を確保するために必要な範囲内において、移行法人を監督します（整備法第123条第2項）。

2 定期提出書類の提出

　移行法人は、毎事業年度の経過後3か月以内に、当該事業年度の計算書類等及び公益目的支出計画実施報告書を認可行政庁に提出しなければなりません（整備法第127条第3項）。

3 報告及び検査

　いったん受け付けた提出書類に必要な書類が添付されていない、提出書類の記載内容が不明・不十分である等の不備があった場合には、認可行政庁は必要に応じて、資料の追加や提出書類の修正を指導します。

　また、認可行政庁は、移行法人が次のいずれかに該当すると疑うに足りる相当な理由がある場合、移行法人に対して、その業務や財産の状況について報告を求めたり、行政庁の職員が当該移行法人の事務所に立ち入って、その業務や財産の状況、帳簿・書類その他の物件を検査したり、関係者に質問したりすることができます（整備法第128条第1項）。

① 正当な理由なく、公益目的支出計画に定める支出をしない。
② 各事業年度の支出が、公益目的支出計画に比べて著しく少ない。
③ 公益目的財産残額に比べ法人の純資産額が著しく少ないにも関わらず変更認可を受けず、将来の公益目的支出計画の実施に支障が生ずるおそれがある。

　一般法人に対する立入検査は事前に計画して行われるのではなく、上記①②③の事態の発生に対応して実施されます。

4 勧告及び命令

　認可行政庁は、移行法人が 3 の①②③いずれかに該当すると認められる

場合には、当該移行法人に対して、期限を定めて必要な措置をとるべき旨の勧告をすることができます。その勧告を受けた移行法人が、正当な理由がなく、その勧告に係る措置をとらなかった場合、認可行政庁は当該移行法人に対して、その勧告に係る措置をとるように命令することができます（整備法第129条）。

Q99 公益目的支出計画実施報告書は監事監査が必要と聞いています。注意すべきポイントにはどのようなものがあるでしょうか。

A

　公益目的支出計画実施報告書は監事監査の対象となっており、公益目的支出計画実施報告書を行政庁へ提出する際、監事の監査報告書を添付しなければなりません（整備規則第43条、整備法第127条第2項第3項、法人法第124条第1項、第199条）。

　また、この監事監査を受けるタイミングとしては計算書類等の監事監査と同時に監査を受けることが効率的です。そのためには、計算書類等の監査予定日に間に合うように計算書類等と並行して公益目的支出計画実施報告書を作成することになります。

　これら作業がスムーズに進むように、決算スケジュールを立てる際は、公益目的支出計画実施報告書の監事監査も組み込んだスケジュールとすることが重要です。

　監事監査は、この実施報告書が適正に作成されているか否かについて監査するので、正味財産増減計算書内訳表の実施事業会計区分と公益目的支出計画上の実施事業収入、公益目的支出の整合性等の確認が注意すべきポイントとなります。経理担当者は、これらを念頭において公益目的支出計画実施報告書を作成する必要があります。

解説

1 公益目的支出計画実施報告書に対する監事監査のスケジュール

　公益目的支出計画実施報告書は移行認可または変更認可を受けた最新の公益目的支出計画に記載した内容の実施状況、実施事業収入の額、公益目的支出の額及び実施事業資産の状況等を行政庁に報告するものであり、行政庁はその記載の内容をもとに公益目的支出計画の実施状況を判断し、監督します。

　法人は、事業年度終了後3か月以内に公益目的支出計画実施報告書を行政庁に提出するにあたり、法令または定款に従い当該移行法人の公益目的支出計画の実施の状況を正しく示しているかどうかについて監事の監査を受け、その監査報告書を添付する必要があります（整備規則第43条、整備法第127条第2項、法人法第124条第1項、第199条）。

　この監事監査を受けるタイミングとしては、計算書類等の監事監査と同時に監査を受けることが効率的です。そのためには、計算書類等の監査予定日に間に合うように計算書類等と並行して公益目的支出計画実施報告書を作成することになります。

　このため、決算スケジュールを立てる際は、公益目的支出計画実施報告書の監事監査も組み込んだスケジュールとすることが重要です。

2 公益目的支出計画実施報告書に対する監事監査の視点

　公益目的支出計画実施報告書は、移行認可申請書及び公益目的財産額の確定に係る必要書類の内容ならびに、添付書類として同時に提出する貸借対照表や正味財産増減計算書（内訳表含む）と整合するものでなくてはなりません。特に、監事は、監査上、正味財産増減計算書内訳表の実施事業会計区分と公益目的支出計画上の実施事業収入、公益目的支出の整合性等を検討することになると考えられますので、これらを念頭において公益目的支出計画実

施報告書を作成する必要があります。

3 特定監事・特定理事について

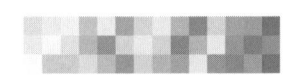

　特定理事とは、特定監事より、監査報告の内容の通知を受ける理事として定められた理事、または、公益目的支出計画実施報告書の作成に関する職務を行った理事です（整備規則第43条第6項）。

　また、整備規則第43条第3項及び第5項に規定する特定監事とは、①2人以上の監事が存在する場合において、整備規則第43条第3項の規定による監査報告の内容の通知をすべき監事を定めたときはその当該通知をすべき監事として定められた監事、②2人以上の監事が存する場合において、整備規則第43条第3項の規定による監査報告の内容の通知をすべき監事を定めていないときはすべての監事、③上記①②に掲げる場合以外の場合は監事となっています（整備規則第43条第7項）。

　特定監事は、次に掲げる①、②の日のいずれか遅い日までに、特定理事に対し、公益目的支出計画実施報告書の監査報告の内容を通知しなければなりません（整備規則第43条第3項）。

① 公益目的支出計画実施報告書を受領した日から四週間を経過した日
② 特定理事及び特定監事の間で合意により定めた日があるときは、その日

　公益目的支出計画実施報告書については、特定理事が上記規定による監査報告の内容の通知を受けた日に、監事の監査を受けたものとする（整備規則第43条第4項）とされています。

　しかし、特定監事が通知をすべき日までに監査報告の内容の通知をしない場合には、当該通知をすべき日に、公益目的支出計画実施報告書については、監事の監査を受けたものとみなされます（整備規則第43条第5項）。

4 公益目的支出計画実施報告書に関する監査報告書例

　公益目的支出計画実施報告書に関する監査報告書の様式は定められておりませんが、記載すべき内容は以下のとおりです（整備規則第43条第2項）。
① 監事の監査の方法及びその内容
② 公益目的支出計画実施報告書が法令または定款に従い当該移行法人の公益目的支出計画の実施の状況を正しく示しているかどうかについての意見
③ 監査のため必要な調査ができなかったときは、その旨及びその理由
④ 監査報告を作成した日
　以下、監査報告書例を参考までに記載します。

　　　　平成〇〇年度公益目的支出計画実施報告書に関する監査報告書
一般社団（財団）法人〇〇〇〇〇
　　理事長　　〇　〇　〇　〇　殿

　私たち監事は、平成〇〇年4月1日から平成〇〇年3月31日までの平成〇〇事業年度における公益目的支出計画実施報告書について監査を行いましたので、一般社団法人及び一般財団法人に関する法律及び公益社団法人及び公益財団法人の認定等に関する法律の施行に伴う関係法律の整備等に関する法律第127条第2項において準用する一般社団法人及び一般財団法人に関する法律第124条第1項（一般社団法人及び一般財団法人に関する法律第199条において準用する同法第124条第1項）及び一般社団法人及び一般財団法人に関する法律及び公益社団法人及び公益財団法人の認定等に関する法律の施行に伴う関係法律の整備等に関する法律施行規則第43条の規定に基づき、本報告書を作成し、以下のとおり報告します。

　Ⅰ　監査の方法及びその内容
　　私たち監事は、理事及び使用人等と意思疎通を図り、情報の収集及び監

査の環境の整備に努めるとともに、理事会その他重要な会議に出席し、理事等からその職務の執行について報告を受け、重要な決裁書類等を閲覧し、業務及び財産の状況を調査し、当該事業年度に係る公益目的支出計画実施報告書について検討しました。

Ⅱ 監査意見

　当法人の公益目的支出計画実施報告書は、法令又は定款に従い、法人の公益目的支出計画の実施の状況を正しく示しているものと認めます。

平成〇〇年〇月〇日

　　　　　　　　　　　　　　　　　　　　監　事　〇　〇　〇　〇
　　　　　　　　　　　　　　　　　　　　監　事　〇　〇　〇　〇

　　　　　　　　　　　　　　　　　　　　　　　　以　上

3 変更認可申請

Q100 どのような場合に、変更認可申請をしなければなりませんか。

A

　移行法人が行政庁から認可を受けた公益目的支出計画の変更を行う場合には、内閣府令で定める軽微な変更を除き、変更前にあらかじめ行政庁の認可を受ける必要があります（整備法第125条第1項）。
　「公益目的支出計画の変更」にあたるものは、次のとおりです。
　① 実施事業等の内容の変更
　② 公益目的支出計画の完了年月日の変更

解説

1 変更認可と変更届出について

　移行法人が、公益目的支出計画や、法人の名称等、整備法で定める一定の事項を変更した場合、移行認可を受けた行政庁に対し、変更の手続をしなければなりません（整備法第125条等）。
　変更の手続について整備法では、変更の内容に応じて行政庁に①「変更認可の申請」または②「変更の届出」を行うことが義務づけられています。
　ここで、①「変更認可の申請」とは変更前に、あらかじめ行政庁の認可を受ける手続（整備法第125条第1項等）、②「変更の届出」は、変更後に、遅滞なく行政庁へ届け出る手続（整備法第125条第3項等）のことです。この設

問では①「変更認可の申請」を中心に述べており、②「変更の届出」については、4「変更届出」を参照ください。

なお、いずれの変更手続を行うべきか等について判断に迷う場合には、事前に行政庁にご相談することをおすすめします。

2 変更認可の申請について

(1) 実施事業等の内容の変更

「実施事業等」とは、公益目的事業、継続事業、特定寄附をいいます。

① 公益目的事業

公益目的支出計画に記載した実施事業等のうち、公益目的事業の内容に関して変更が生じる場合については、認定法における考え方と同様の考え方に基づくものとされます。すなわち、移行認可の申請時に、申請書別表C（1）において、個別の公益目的事業ごとに、認定法別表のいずれの号に該当するかを記載しますが、その該当する号を変更する場合は、変更の認可を受ける必要があります（FAQ問Ⅺ-1-②）。なお公益目的事業については、事業の内容の変更であっても、公益目的事業における受益の対象や規模が拡大する場合等、事業の公益性についての判断が明らかに変わらないと認められる場合は、変更の認可を受ける必要はありません。

② 継続事業

継続事業の内容に関して変更が生じる場合は、事業の目的・性格等の同一性が認められる場合を除き、変更の認可が必要です。なお移行後においては継続事業の追加は認められておりません（公益認定等ガイドラインⅡ1.（1）ⅲ参照）。そのため、新たな内容を追加する等、継続事業の内容を変更する場合には、公益目的事業として変更認可を受ける必要があります。

③ 実施事業等の追加・廃止

移行法人が、実施事業等を新たに追加する場合や廃止する場合も、変更

の認可を受ける必要があります。ただし、公益目的財産額の算定において、「継続して実施事業に使用する」として、帳簿価額をもって時価とした資産に係る事業については、公益目的支出計画が完了するまで継続する必要があるとされています。

(2) 公益目的支出計画の完了年月日の変更

　各事業年度の公益目的支出の額や実施事業収入の額が変更になることにより、公益目的支出計画が完了予定年月日に完了しなくなることが明らかであるものは、変更の認可を受ける必要があります（整備規則第35条第3号）。すなわち、公益目的支出計画の実施期間を延長するときは、変更の認可を受けることとなります。

　一方で、各事業年度の公益目的支出の額や実施事業収入の額が公益目的支出計画に記載した計画額と異なる場合であっても、公益目的支出計画が完了予定年月日に終了することが見込まれる場合は、当該事業年度の公益目的支出計画実施報告書において実績額を記載すると共に、同報告書別紙2「4.2の欄に記載した額が計画に記載した見込み額と異なる場合、その概要及び理由」欄に、実施期間に影響がない旨を記載するだけということになります。したがって、公益目的支出計画の実施期間が短縮される場合には、変更認可及び変更届出の手続は不要になります。

3 変更認可の申請書類の構成

　「変更認可申請・変更届出の手引き（移行法人が変更認定申請・変更届出をする場合）」（平成21年6月15日現在版）によれば、変更認可申請時、記載する申請書（かがみ文書）に続いて、記載事項のまとまりに即して、別紙1及びその他の添付書類から構成されています。これらを作成し、行政庁に提出する必要があります（整備規則第36条）。

No		申請書類名	内容等
1	申請書	かがみ文書	―
2	別紙1	公益目的支出計画等	―
3	別紙2 その他の添付書類※	① 事業計画書及び収支予算書	すべての法人
		② 公益目的支出計画の変更について必要な手続を経ていることを証する書類	すべての法人 (社員総会等の議事録の写し)
		③ 許認可等を証する書類	該当法人のみ (許認可等が必要な場合のみ)
		④ 会員等の位置づけ及び会費に関する細則	該当法人のみ (定款の他に、会員等の位置づけ及び会費に関する何らかの定めを設けている場合のみ)
		⑤ 事業・組織体系図	該当法人のみ (複数の実施事業を行う場合または複数の事業所で実施事業を行う場合のみ)

※別紙2（その他の添付書類）について
① 申請書（かがみ文書）に記載した変更予定年月日の属する事業年度に係るものを提出。なお、収支予算書は、内訳表において実施事業等に関する会計（実施事業等会計）を他と区分し、更に実施事業等ごとに表示する必要があります。
② 移行法人において、公益目的支出計画の変更を決定する機関の議事録の写しを添付
③ 実施事業を行うにあたり法令上許認可を必要とする場合、許認可証等の写しを添付。ただし、すでに行政庁に提出している許認可の内容に変更がない場合は、提出不要です。
なお、この場合、事業そのものを反復継続して行うのに最低限必要となる許認可等（事業許可等）が対象となりますので、事業に一時的、付随的に必要な許認可等に係る許認可証の提出は不要です。
④⑤ すでに行政庁に提出している場合であって、その内容に変更がないときは添付不要です。

4 変更届出

Q101 どのような場合に、変更届を提出しなければなりませんか。

A

　移行法人が公益目的支出計画の変更のうち、軽微な事項については行政庁の認可を受ける必要はなく、変更の届出を行うだけで手続が完了します。変更の届出には、事後の届出が必要となる場合、事前の届出が必要となる場合があります。

　事後の届出が必要となる場合は、以下の事項です。この場合、変更後、遅滞なく、行政庁に届け出る必要があります（整備法第125条第3項等）。

① 法人の名称もしくは住所または代表者の氏名の変更
② 公益目的事業または継続事業を行う場所の名称または所在場所のみの変更
③ 特定寄附の相手方の名称または主たる事務所の所在場所のみの変更
④ 各事業年度の公益目的支出の額または実施事業収入の額の変更
⑤ 合併の予定の変更または当該合併がその効力を生ずる予定年月日の変更
⑥ 定款で残余財産の帰属に関する事項を定めたときまたはこれを変更したとき
⑦ 定款で移行法人の存続期間もしくは解散の事由を定めたときまたはこれらを変更したとき
⑧ 実施事業を行うにあたり必要な許認可等の変更

　次に事前の届出が必要となる場合は、以下の事項です。この場合、あらか

じめ行政庁に届け出る必要があります（公益認定等ガイドラインⅡ2）。

⑨ 収支の見込みの変更（事前届出）

解説

1 変更認可と変更届出の相違点

　移行法人が、公益目的支出計画や、法人の名称等、整備法で定める一定の事項を変更した場合、移行認可を受けた行政庁に対し、変更の手続をしなければなりません（整備法第125条等）。

　変更の手続について整備法では、変更の内容に応じて行政庁に①「変更認可の申請」または②「変更の届出」を行うことが義務づけています。

　①変更認可申請の場合には、行政庁から変更認可を受けなければそもそも変更することはできません（整備法第125条第1項）。したがって、変更前に予め変更認可申請を行って、変更認可を受けておく必要があります。

　他方、②変更届出は、変更を行った後に、遅滞なく届出を行うことが求められます（整備法第125条第3項等）。したがって、原則として変更届出は事後的に行えば足ります。ただし、多額の借入れ等や資産運用方針の大幅な変更等を行うことにより申請時の収支の見込みが変更される場合には、事前に行政庁に遅滞なく届け出る必要があります（FAQ問Ⅺ-1-②）。

　なお、いずれの変更手続を行うべきか等について判断に迷う場合には、事前に行政庁にご相談することをおすすめします。

2 各項目の解説

各種変更についてまとめると、以下のようになります。

変更内容	解説
① 法人の名称もしくは住所または代表者の氏名の変更	―
② 公益目的事業または継続事業を行う場所の名称または所在場所のみの変更	公益目的事業または継続事業について、事業を実施する場所が変更となる場合は、変更の届出が必要。事業内容の変更（変更認可を受けることが必要な変更に限る）を伴う場合は、実施事業の内容の変更として変更認可の手続を行う
③ 特定寄附の相手方の名称または主たる事務所の所在場所のみの変更	特定寄附の相手方が、名称を変更した場合や、その事務所の所在場所を変更した場合は、変更の届出が必要。特定寄附の内容の変更を伴う場合は、特定寄附の内容の変更として変更認可の手続を行う なお、特定寄附の相手方を変更する場合は、「相手方の名称の変更」には該当しないため、特定寄附の内容の変更として変更の認可が必要
④ 各事業年度の公益目的支出の額または実施事業収入の額の変更	各事業年度の公益目的支出の額や実施事業収入の額が、公益目的支出計画に記載した計画額と異なる場合については、次のとおり ① 公益目的支出計画が完了予定年月日に完了しなくなることが明らかである場合には、変更認可の手続を行う ② 公益目的支出計画が完了予定年月日に終了することが見込まれる場合には、当該事業年度の公益目的支出計画実施報告書において、実績額を記載すると共に、同報告書別紙2「4．2の欄に記載した額が計画に記載した見込み額と異なる場合、その概要及び理由」欄に、実施期間に影響がない旨の記載が必要。この場合、変更認可及び変更届出の手続は不要

⑤ 合併の予定の変更または当該合併がその効力を生ずる予定年月日の変更	移行認可の申請時に、申請書別紙3「3．公益目的支出計画」において記載した、公益目的支出計画の実施期間中における合併予定の有無及び合併予定年月日について、変更があった場合は、変更の届出が必要	
⑥ 定款で残余財産の帰属に関する事項を定めたときまたはこれを変更したとき	―	
⑦ 定款で移行法人の存続期間もしくは解散の事由を定めたときまたはこれらを変更したとき	―	
⑧ 実施事業を行うにあたり必要な許認可等の変更	移行認可の申請時に、「事業を反復継続して行うのに最低限必要となる許認可等」として、申請書別表C(1)-1または別表C(2)-1に記載した許認可等について、その内容に変更（新たに許認可等が必要になった場合を含む）があった場合、変更の届出が必要 なお、移行認可の申請時に記載した許認可等について、当該許認可等に有効期限がある場合における、更新の届出は不要（その場合は、公益目的支出計画実施報告書を提出する際に、更新後の許認可証の写しを提出）	
⑨ 収支の見込みの変更	移行認可の申請時には、別表D「公益目的支出計画実施期間中の収支の見込み」において、実施事業等以外の事業を含む法人全体の収支の見込み（多額の借入れや、施設の更新、高額財産の取得・処分等、法人全体の財務に大きな影響を与える活動を含む）を明らかにする必要あり 移行後、多額の借入れ等や資産運用方針の大幅な変更などを行う場合は、あらかじめ、当該多額の借入れ等や資産運用方針の変更の内容について、届出が必要 なお、当該変更により、公益目的支出計画が完了予定年月日までに完了しないこととなる場合は、変更の届出ではなく、変更認可の手続を行う	

5 公益目的支出計画の完了確認

Q102 公益目的支出計画の年数が終了しました。終了後の手続はどのようにすればよいですか。

A

　移行法人は公益目的財産残額が0円となった事業年度の「公益目的支出計画実施報告書」を行政庁に提出後、公益目的支出計画の実施が完了したことの確認を求めるため、「公益目的支出計画実施完了確認請求書」をすみやかに行政庁に提出する必要があります（整備法第124条）。

　なお、他の定期提出書類と同様に、いったん受けつけた提出書類に必要な書類が添付されていない場合、提出書類の記載内容が不明・不十分である場合等には、行政庁から、必要に応じて、資料の追加や提出書類の修正を求められる場合があります。

　提出後、行政庁から完了確認書が送付されれば終了になります。確認を受けた移行法人は、当該確認を受けた日から公益目的支出計画に基づく支出の義務がなくなり、行政庁による監督もなくなります。すなわち、「公益目的支出計画実施報告書」の提出義務が不要となります（整備法第123条）。

[解説]

1 移行法人の義務

　移行法人は、公益目的支出計画に従い、実施事業の支出をしなければならない義務があり、この義務は、公益目的支出計画の実施が完了したことの確

認を受けるまで続きます（整備法第124条、第123条第1項）。また行政庁は、移行法人の公益目的支出計画の履行を確保するために必要な範囲内において、移行法人を監督し（整備法第123条第2項）、一方、移行法人には、定期提出書類の作成・備置き・閲覧・行政庁へ提出義務（整備法第127条）に加えて、公益目的支出計画変更認可申請・変更届出の提出義務（整備法第125条）が課されています。

　これらの義務は、公益目的財産額がゼロとなって、行政庁から「公益目的支出計画の実施が完了したことの確認」を受けたときに消滅し（整備法第124条）、もはや行政庁の監督も受けません。名実ともに一般法人への一般が完了し、公益認定申請を受けない限り、法人法だけの適用を受けることになります。

2 提出書類の構成

　「公益目的支出計画の完了確認請求の手引き（移行法人が公益目的支出計画の確認を求める場合）」（平成25年6月28日現在版）によれば、完了確認請求時、記載する提出書（かがみ文書）に続いて、記載事項のまとまりに即して、別紙1及びその他の添付書類から構成されています。これらを作成し、行政庁に提出する必要があります（整備法第124条）。

No	申請書類名		内容等
1	提出書	かがみ文書	公益目的支出計画実施完了確認請求書
2	別紙1	公益目的支出計画実施報告書	定期提出書類の手引き（移行法人編）の記載と同様 なお、公益目的支出計画が完了しているため、公益目的財産残額が0円以下となる
3	別紙2 その他の添付書類※	① 当該事業年度の貸借対照表及び附属明細書	
		② 当該事業年度の損益計算書及び附属明細書	
		③ 当該事業年度の事業報告及び附属明細書	
		④ 当該事業年度の監査報告または会計監査報告	会計監査報告は、会計監査人設置法人のみ
		⑤ 当該事業年度の公益目的支出計画実施報告書に関する監査報告	
		以下、必要な場合に提出すべき添付書類	
		⑥ 会員等の位置づけ及び会費に関する細則	定款の他に、会員等の位置づけ及び会費に関する何らかの定めを設けている場合のみ
		⑦ 事業・組織体系図	複数の実施事業を行う場合または複数の事業所で実施事業を行う場合のみ
		⑧ その他 （許認可等を証する書類）	許認可等が必要な場合のみ

※別紙2その他添付書類について
① 貸借対照表については、実施事業資産を区分して明らかにする必要があります。
② 損益計算書については、その内訳表において、実施事業等に関する会計（実施事業等会計）をその他の事業等に関する会計と区分し、さらに実施事業等ごとに区分する必要があります。
⑥、⑦ すでに行政庁に提出しており、その内容に変更がないときは添付不要とされています。
⑦ すでに提出している許認可等に有効期限があり、これを経過している場合には、その他の添付書類として再度提出が求められます。

第5章

立入検査

1 立入検査の概要

Q103 立入検査とは、どのようなものなのでしょうか。

A

　立入検査とは、行政庁が公益法人を監督するための一つの手段です。検査官が法人の事務所に立ち入り、関係者への質問や各種書類、会計帳簿等の閲覧等を通して、行政庁が法人の運営組織や事業活動の状況を直接把握する重要な手段として位置づけられているものです。

　認定法第27条第1項で示された、「公益法人の事業の適正な運営を確保するために必要な限度において」、概ね3年を目途にすべての法人に対する立入検査が一巡するスケジュールで実施されます。

　また、公益認定基準等に関連する重要な問題が発生した場合には、上記スケジュールに関わらず、適時適切に実施されます。

解説
1 立入検査のポイント

　立入検査は、行政庁による監督を具体的に実施するための重要な方法として位置づけられており、内閣府より「立入検査の考え方」が示されています。そこでは、公益法人への立入検査について、以下のようなポイントが示されています。

①	新公益法人の立入検査は、認定法第27条第1項で示された、「公益法人の事業の適正な運営を確保するために必要な限度において」、すなわち法令で明確に定められた新公益法人として遵守すべき事項に関する新公益法人の事業の運営実態を確認するという観点から行う
②	概ね3年を目途にすべての法人に対する立入検査が一巡するスケジュールで実施することとする 立入検査を適切なものとするために、年度当初までに立入検査に関する計画を毎年作成する。新公益法人の事業の運営状況に応じて立入検査の頻度を増やす等、重点的かつ機動的な計画とする 立入検査の対象となる新公益法人へは、立入検査実施予定日の概ね1か月前に立入検査の実施日時、場所等を通知する
③	立入検査のなかで、法人関係者から要請があった場合または必要があると判断する場合には、新公益法人制度に関する理解を深め、適切な法人運営の実施を支援する観点から、制度の詳細について説明等を行う
④	公益認定審査等の際の監督担当者への申送り事項等、定期提出書類、変更の届出、報告徴収で得られた情報、外部から提供された情報等を活用し、公益目的事業の実態等立入検査を行わなければ確認が困難な事項を中心に、重点的に検査を実施する。現場における検査の状況等から検査対象事項を拡げる必要があれば臨機応変に対応する 法人運営全般については、理事及び監事等法人運営に責任を持つ者から説明を求める
⑤	公益認定の基準または欠格事由等に関連する新公益法人の問題点が発覚した場合には、問題点の重大さを勘案して、適時適切に立入検査を実施する

2 立入検査の実際

(1) 立入検査の頻度

　上記のとおり、3年に1度を目途に実施されることとなっていますが、定期提出書類等を通じての行政庁の監督のなかで、公益目的事業の実施状況、経理的基礎、ガバナンスの状況等を勘案して、立入検査の頻度は決定されるものと考えられます。

(2) 立入検査の体制

　一般的に立入検査は、法人を直接担当する検査官に加えて、その検査官を補佐する検査官が1名から2名という体制で実施されていると考えられます。

　行政庁が都道府県の場合には、公益法人課といった公益法人を総括的に担当する部署と実施している公益事業等を直接管轄する原課のそれぞれの担当官が検査官となって実施されています。

(3) 立入検査内容

　立入検査の具体的な内容は、対象の法人によって様々です。行政庁が、定期提出書類等を通して、重点的に確認すべきと判断した部分を中心に検査が行われるものと考えられます。

　いずれにしても、立入検査は、公益法人の事業の適正な運営を確保するために必要な限度において、法令で明確に定められた事項に関連して実施されますので、検査の内容はすべて法令等で示されている点が遵守されているかどうかという観点で実施されます。

(4) 立入検査時間

　法人の事業及び財政規模と立入検査の目的によって、検査時間は変わってきますが、一般的には1日程度と考えられます。

Q104 立入検査はどのようなスケジュールで実施されるのでしょうか。

A

　法人の状況によって、一概にはいえませんが、定期的に実施される立入検査の場合には、概ね「事業内容の概括的な説明」→「質疑・資料の確認」→

「議事録の閲覧等」→「計算書類、監査実施状況の確認」で実施されると考えられます。

解説
1 事業内容の概括的な説明

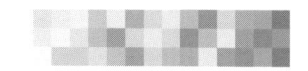

　移行認定や公益認定の手続は、行政庁に提出される申請書類の審査によって実施されます。また、各事業年度の事業報告は、行政庁に提出される定期提出書類の審査によって実施されます。つまり、いずれも書面審査で実施されます。そのため、立入検査で初めに実施される手続として、事業内容の概括的な説明が求められます。

　検査官は法人が実施している公益目的事業を中心とする具体的な事業内容について、事業環境や事業の内容を熟知している代表理事や事務局長といった責任ある方に説明を求めます。法人の実態を、より的確に把握する必要があるからだと考えられます。

2 事業内容についての質疑、証拠資料の確認

　法人の事業は、事務局長をはじめとする職員によって実施されます。上記①事業内容の概括的な説明の後に、実務を担当される職員に対して、具体的な質問や事業実施に関する証拠資料等の提出が求められます。

3 理事会議事録等を通じて、理事会等の開催状況、内容、議事録の備置き等の状況の確認

　法人のガバナンスの状況や法人運営上の問題点を把握するために、理事会議事録等の閲覧が求められます。

4 会計帳簿・計算書類等の作成状況、経理体制、監事等による監査の実施状況等の確認

　経理的基礎や財務3基準の前提を確認するために、会計帳簿や計算書類等の作成状況や監事による監査の実施状況等について確認が求められます。

　通常、定期的な立入検査は1日間で実施されます。そのため、午前中の1時間～1時間半の間で、①が求められます。複数人の検査官によって検査が実施される場合であっても、こちらについては、全員で説明を受けるものと思われます。②から④については、検査官が分担して検査するものと思われます。

　定期的な立入検査は、2名から3名程度の検査官でチームを組んで、1日かけて実施されるのが通常のようです。検査官は、法人の概況を理解するため、午前中の1時間から1時間半かけて、代表理事や事務局長といった法人の状況を十分に理解している方から説明を受けます。その説明を理解したうえで、検査官は、法人運営の実務を担当される理事、職員の方から、具体的な説明や証拠資料等の提供を受けます。

　検査官が複数人いる場合には、それぞれ分担して、検査業務を実施します。

Q105 立入検査はどのような目的で、何に重点をおいて、検査されるのでしょうか。

A

　立入検査を実施する目的は、行政庁に提出される定期提出書類といった書類だけでは確認できない事項について、検査官が法人の事業場に赴き、法人の役職員と面談し、必要な書類や財産等を確認しながら、法人の実態を把握することにあります。

立入検査の重点ポイントは、法人の置かれている状況によって様々です。例えば、多額の財産を保有して事業を実施している財団法人であれば、財産管理、利用状況、控除対象財産としての適格性等について重点的に検査される場合があります。

　また、多くの社員で構成されている社団法人の場合には、社員資格の問題や会費等、法人運営上の問題について重点的に検査される場合があります。法人の実態に即して、重要なポイントと考えられる部分にスポットを当てて、検査が実施されるものと思われます。

解説

　一般的には、法人形態（財団、社団）、事業財源の形態（対価収入、運用益、寄附金・会費）によって以下の重点的な検査ポイントが考えられます。

法人形態による重点検査ポイント

公益財団法人	一般的に、多額な財産（有価証券や土地建物等）を保有して、その運用益を獲得したり、当該財産を事業活動で利用することによって法人運営をする法人形態。そのため、財産管理方法や具体的な利用実態は、公益目的事業を安定的に実施していくうえで、重要な事項と考えられる 内部統制の整備・運用等、適切な財産管理がなされているかどうか、公益目的保有財産としての適性性等について、実態をふまえた検査が行われると考えられる
公益社団法人	一般的に、多くの社員から構成される法人形態 そのため、構成員である社員の意思を適切に反映した組織運営になっているかどうか、会費は資格に応じて平等に取り扱われ、法人運営に利用されているかどうかといった点が重点的に検査されると考えられる

1　立入検査の概要　341

事業財源の形態による重点検査ポイント

対価収入	公益目的事業の対価収入を主な財源として、事業運営をしている法人の場合には、公益目的事業としてふさわしい適正な価格設定がなされているかどうかを収支相償の観点から重点的に検査される可能性がある
運用益	有価証券等の運用益を主な財源とする法人の場合は、運用益の安定性について、法人の経理的基礎（財政基盤の明確化）の観点から重点的に検査される可能性がある
寄附金・会費等	寄附金や会費等で運営されている法人の場合には、法人の事業規模に対応した寄附金・会費が安定的に確保されているかどうか、公益目的事業の継続性のための経理的基礎（財政基盤の明確化）の観点から重点的に検査される可能性がある

2 立入検査の実務

Q106 立入検査は、どのような体制で実施され、どのように対応したらよいのでしょうか。

A

　法人の規模にもよりますが、一般的には、2名から3名程度の検査官によって検査が実施されます。通常、検査官は、事業の実施状況や理事会等の議事録など法人のガバナンスの状況の検査と、経理の状況や財務基準への適合性の検査を分担して作業しています。

　立入検査の内容は、概ね事業内容の概括的な説明に始まり、証拠資料の確認、理事会等の開催状況、議事録の備置き等の状況の確認、会計帳簿・計算書類等の作成状況、経理体制、監事等による監査の実施状況等の確認がされます。

解説

1 立入検査の体制

　立入検査は、国所管の法人については、内閣府公益認定等委員会事務局が、都道府県所管の法人については、各都道府県で公益認定の所管部署である総務部文書課や総務部法務課等が担当します。法人の規模にもよりますが、一般的には、当該部署に所属し公益法人制度について知識のある担当者2～3名程度で行われます。場合によっては、公認会計士や税理士等の会計関係の専門家も検査チームに含めて行われることもあるようです。

2 立入検査の対応者

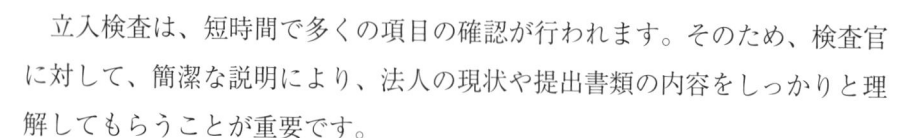

　立入検査は、短時間で多くの項目の確認が行われます。そのため、検査官に対して、簡潔な説明により、法人の現状や提出書類の内容をしっかりと理解してもらうことが重要です。

　通常、立入検査は、法人のガバナンス関連と財務関連を複数の検査官により分担して行われます。したがって、立入検査が行われる当日には、説明する項目を分担し、それぞれについて法人内で業務に精通した担当者が説明できるよう準備します。

　立入検査の各局面における対応者は、以下が考えられます。

① 事業内容の概括的な説明について

　　代表理事や事務局長といった法人の状況を熟知した責任者が対応する必要がありますが、必ずしも代表権のある理事が対応しなければならないものではありません。例えば、代表理事が非常勤理事である法人では常勤の専務理事が対応する等が考えられます。

② 事業内容についての質疑、証拠資料の確認について

　　実務に精通している事務局長や各事業の担当者が対応する必要があります。

③ 理事会議事録等を通じて、理事会等の開催状況、内容、議事録の備置き等の状況の確認について

　総務担当者が対応するとよいでしょう。

④ 会計帳簿・計算書類等の作成状況、経理体制、監事等による監査の実施状況等の確認について

　経理及び総務担当が対応するのが一般的と考えられます。

　なお、理事会等の開催や法人のガバナンスについては、第2章を参照ください。

Q107 一般的に、立入検査ではどのような指摘が多いのでしょうか。

A

　一概にはいえませんが、財産管理上の問題点を指摘されるケースが多いようです。また、理事会議事録の作成状況等についても同様です。

解説

　内閣府から横領事件等が頻発しているとして、「事例から学ぶ財産管理」（内閣府公益認定等委員会「公益法人information」https://www.koeki-info.go.jp/pictis_portal/other/pdf/jire_zaisan_kanri.pdf）法人の財産管理のポイントが示されています。立入検査に際しても、横領事件等への予防的、啓発的な観点から財産管理に関する内部統制上の不備等について指摘されている例が見受けられます。

　小口現金の取扱い規程の整備状況の確認から預金や有価証券の実査や残高証明書の入手状況、通帳や銀行届出印等の保管状況まで、検査の範囲は様々ですが、管理が不十分と判断された場合には、法人に注意をうながすという観点から、指摘事項とされているケースがあるようです。

Q108 立入検査の通知が届きました。どのような準備をすればよいのでしょうか。

A

　理事会議事録の作成・備置きや会計帳簿の書類等法令上求められる最低限の準備が必要です。

2　立入検査の実務　　345

> 解説

　認定法令や法人法を順守した法人運営を行っている限り、特段の準備は必要ないと考えられますが、検査官からの資料要求に対する準備として、理事会や評議員会、社員総会の議事録の作成・備置き状況の確認や、会計帳簿の根拠資料（契約書、請求書等）の整理をしておくことをおすすめします。顧問弁護士や顧問会計士等がいるようであれば、あらかじめ整理状況を相談しておくのもよいかと思われます。
　また、規程類については、公益認定時は定款や役員報酬規程といった法令上求められる最低限の規程の整理にとどまっていると考えられますが、法人運営上必要な規定類は、職務分掌規程、財産管理規程、就業規則、印章管理規程等、多岐に及ぶと考えられます。立入検査のために、これらすべて整備する必要はないと思いますが、法人運営上、明文化されていないが、一定のルールで運用されている事項を始め、普段から規程等で明確化を図りたいと考えられている事項については、事前に規程化を進めておくのもよいと考えられます。

Q109 立入検査の結果は、いつどのようなかたちで知らされるのでしょうか。また、立入検査で指摘があった場合には、何らかの処分を受けることになるのでしょうか。

A

　立入検査の結果の通知方法について、特に決められたルールはありません。立入検査での指摘事項の通知については、指摘内容の程度によって、様々な実務が行われているようです。また、立入検査での指摘事項と処分の関係ですが、指摘事項の内容によります。重要な指摘事項の場合には、是正

の命令等が行われ、従わない場合には、公益認定の取り消し等の処分が行われることもあります。

解説

1 立入検査の結果の通知

　立入検査の結果をどのように通知するかについては、特段のルールはありません。問題事項がなければ文書で通知されることはなく、立入検査の終了時に口頭でその旨が説明されます。また、軽微な問題については、指摘事項として検査終了時に口頭で説明され、多くの場合、後日文書にて指摘内容や修正依頼が送付されています。

　なお、内閣府の「立入検査の考え方」では、立入検査にて、新公益法人制度に関する理解が深まり、適切な法人運営の実施を支援する観点から、制度の詳細な説明を行うとしています。検査終了時に、検査において問題が発見されなかった場合にも検査講評として法人運営上のアドバイスを行ったり、気付き事項として改善が望ましい事項や全般的な感想を述べているケースもあります。

2 立入検査と処分

　立入検査において重要な問題点や不備が発見され、行政庁内での検討を要する事項の場合には、適宜、検討結果が通知されると思われます。さらに、行政庁で監督上の措置が必要となると、報告要求（認定法第27条）、勧告、命令（認定法第28条）等が発せられる場合もあります。

　また、検査の結果を受けて、提出済みの事業報告書等の補正が求められる場合もあります。その場合には、電子システム上、必要な修正可能通知が交付されます。

立入検査によって、重要な問題点や不備が発見され、監督上の処置に従ってその是正が行われない場合には、公益認定の取消し等の処分が行わる可能性があります。なお、監督上の処置については、第3章Q86を参照ください。

Q110 事業報告に不備や法令等への違反があった場合には、行政庁はどのような監督手段をとるのでしょうか。

A

事業報告とは、法人の活動を記載した重要な書類です。事業報告は定期提出書類に含まれますから、行政庁が閲覧した結果、不備や法令等への違反が発見された場合には事業報告の差戻し及び差替えの指導や立入検査等の手段を講じると考えられます。また、行政庁は、立入検査の結果を受けて、勧告・命令・公益認定の取消しといった監督手段の必要性について判断を行います。

解説

1 監督の基本的考え方

「監督の基本的考え方」によると、①法令で明確に定められた要件に基づく監督を行うことを原則とする、②法人自治を大前提としつつ、民による公益の増進のため新公益法人が新制度に適切に対応できるよう支援する視点を持つ、③制度への信頼確保のため必要がある場合は、問題ある新公益法人に対し迅速かつ厳正に対処する、④公益認定申請等の審査、定期提出書類等の確認、立入検査等あらゆる機会を活用して法人の実態把握に努める、の4項目の考え方で公益法人の監督に臨むことを基本としています。

また、この考え方の背景には、①監督についても主務官庁による裁量的な

ものから法令で明確に定められた要件に基づくものに改められたこと、②法律により法人のガバナンス（内部統治）及び情報開示について詳細に定められたこと、③不適切な事案は制度に対する信頼を揺るがしかねないこと、④法人の実態を十分に把握しなければ効果的な監督を行うことができないこと、の4項目の考慮事項があります。

2 監督制度の中の事業報告の位置づけ

　事業報告は、法人の活動を記載した重要な書類です。公益認定等委員会の監督制度のなかでの事業報告は、法人の実態を十分に把握するために確認をする定期提出書類の一つ、という位置づけです。したがって、事業報告は不備や法令等への違反がないように慎重に作成すべきです。事業報告に含まれるべき内容は法人規則第34条に記載されていますから、これらを網羅している必要があります。また、当然のことですが、記載する内容のもととなる法人の意思決定等は、すべての法令等に違反しないことが求められます。

3 想定される監督手段

　単に、本来提出すべき書類と違う書類を誤って提出したならば差替えとなりますが、書類上に瑕疵がある場合、事業報告の訂正が求められると思われます。
　また、重要な瑕疵がある場合には、法人運営に問題があることが想定されるため、行政庁は立入検査を行うと考えられます。「立入検査の考え方」によると、立入検査は概ね3年を目途にすべての法人を一巡するスケジュールで実施されることになっていますが、法令違反等が疑われる場合には適時に立入検査を実施すると考えられます。
　立入検査の結果により、是正措置の勧告（認定法第28条第1項）、命令（認

定法第28条第3項)、認定取消し(認定法第29条、第29条第3項)の処分が行われます。不備、法令違反の程度にもよりますが、早期に改善すれば公益認定が取り消される可能性は低いと考えられます。

巻末資料 立入検査チェックリスト

立入検査チェックリスト	関連QA
1　公益認定の基準（認定法第5条）の状況	
（1）公益目的の主たる目的確認	Q4、Q5
ア　公益目的事業を行うことを主たる目的としているか。（認§2-4、認§5-1）	Q4、Q5
□（種類を含めて）公益目的事業について、認定（申請）時の内容と定款、事業計画書、事業のパンフレット等の資料との相違点を確認 　　□ 相違があるとみられる場合は、更に変更の認定を受ける必要があるか、実態を確認 　　□ 申請・報告において法人が説明した公益目的事業以外の事業についても事業の概要について、その記載内容に沿った事実を確認	
イ　事業は適切に実施されているか。（認定申請書）	Q4、Q5
□ 施設貸与における貸与先の区分方法や収益事業と思われるもの（売店・食堂・駐車場など）が適正に事業区分されているか確認 　　□ 他団体への委託や支出（事業負担など）がある場合に、当該他団体における事業実施内容を確認 　　□ 事業実施に当たり、申請・報告に記載の無い事実（事業の公益性を損なうようなもの）がないか確認 　　□ 公益目的事業の付随事業として申請された事業について、その事業内容が収益事業等（収益事業、相互扶助事業）になっていないか確認 　　□ 申請時の計画で数年後に実施する予定の事業について、その予定時期となった場合、当該事業が適正に実施されているか、申請資料や事業計画書等と実態との相違の確認 　　□ 法人の目的とする事業で、現在行われていないものはないか、定款、事業報告書等で確認 　　□ 目的外の事業を行っていないか、定款、事業報告書等で確認	
（2）実際の公益事業の内容確認（認定法第5条第1号関係）	
ア　事業共通（チェックポイント）	Q5
（ア）当該公益事業が不特定多数の者の利益の増進への寄与を目的とし、適当な方法で明らかにされているか。	
□ 法人による説明を受けながら、パンフレットや稟議書、実績報告書等で状況を確認	
イ　検査検定（チェックポイント）	Q5
（ア）当該検査検定基準を公開しているか。	
□ 基準が存在するか確認し、存在する場合の公開方法を確認	
（イ）当該検査検定の機会が一般に開かれているか。	
□ パンフレット等で確認	
（ウ）検査検定の審査に当たって公正性を確保する仕組みが存在しているか。	
□ 審査に当たって（公正性を担保する）第三者の関与方法を確認	
（エ）検査検定に携わる人員や検査機器についての必要な能力の水準を設定し、その水準に適合しているか。	
□ 検定に関わる者の能力基準、検査機器のスペック等や検定に関わる者の人数の水準などを設定し、適合していることを確認	
ウ　資格付与（チェックポイント）	Q5
（ア）当該資格付与の基準を公開しているか。	
□ 資格付与の基準が適切に公開されているか確認	
（イ）当該資格付与の機会が、一般に開かれているか。	
□ 資格付与の機会がどのように開かれているか、パンフレット等で確認	
（ウ）資格付与の審査に当たって公正性を確保する仕組みが存在しているか。	
□ 仕組みについて、法人による説明等により状況を確認	
（エ）資格付与の審査に当たって専門家が適切に関与しているか。	
□ 専門家として挙げられている者が、本当にその分野の専門家として呼ぶにふさわしいか確認（必要に応じて持ち帰り確認）	
エ　講座・セミナー・育成（チェックポイント）	Q5
（ア）当該講座等を受講する機会が、一般に開かれているか。	
□ 講座等が一般に開かれているかパンフレット、出席者名簿等で確認	
（イ）当該講座等及び専門的知識・技能等の確認行為に当たって、専門家が適切に関与しているか。	
□ 育成事業等の技能に当たって（公正性を担保する）第三者の関与方法の確認	
（ウ）講師等に対して過大な報酬が支払われていないか。	
□ 講師等への報酬基準の存在確認と額の内訳確認	

表中の§とは条を指し、法令等の略称は以下のとおり。認：認定法　認令：認定令　認規：認定規則
法：法人法　ガイドライン：公益認定等ガイドライン　整：整備法　整令：整備令　整規：整備規則

立入検査チェックリスト	関連QA
オ　体験活動等（チェックポイント）	Q5
（ア）公益目的として設定されたテーマを実現するためのプログラムになっているか。	
□ テーマが公益目的と合致しているか稟議書等で確認	
（イ）体験活動等に専門家が適切に関与しているか。	
□ 公益目的の体験活動を行うに当たって必要となる（どんな資格かの確認を含む）専門家の関与方法の確認	
カ　相談、助言（チェックポイント）	Q5
（ア）当該相談、助言を利用できる機会が一般に開かれているか。	
□ どのように一般の者が参加できるのかパンフレット等で確認	
（イ）当該相談、助言には専門家が適切に関与しているか。	
□ 公益目的の相談、助言を行うに当たって必要となる（どんな資格かの確認を含む）専門家の関与方法の確認	
キ　調査・資料収集（チェックポイント）	Q5
（ア）当該調査、資料収集の名称や結果を非公表や内容について外部からの問い合わせに答えないということがないか。	
□ 調査、資料収集の内容や成果等を外部に積極的に公開しているか確認	
（イ）当該調査、資料収集に専門家が適切に関与しているか。	
□ 調査、資料収集事業を行うに当たって必要となる（どんな資格かの確認含む）専門家の関与方法の確認	
（ウ）当該法人が外部に委託する場合その全てを他者に行わせることはないか。	
□ 調査、資料収集事業の本質部分を丸投げしていないか（外部への）委託費等の帳簿、委託内容が分かる書類で確認	
ク　技術開発・研究開発（チェックポイント）	Q5
（ア）当該技術開発、研究開発の名称や結果を非公表や内容について外部からの問い合わせに答えないということがないか。	
□ 研究開発内容や成果を外部に積極的に公開しているか確認	
（イ）当該技術開発、研究開発に専門家が適切に関与しているか。	
□ 研究開発事業を行うに当たって必要となる（どんな資格かの確認を含む）専門家の関与方法の確認	
（ウ）当該法人が外部に委託する場合、その全てを他者に行わせることはないか。	
□ 研究開発事業の本質部分を丸投げしていないか（外部への）委託費等の帳簿、委託内容が分かる書類で確認	
ケ　キャンペーン、○○月間（チェックポイント）	Q5
（ア）公益目的として設定されたテーマを実現するためのプログラムになっているか。	
□ 公益目的に合致したプログラムになっているか（業界団体の共同の宣伝になっていないか）についてパンフレット、事業計画書等で確認	
（イ）（要望・提案を行う場合には）要望・提案の内容を公開しているか。	
□ どこの特定機関へ要望・提案をしているか、その内容の公開状況をパンフレット等で確認	
コ　展示会、ショー（チェックポイント）	Q5
（ア）公益目的として設定されたテーマを実現するためのプログラムになっているか。	
□ 公益目的に合致したプログラムになっているか（業界団体の共同の宣伝になっていないか）についてパンフレット、事業計画書等で確認	
（イ）出展者の資格要件を公表するなど公正に選出しているか。	
□ 資格要件基準の存在確認と選出方法の確認	
サ　博物館等の展示（チェックポイント）	Q5
（ア）公益目的として設定されたテーマを実現するためのプログラムになっているか。	
□ テーマが公益目的と合致しているか稟議書等で確認	
（イ）資料の収集・展示について専門家が関与しているか。	
□ 博物館等の展示を行うに当たって必要となる（どんな資格かの確認を含む）専門家の関与方法の確認	
（ウ）展示の公開がほとんど行われずに休眠化していないか。	
□ 公開状況について現場確認、博物館の展示にかかる収支の会計帳簿、展示要領（展示期間、料金、職員配置等）、開催実績、展示プログラム等で確認	
シ　施設の貸与（チェックポイント）	Q5

立入検査チェックリスト	関連QA
（ア）公益目的での貸与は公益目的以外の貸与より優先して先行予約を受け付けるなどの優遇をしているか。	
□ 公益目的による貸与の内容確認と公益目的以外に対しての優遇にかかる資料を確認	
（イ）使用目的に沿った貸与がされているか。	
□ 施設の貸与を公益目的事業として行っている場合、使用目的に沿った貸与がされているか、現場等で確認	
（ウ）貸与先（又は寄附・助成先）等が適正か。	
□ 実際の貸与先は申請時との計画と比べて適正か確認	
（エ）施設貸与において収益事業と思われるもの（売店・食堂・駐車場など）は区分されているか。	
□ 施設貸与において、収益事業と思われるもの（売店・食堂・駐車場など）は区分されているか現場等で確認	
ス　資金貸付、債務保証等（チェックポイント）	Q5
（ア）資金貸付、債務保証等の条件が公益目的として設定された事業目的に合致しているか。	
□ 資金貸付、債務保証等事業が公益目的と合致しているか資金貸付等要領で確認	
（イ）対象者が一般に開かれているか。	
□ 資金貸付、債務保証等の募集が公開されているかパンフレット等で確認	
（ウ）債務保証の場合、保証の対象が社員である金融機関が行った融資のみに限定されていないか。	
□ 債務保証の場合、限定的ではないか資金貸付等要領（債務保証条件）で確認	
（エ）資金貸付、債務保証等の件数、金額を公表しているか。	
□ 積極的に公開しているか公開方法の確認	
（オ）当該資金貸付、債務保証等に専門家等の適切な関与があるか。	
□ 資金貸付、債務保証等の事業を行うに当たって必要となる（どんな資格かの確認含む）専門家の関与方法の確認	
セ　助成（応募型）（チェックポイント）	Q5
（ア）応募の機会が一般に開かれているか。	
□ 助成（応募型）等の募集が公開されているかパンフレット等で確認	
（イ）助成の選考が公正に行われているか。	
□ 助成応募資格要件基準の存在確認と選考方法の確認	
（ウ）選考に当たって専門家等が適切に関与しているか。	
□ 助成（応募型）の事業を行うに当たって必要となる（どんな資格かの確認含む）専門家の関与方法の確認	
（エ）助成した対象者、内容等を公表しているか。	
□ 積極的に公開しているか公開方法の確認	
（オ）助成対象者から成果についての報告を得ているか。	
□ 助成対象者から成果についての報告を得ているか報告書等により確認	
ソ　表彰、コンクール（チェックポイント）	Q5
（ア）選考が公正に行われることになっているか。	
□ 表彰者の選考基準の存在確認と選考方法の確認	
（イ）選考に当たって専門家が適切に関与しているか。	
□ 表彰、コンクールの評者選考に当たっての選考委員等（どんな資格かの確認を含む）専門家の関与方法の確認	
（ウ）表彰、コンクールの受賞者・作品、受賞理由を公開しているか。	
□ 積極的に公開しているか、公開方法の確認	
（エ）表彰者や候補者に対して当該表彰に係る金銭的な負担を求めていないか。	
□ 表彰者、候補者に対する金銭的な負担の有無をパンフレットや会計帳簿等で確認	
タ　競技会（チェックポイント）	Q5
（ア）公益目的として設定した趣旨に沿った競技会となっているか。	
□ 競技会が公益目的と合致しているかパンフレット、事業計画書で確認	
（イ）出場者の選定や競技会の運営について公正なルールを定め公表しているか。	
□ 競技会の運営等ルールの存在及び公開方法の確認	
チ　自主公演（チェックポイント）	Q5
（ア）公益目的として設定された趣旨を実現できるよう質の確保・向上の努力が行われているか。	

立入検査チェックリスト	関連QA
□ 自主公演が公益目的と合致しているか、また、質の確保をどのようにしているか出演者の実績簿、技術評価実績簿等で確認	
ツ　主催公演（チェックポイント）	Q5
(ア) 公益目的として設定された事業目的に沿った公演作品を適切に企画・選定するためのプロセスがあるか。	
□ 主演公演が公益目的と合致しているか、また、公演作品の選定についてのプロセスについて公演作品企画、選定方針で確認	
(イ) 主演公演の実績を公表しているか。	
□ 積極的に公開しているか、主催公演の実績が掲載されているホームページや業界紙等で公開方法の確認	
テ　その他（チェックポイント）	Q5
(ア) 受益の機会の公開はなされているか。	
□ 不特定多数の者がどのように受益の機会が与えられているのか、不特定多数が見ることのできるホームページや公開資料で確認	
(イ) 事業の質を確保するための方策は確保されているか。	
□ 公益目的の事業の質を確保するためにどのように専門家等が関与しているか聞き取り等で確認	
(ウ) 審査・選考の公正性は確保されているか。	
□ 審査・選考を実施する際、どのような基準で公正性を確保しているのか審査・選考基準で確認	
(エ) その他宣伝等になっていないか等	
□ 公益目的事業がその他収益事業の宣伝等になっていないか、収益事業の関係資料（パンフレット等PR資料）で確認	
2　経理的基礎及び技術的能力の状況（認定法第5条第2号関係）	
(1) 経理的基礎	Q6,Q7,Q8,Q10,Q11,Q12,Q30
ア　適切な会計基準が適用されているか。（法§119、法§120-1）	Q6,Q8
□ いずれの会計基準を採用しているか（　年基準） □ 法、会計基準に則った資産、負債の評価がされているかを確認	
イ　会計処理は適切に行われているか。（ガイドライン）	Q6,Q8
□ 現金、預金管理は適正に行われているか現金出納帳、小切手帳等で確認 □ 記帳の（仕訳帳および補助簿、総勘定元帳への転記を含めて）処理は適正に行われているか伝票、会計帳簿、証拠書類等で確認 □ 財務諸表（貸借対照表、正味財産増減計算書、財務諸表の注記、財産目録）と総勘定元帳の残高に不整合はないか。 □ 契約の処理は適正（取引の意思決定を含む）に行われているか契約書、稟議書及び決裁書類等で確認	
ウ　予算管理は適正に行われているか。（予算額を超えた執行が行われていないか）（ガイドライン）	Q6,Q11
□ 予算管理に必要な帳簿等（予算策定規定等の策定があるか、予算策定が実効性のあるものか）と収支予算書、計算書類又は事業計画書等の資料との比較による執行計画の適正性（予算策定規定等の策定があるか、予算策定が実効性のあるものか、決算書において、予算超過項目について理由が付されているか）の確認	
エ　計算書類等に対する監査は適切に行われているか。（ガイドライン）	Q6,Q8,Q10,Q11,Q12
□ 監事（会計監査人等がいない）のみの場合、会計担当理事の決算報告を、事前に資産内容を監査した上で、理事会に監査報告を行い、監査報告義務を果たしているかプロセスの確認 □ 会計監査人等がいる場合、貸借対照表、損益計算書（正味財産増減計算書を含む）、財産目録、キャッシュフロー計算書等については監査済みなら会計監査証明書が発行されるので、監事は報告を受けたのち監査報告義務を果たしているか	
オ　計算書類等の承認手続は適切か。（法§99、法§107、法§124）	Q6,Q8,Q11,Q12
□ 計算書類の作成者と承認者の権限分離、権限委譲等の規定はあるか確認 □ 計算書類等作成した書類に対する「稟議書等」の資料により法人として承認をした手続は適切かどうか確認	
カ　財務諸表と日々の仕訳、総勘定元帳等に不整合はないか。（法§124-3、法§126）	Q6,Q8,Q11

355

立入検査チェックリスト	関連QA
□ 「仕訳帳」から「総勘定元帳」への転記に間違えがないか確認 □ 計算書類の作成者と承認者の権限分離、権限委譲等の規定はあるか確認	
キ　財産は適正に管理されているか	Q6、Q10、Q11
□ 財産管理・運営について取扱要領等を作成し、これに則した取扱いを実施しているか確認 □ 固定資産台帳と現物資産の突合により簿外資産となっているものはないか確認 □ 帳簿に記載されている資産で保有されていないものはないか、現場で確認	
ク　不適正な経理は行われていないか。（使途不明金、会計帳簿の虚偽がないか）（ガイドライン）	Q6、Q8、Q10、Q11
□ 会計帳簿と現金の残高の確認 □ 会計帳簿上不適切な経費がないかを仕訳帳等から使用目的を確認	
ケ　公益事業と収益事業等は区分経理されているか。（収益事業に関する会計処理を遵守しているか）（ガイドライン）	Q6、Q8、Q30
□ 仕訳帳からも区分経理が読めるかヒアリングし、会計帳簿等で確認 □ 収益事業の収益を公益事業に適正に繰り入れているか □ 公益事業の収益を収益事業の費用に充てていないか	
コ　財政基盤は明確になされているか。（認§18、認§19）	Q6、Q7、Q30
□ 債務超過になっていないか（借入金が増加している場合、その理由を確認） □ 今後の財政基盤の見通しを追加的に説明させている場合、その後の進捗状況を確認	
サ　補助金交付を受けている事業の会計処理は適切に行われているか。（ガイドライン）	Q6
□ 補助金等交付を受けて事業を実施している場合、（交付先の交付要綱に従った（帳簿処理等の）会計処理という意味ではなく）法人としての会計処理等は適切か、交付要綱と補助金用帳簿等を確認 □ 補助金等の交付を受けている事業は、法人の目的と適合しているか、定款、事業報告書及び収支計算書等で確認 □ 補助金等の交付を受けている事業は適正に実施されているか、定款、事業報告書、収支計算書等で確認	
（2）技術的能力	Q6、Q9、Q13
ア　技術的能力に関して外部への丸投げ等の事実がないか。（認§18-1-2、5）	Q6、Q9
□ 法人として、公益目的事業の大部分を委託しているような契約がないか、法人の契約台帳、契約書で確認 □ 事業の大部分でなくても、事業の重要な部分（核心部分）を委託しているような事業の場合、認定申請時に別紙2.2「個別の事業の内容について」に記された事項と実態が整合しているか確認	
イ　事業を行うために必要不可欠な実施体制等がとられているか。（ガイドライン）	Q6、Q9
□ 事業実施のための技術、専門的人材や設備などの能力があると認められるか聴取しながら確認	
ウ　事業を行うための必要不可欠な許認可等は受けているか。（ガイドライン）	Q6、Q13
□ 事業実施のための必要な許認可等は受けているか許認可書等で確認	
3　特別の利益の状況（認定法第5条第3号、第4号関係）	
（1）社員（社団のみ）、評議員（財団のみ）、理事、監事、使用人、その他政令で定める者に対する特別の利益を与えるものでないか。（認§5-3、4、認令§1-2、4、5、6、7、認令§2）	Q14、Q15、Q16、Q17、Q18、Q19、Q20、Q45
□ 公益法人の財産が、社員（社団のみ）、評議員（財団のみ）、理事、監事、使用人、その他政令で定める者の利益のために使用されていないか、会計帳簿、事業計画書類で確認	
4　公益法人にふさわしくない事業の実施の状況（認定法第5条第5号関係）	
（1）事業を行うに際して、投機的な取引（公開市場等に通じる証券投資等以外）、高利の融資、風俗営業法に規定する性風俗関連特殊営業を行う事業を行っていないか。（認§5-5、認令§3）	Q21、Q22
□ 事業の内容で投機的な取引を行っていないか計算書類、事業報告書、事業計画書、取引関係書類等で確認 □ 事業で高利の融資や性風俗関連特殊営業を行っていないか聴取しながら確認	
5　公益目的事業の収入の状況（認定法第5条第6号関係）	

立入検査チェックリスト	関連QA
（1）公益目的事業に係る収入がその実施に要する適正な費用を償う額を超えていないか。 （認§5-6、認§14）	Q8、Q23、Q24、Q25、Q26、Q27、Q28、Q29
□ 公益目的事業の収入が費用を超えていないか計算書類で確認 □ 一括りとした事業の中に、その実態や性質が関連しないと認められる事業はないか、前年度にプラスとなった事業がある場合、計画どおり解消されているかを確認	
（2）特定の事業と関連付けられない公益目的事業に係るその他の経常収益、経常費用について、公益目的事業の内容に関連しているか。（認定申請書）	Q23、Q24、Q25、Q26、Q29
□ 申請書別表A（1）（2）において、第2段階「特定の事業と関連付けられない公益目的事業に係るその他の経常収益、経常費用」について、公益目的事業に関連しているか内容を確認 □ 特定の事業と関連付けられない公益目的事業に係るその他の収益については、会費台帳等、寄附金申入書等でその額、使途の特定の有無も確認	
（3）収益事業から公益目的事業財産への繰り入れは適正に行われているか。（認§19、認令§13）	Q23、Q24、Q25
□ 収益事業から公益目的事業財産へ繰り入れを行うときの収益事業の利益のうち管理費に按分される額を控除して、繰入額を算定について、この按分額の計算方法が、事業の実態等から合理的か、また、実態と異なった按分額計算をし、不当に利益繰入額を減らしていないか確認	
6　公益目的事業の実施に支障を及ぼすおそれのあるものの状況（認定法第5条第7号関係）	
（1）公益認定を受けた後、新たな収益事業を行っていないか。（認定申請書、認§11-1-3）	Q87
□ 新たに収益事業を始めていないか、事業報告等により新規事業の有無を確認 □ 新たな収益事業が有った場合、公益目的事業の実施状況に関する影響について会計帳簿等、実施報告書、納税申告書等を確認	
（2）収益事業等への資源配分等により公益目的事業の実施に支障を及ぼすおそれはないか。（認§5-7）	Q30
□ 事業ごとの資源配分の変更等が公益目的事業の実施に支障がないか、予算管理資料、納税申告書等で確認	
（3）収益事業についても、申請時の事業内容と異なっていないか。（認定申請書）	Q30
□ 収益事業について、申請時の事業内容と異なっていないか、現場、パンフレット、納税申告書等で確認	
（4）収益事業の経理状況は適切か。	Q30、Q31、Q55
□ 収益事業が赤字の場合、定期提出書類（事業報告）で記した、「今後の改善方策」が、進められているか確認	
7　公益目的事業比率の状況（認定法第5条第8号、第15条関係）	
（1）毎事業年度における公益目的事業比率が50％未満になっていないか。（認§15）	Q4、Q8、Q32、Q33
□ 公益目的実施費用額を会計帳簿等で確認	
（2）公益目的事業比率の算定に当たっては、適正な方法により算出されているか。（認規§13）	Q8、Q32、Q33
□ 算定方法を総勘定元帳等で確認	
（3）発生する費用ごとに事業費と管理費が適正に配賦されているか。（ガイドライン）	Q57、Q58、Q59、Q60
□ 配賦状況について総勘定元帳等で確認 □ 申請書別表F（2）について、配賦基準の数値が実態（面積、職員数等）と合っているか確認	
（4）土地の使用に係る費用額は適正に算定されているか。（ガイドライン）	Q32
□ 土地使用の費用額の算定方法を認定規則第28条第1項第2号に掲げる書類及び数値の計画の明細等で確認 □ 土地の使用に係る費用額の算定に関し、その費用額の各事業への按分配賦等につき、その適正性を確認（図面等から面積等を基に、按分率が適正か確認）	
（5）事業が「施設の貸与」の場合、貸出先によって、公益目的事業費と収益事業費に明確な区分がされているか。（ガイドライン）	
□ 事業が「施設の貸与」の場合、貸出先によって、公益目的事業費と収益事業費を分けることになるため、定期提出書類（事業報告）における配賦率が実態に適合しているか、貸出日程表等で確認	
（6）無償の役務等に係る費用額は適正に算定されているか。（ガイドライン、認規§17）	

立入検査チェックリスト	関連QA
□ 提供者の社会的地位で単価に差を設けていないか、また、誰もが無料で受けられるような役務等が含まれていないか、無償の役務等の費用額の算定方法の基となる従事業務日誌等、役務等の提供地における最低賃金額、提供者署名、連絡先等を記載した書類、役務の無償提供があった事実を示す資料（提供者が役務の提供をしたことを示す書類）等で確認	
（7）特定費用準備資金は適正に算定されているか。（ガイドライン、認規§18）	Q23、Q25、Q28、Q29、Q33、Q37、Q38
□ 特定費用準備資金の対象とされた活動内容を、計画書等を基に聴取し確認（繰越金や予備費等、単なる準備金でないか（過去に損失があったことのみを理由に財政基盤確保資金を積むことは認められない）。また、資金取崩し年度以降に計画事業が確実に実施されているか。計画や資金の名称を変更するだけで、実質的に同一の資金が積み直されているものはないか）	
（8）定期提出書類（事業報告）や、認定申請の按分比が実態に照らし適当かどうか。（認定申請書）	Q57、Q58、Q59、Q60
□ 定期提出書類（事業報告）や、申請書様式別表F（1）、（2）について、その按分比が実態に照らし適当か確認	
（9）共用財産を一の事業の財産と確定した場合の減価償却費等の関連費用の配賦は適切か。（ガイドライン）	
□ 共用財産を一の事業の財産と確定した場合の減価償却費等の関連費用は適正に各事業に配賦されているか確認	
8 遊休財産額の保有の制限の状況（認定法第5条第9号関係）	
（1）前期末に遊休財産額を有しているか。有している場合、当該遊休財産額は認定法第16条1項に定める額を超えていないか。（認§5-9、認§16、認規§21）	Q8、Q37、Q39
□ 前期末での遊休財産額の有無を財産目録で確認し、また、遊休財産額が超えていないかを認定規則第28条第1項第2号に掲げる書類及び数値の計画の明細等で確認	
（2）公益目的保有財産等は適正に使用されているか。（認定申請書）	Q24、Q27、Q34、Q37、Q39、Q52
□ 公益目的保有財産について、その場所、構造、数等を確認 □ 公益目的保有財産の使用状況が、申請書別表C（2）で記した使用状況と合致しているか確認（もし、公益に使われていなかったら、遊休財産になり得るので注意） □ 公益目的財産に限らず控除対象財産についても認定申請書、定期報告書に記載されている使途どおりに使用されているか現場で確認	
（3）公益目的保有財産との共用割合等は適切か。（ガイドライン）	Q36、Q37、Q39
□ 公益目的保有財産と公益目的事業に必要な収益事業その他の業務または活動に供する財産の両者に共有している財産の場合、その割合が実態に適合しているか、賃貸借契約書（面積、金額）等や現地で確認 □ 公益目的保有財産について、各事業別の按分配賦が、実態に適合しているか確認	
（4）資産取得資金の対象とされた資産等の購入計画は適切に実施されているか。（ガイドライン）	Q29、Q35、Q37、Q38、Q39
□ 資産取得資金の対象とされた資産等の購入計画書等を基に聴取し、購入された資産等を確認 □ 対象資産取得予定年度に確実に取得されているか確認 □ 計画や資金の名称を変更するだけで、実質的に同一の資金が積み直されているものはないか確認	
（5）管理費財源に充てるため法人会計に区分経理した金融資産の取り扱いは適切か。	Q36、Q37、Q39、Q56
□ 管理費財源に充てるため法人会計に区分経理した金融資産は、財源確保に実質的に寄与しているか確認 □ また、その果実が管理費を大幅に超えるものはないか確認	
（6）寄附者の定めた使途に使用されていない財産がないか。（認規§22-3-5）	Q37、Q39
□ 寄付者の定めた使途に使用されていない財産がないか、寄附を受けた時の書類で確認（使用の実態があるかも併せて確認）	
9 理事と特別の関係がある者の状況（認定法第5条第10号関係）	
（1）公益認定を受けた後、または、直近の定期報告後に、新たな理事又は監事が選任されたか。（認§13-4、認規§11-2-1）	Q41
□ 新たに理事又は監事が選任されていないかを役員等名簿、議事録、就任書等で確認	

立入検査チェックリスト	関連QA
(2) 理事または監事との特別の関係がある理事の合計数が理事総数の1／3を超えていないか。（認§5-10）	Q41
□ 役員等名簿、履歴書、誓約書等により確認	
(3) 理事または監事との特別の関係がある監事の合計数が監事総数の1／3を超えていないか。（認§5-10）	Q41
□ 役員等名簿、履歴書、誓約書等で確認	
10　同一団体の範囲の状況（認定法第5条第11号関係）	
(1) 公益認定を受けた後、又は、直近の定期報告後に、新たな理事又は監事が選任されたか。（認§13-4、認規§11-2-1）	Q41
□ 新たに理事又は監事が選任されていないかを役員等名簿、議事録、就任書等で確認	
(2) 理事または監事との特別の関係がある理事の合計数が理事総数の1／3を超えていないか。（認§5-11）	Q41、Q42
□ 役員等名簿、履歴書、誓約書等で確認	
(3) 理事または監事との特別の関係がある監事の合計数が監事総数の1／3を超えていないか。（認§5-11）	Q41、Q43
□ 役員等名簿、履歴書、誓約書等で確認	
11　会計監査人の設置の状況（認定法第5条第12号関係）	
(1) 前年度決算において認定法施行令第6条に定める勘定の額に達した場合、会計監査人を置いているか。（認§5-12、認令§6）	Q44
□ 毎事業年度における法人の収益額、費用及び損失等の勘定の額が、認定法施行令第6条に規定する額に達していないかについて、最終事業年度に係る損益計算書等で確認	
□ 額が達している場合、会計監査人が置かれているか契約書（外部監査）、会計帳簿、就任書等で確認	
12　役員等の報酬等の支給基準の状況（認定法第5条第13号、第20条関係）	Q69
(1) 理事、監事及び評議員に対する報酬等は、支給基準に基づく支給か。（認§5-13、認§20-1）	Q45
□ 評議員、理事、監事の報酬は、支給基準があり、その基準に基づくものか基準と支給明細で確認	
□ 報酬額は適正かの算定方法も併せて確認	
(2) 支給基準を公表しているか。（認§20-2）	Q45
□ 公開しているか、公開方法を確認	
(3) 公益認定を受けた後、支給基準の改正はあるか。ある場合は、変更の届け出をしているか。（認§13-1-4、認規§11-2-2）	Q45
□ 支給基準の改正の有無を理事会の議事録等で確認	
□ 変更があった場合は、変更の届け出をしているかも併せて確認	
(4) 役員報酬支給基準と実際の役員報酬支払額が整合しているか。（認§5-13、認§20-1）	Q45
□ 役員報酬基準と役員報酬支払額の整合を基準と支給明細で確認	
13　社員等の資格得喪に関する条件及び他の団体の意思決定に関与することができる財産の状況（認定法第5条第14号イ、第15号関係）	
(1) 社員の資格得喪	Q46
ア　公益認定を受けた後、「社員の資格の得喪」に関する定款の規定を改正したか。（認§5-14-イ、認§13-3）	Q46
□ 社員の資格の得喪についての定款の変更の有無を定款、（社員総会の）議事録等で確認	
イ　定款上、社員の資格の得喪に関し、不当な差別的な取扱いをする不当な条件等が定められていないか。（認§5-14-イ、認§13-3）	Q46
□ 定款変更があった場合不当な条件が定められていないか定款、議事録で確認	
(2) 意思決定に関与できる財産	Q48
ア　他の団体の意思決定に関与することができる財産を保有していないか。（認§5-15、認令§7、認規§4）	Q48
□ 他の団体の意思決定に関与できる株式等の保有の有無を財産目録等で確認	
イ　意思決定に関与できる財産を保有している場合、当該有価証券（株券）は、当該株式会社の議決権の過半数を有していないか。（認§5-15、認令§7、認規§4）	Q48
□ 他の団体の意思決定に関与できる株式等を保有している場合、有価証券（株券）、又は社員権等が株式会社の議決権の過半数を有しているか、その該当会社の株主名簿等で確認	
14　不可欠特定財産の状況（認定法第5条第16号関係）	
(1) 不可欠特定財産を保有している場合、定款上、基本財産に定められているか。（法§172-2）	Q49

立入検査チェックリスト			関連QA
		□ 不可欠特定財産を保有している場合、定款に基本財産として定められているか定款、財産目録等で確認	
(2)	貸借対照表・財産目録上、基本財産として、表示されているか。（法§172-2、ガイドライン）		Q49
		□ 不可欠特定財産がある場合、貸借対照表・財産目録上、基本財産となっているか確認	
(3)	不可欠特定財産は真に必要か。（認定申請書）		Q49
		□ 不可欠特定財産について、申請書のとおり事業の用に供され、また、その事業に関して真に不可欠なものか確認	
15	財産の贈与・帰属先の状況（認定法第5条第17号、第18号関係）		
(1)	認定の取消処分を受けた際の公益目的取得財産残額の贈与先が定款に定められているか。（認§5-17、認令§8）		Q51
		□ 認定の取消処分を受けた際の公益目的取得財産残額の贈与先が定められているか定款で確認	
(2)	法人を清算する場合に、その帰属先が定款に定められているか。（認§5-18）		
		□ 法人を清算する場合に、その帰属先が定められているか定款で確認	
(3)	認定後、定款の改定はないか。（認§13-1-3）		Q51
		□ 定款変更があったか定款、議事録で確認	
16	公益目的事業財産の状況（認定法第18条関係）		
(1)	公益目的事業財産を公益目的事業を行うために使用しているか。（認§18）		Q19、Q52、Q55、Q56
		□ 公益目的事業財産が公益目的事業に使用されているか事業計画書、事業報告書、収支計算書、財産目録等の記載について現物を確認	
(2)	公益目的事業財産を正当な理由なく公益目的事業の実施以外に使用していないか。（認§18、認規§23）		Q34、Q36、Q55、Q56
		□ 公益目的事業財産を公益目的事業に使用していない場合、正当な理由かどうか認定規則第23条で確認	
(3)	認定後、寄附を受けた財産は公益目的事業を目的としたものか。（認§18）		Q26
		□ 認定後に公益目的事業を目的とした寄附を受けた財産は適正に処理しているか財産目録、寄附関係書類等で確認	
(4)	認定後、交付を受けた補助金等は公益目的事業を目的としたものか。（認§18）		
		□ 認定後に公益目的事業を目的とした交付を受けた補助金等は適正に処理しているか財産目録、交付関係書類等で確認	
(5)	公益目的取得財産残額の計算は適正か。（認§30、認規§48）		Q8、Q26、Q50、Q53、Q54、Q85
		□ 公益目的取得財産残額の計算に係る、収支差額の計算方法を確認	
17	社員の状況及び社員総会の状況		
(1)	社員		Q46、Q47
	ア	人員は満たしているか。（社団のみ）	Q46、Q47、Q63
		□ 社員数を定款に記載されている場合は、定められた人数を満たしているか、定められていない場合は1名以上いるか定款、社員名簿で確認	
	イ	社員の入退会は定款、規則に基づいて行われているか。（社団のみ）（認§5-14-イ、法§11-1-5、法§28）	Q46、Q47
		□ 入会、脱会方法はどのようになっているか定款、入・脱会規則、入・脱会届で確認	
	ウ	社員名簿は正確に作成されているか。（社団のみ）（法§31）	Q46
		□ 社員名簿の作成方法を社員名簿、入会届で確認	
	エ	正社員以外の社員等の定めは適切か。（社団のみ）	Q46
		□ 正社員以外の社員等の定めについて定款で確認	
	オ	会費は定款、規則等に基づいて適切に徴収されているか。（社団のみ）（法§27）	Q47
		□ 定款に記載されている会費について、そのとおり徴収しているか定款、（会員）振り込み通知票で確認	
(2)	社員総会		Q46、Q47、Q63、Q71、Q72
	ア	理事の選任に当たって、実質的に社員総会の権限が制限されるような運用がなされていないか。（社団のみ）（法§35）	Q46、Q47

立入検査チェックリスト	関連QA
☐ 理事選任等に当たって実質的な社員総会の権限が制限される運用をしていないか定款、議事録等で確認	
☐ 変更届の提出があったか確認	
イ　法令、定款に従って定期的に開催されているか。（社団のみ）（法§36）	Q46
☐ 社員総会の開催が法令、定款のとおり定期的に行われているか定款、議事録、開催通知等で確認	
ウ　招集の請求は適切に行われているか。（法§37）	
☐ 所定の手続により招集の請求が行われているか招集関係資料で確認	
エ　招集の決定は適切に行われているか。（法§38）	
☐ 所定の手続により招集の決定が行われているか理事会議事録で確認	
オ　招集の通知は適切に行われているか。（社団のみ）（法§39）	
☐ 所定の手続により招集の通知が行われているか定款、開催通知で確認	
カ　招集手続の省略は適切に行われているか。（社団のみ）（法§40）	
☐ 社員総会を社員全員の同意があった場合に省略して行ったことがあるか社員全員の同意に関する資料で確認	
キ　参考資料は適切に交付されているか。（社団のみ）（法§41、法§42）	
☐ 社員総会開催に当たり参考書類を交付しているか議案、法人法第102条の社員総会に報告すべき内容等交付した資料で確認	
ク　議決権行使書面の行使が適正に行われているか。（社団のみ）（法§41、法§42）	
☐ 議決権行使書面の行使が適正に行われているか議決権行使書面、議事録で確認	
ケ　裁判所による招集の決定は適切か。（社団のみ）（法§47）	
☐ 社員総会の開催決定は、裁判所の命令に基づき、理事会設置法人であれば理事会決議により、理事会設置法人でなければ理事の決定により行うので（法人法第38条第1項、第2項）理事会議事録、理事決定書等で確認	
コ　社員総会の定数は適正か。（社団のみ）	Q46
☐ 社員総会の定数について、定款、議事録等で確認	
サ　議決権の数は適正か。（社団のみ）（法§48）	
☐ 議決権の数は適正か議事録等で確認	
シ　決議の方法は適正か。（社団のみ）（法§49）	Q46
☐ 決議の方法は適正か議事録、定款で確認	
ス　議決権の代理行使の方法は適正か。（社団のみ）（法§50）	Q46
☐ 議決権の代理行使の方法は適正か、委任状、議事録等で確認	
セ　書面による議決権の行使の方法は適正か。（社団のみ）（法§51）	Q46
☐ 書面による議決権の行使の方法は適正か、議決権行使書面、議事録で確認	
ソ　電磁的記録による議決権の行使の方法は適正か。（社団のみ）（法§52）	Q46
☐ 電磁的記録による議決権の行使がある場合、その方法が適正か、電磁的記録、議事録等で確認	
タ　理事等の説明義務は果たされているか。（社団のみ）（法§53）	
☐ 社員総会において理事等の説明義務がある事項について適正に説明されているか議事録等で確認	
チ　議長の権限は適切に行われているか。（社団のみ）（法§54）	Q46
☐ 議長の権限はどのようになっているか定款、議事録等で確認	
ツ　社員総会に提出された資料等の調査はどのように決議されたか。（社団のみ）（法§55）	
☐ 社員総会に提出された資料等の調査はどのように決議されたか議事録等で確認	
テ　延期又は続行の決議は適正に行われているか。（社団のみ）（法§56）	
☐ 社員総会の延期または続行の決議は適正に行われたか議事録で確認	
ト　議事録は適正に作成されているか。（社団のみ）（法§57）	
☐ 議事録が（署名等を含めて）適正に作成されているか議事録等で確認	
ナ　決議の省略は適正に行われているか。（社団のみ）（法§58）	
☐ 決議の省略があった場合、適正に行われているか議事録等で確認	
ニ　社員総会への報告の省略は適正に行われているか。（社団のみ）（法§59）	
☐ 社員総会への報告の省略があった場合、適正に行われているか議事録等で確認	
(3) 社員総会（代議員制度採用法人）	Q46
ア　代議員制度採用時の定款への記載事項等は適切か。（定款留意事項）	Q46

立入検査チェックリスト	関連QA
□ 「社員」（代議員）を選出するための制度の骨格（定数、任期、選出方法、欠格措置等）が定款で定められているか	
□ 各会員について、「社員」を選出するための選挙（代議員制度）で等しく選挙権及び被選挙権が保障されているか	
□ 「社員」を選出するための選挙（代議員制度）が理事及び理事会から独立して行われているか	
□ 選出された「社員」（代議員）が責任追及の訴え、社員総会決議取消しの訴えなど法律上認められた各種訴権を行使中の場合には、その間、当該社員（代議員）の任期が終了していないこととしているか	
□ 会員に「社員」と同等の情報開示請求権等を付与することとしているか	
□ 「社員」（代議員）を選出するための制度の骨格（定数、任期、選出方法、欠格措置等）が定款で定められているか	
18　評議員の状況及び評議員会の状況	
（1）評議員	Q64、Q73、Q74
ア　評議員と財団との関係は適切か。（財団のみ）（認§5-3、4）	
□ 評議員と財団の関係について特別な関係かどうか履歴書、就任書等で確認	
イ　評議員の選任の方法は適切か。（財団のみ）（法§153）	
□ 評議員は、評議員会等定款で定められた方法で選任されているか議事録等で確認	
ウ　評議員の資格等は適格か。（財団のみ）（法§173）	
□ 評議員は、法人法第173条の兼任をしていないか履歴書、就任書等で確認	
エ　評議員の任期は適正か。（財団のみ）（法§174）	
□ 評議員の任期について定款等で確認	
オ　評議員の定数は適正か。（財団のみ）（法§173-3）	
□ 評議員の定数について定款、役員名簿等で確認	
カ　評議員の欠員に対する措置は適当か。（財団のみ）（法§175）	
□ 欠員が生じた場合、法人法第175条に規定されている措置をしているか議事録、役員等名簿等で確認	
キ　評議員会の設置は適切か。（財団のみ）（法§170）	
□ 評議員会の設置について定款で確認	
ク　評議員会の権限等は適当か。（財団のみ）（法§178）	
□ 評議員会の権限等について定款、議事録等で確認	
ケ　招集手続は適切に行われているか。（財団のみ）（法§179）	
□ 評議員会の招集について招集関係資料で確認	
コ　招集の請求は適切に行われているか。（財団のみ）（法§180）	
□ 所定の手続により招集の請求が行われているか招集関係資料で確認	
サ　招集の決定は適切に行われているか。（法§181）	
□ 所定の手続により招集の決定が行われているか議事録等で確認	
シ　招集の通知は適切に行われているか。（財団のみ）（法§182）	
□ 所定の手続により招集の通知が行われているか定款、開催通知で確認	
ス　招集手続の省略は適切に行われているか。（財団のみ）（法§183）	
□ 評議員会を評議員全員の同意があった場合に省略して行ったことがあるか評議員全員の同意に関する資料で確認	
セ　招集手続等に関する検査役の選任は適正か。（財団のみ）（法§187）	
□ 招集手続等に関する検査役の選任は適正か議事録等で確認	
ソ　法令、定款に従って定期的に開催されているか。（財団のみ）	
□ 評議員会の開催が法令、定款のとおり定期的に行われているか、定款、議事録及び開催通知等で確認	
タ　評議員の定数は適正か。	
□ 評議員会の定数について、定款、議事録等で確認	
チ　決議の方法は適正か。（財団のみ）（法§189）	
□ 決議の方法は適正（本人が出席しているか（書面又は代理人による決議ではないかどうか等））か議事録、定款で確認	
ツ　理事等の説明義務は果たされているか。（財団のみ）（法§190）	
□ 評議員会において理事等の説明義務がある事項について適正に説明されているか議事録等で確認	

立入検査チェックリスト	関連QA
テ 評議員会に提出された資料等の調査はどのように決議されたか。(財団のみ)(法§191)	
□ 評議員会に提出された資料等の調査を行う者の選任はどのように決議されたか議事録等で確認	
ト 延期又は続行の決議は適正に行われているか。(財団のみ)(法§192)	
□ 評議員会の延期または続行の決議は適正に行われたか議事録で確認	
ナ 議事録は適正に作成されているか。(財団のみ)(法§193)	
□ 議事録が(署名を含めて)適正に作成されているか議事録等で確認	
ニ 決議の省略は適正に行われているか。(財団のみ)(法§194)	
□ 決議の省略があった場合、適正に行われているか議事録等で確認	
ヌ 評議員会への報告の省略は適正に行われているか。(財団のみ)(法§195)	
□ 評議員会への報告の省略があった場合、適正に行われているか議事録等で確認	
19 役員等の状況及び理事会の状況	
(1) 理事	Q15、Q16、Q17、Q41、Q42、Q65、Q66
ア 理事と法人との関係は適切か。(認§5-3、4)	Q15、Q16、Q17、Q41
□ 理事と法人の関係について特別な関係かどうか役員等名簿、履歴書、就任書等で確認	
イ 理事の定数は適正か。(法§65-3)	Q41、Q42
□ 理事の定数について定款、役員名簿等で確認	
ウ 理事の選任の方法は適切か。(法§63、法§177)	Q41
□ 理事は、(定款で定められた方法により)社員総会または評議員会で選任されているか議事録等で確認	
エ 理事長及び業務執行理事等の選任は適切か。	
□ 理事長及び業務執行理事等の選任が適切に行われているか、議事録等で確認	
オ 理事の資格等は適格か。(法§65、法§177)	
□ 理事の資格について法人法第65条に規定されている資格となっているか履歴書等で確認	
カ 理事への就任承諾は本人の意思か。	
□ 就任承諾は本人の意思か、就任承諾書等で確認	
キ 理事の任期は適正か。(法§66、法§177)	
□ 理事の任期について定款、役員等名簿等で確認	
ク 理事の権限は適切に行われているか。(法§91、法§197)	
□ 代表理事、執行担当理事が3か月に1回以上理事会へ報告しているか議事録等で確認(定款で定められている場合は4か月以上に2回) □ 執行担当理事は理事会の決議によって選定されているか議事録で確認	
ケ 競業、財団との取引等の制限は適切か。(法§92)	Q15、Q16、Q17、Q41
□ 法人法第84条に規定されている取引が行われた場合、理事会に対して報告をしているか議事録等で確認	
コ 理事の解任の手続は適正か。(法§70、法§176)	
□ 解任された役員等がいた場合、手続が適正か役員等名簿、議事録等で確認	
サ 損害賠償責任の免除に関する定款の定めは適正に行われているか。(法§111～114、法§198)	
□ 賠償請求があった場合、法人法第111条に規定されているものとなっているか確認	
シ 責任限度契約に関する定款の定めは適正に行われているか。(法§115、法§198)	
□ 定款に責任限定契約の記載がある場合、法人法第115条に規定されているものとなっているか確認	
(2) 会計監査人	
ア 会計監査人と法人との関係は適切か。(認§64、認§197)	Q44
□ 会計監査人と法人の関係について特別な関係かどうか、履歴書、就任書等で確認	
イ 会計監査人の資格等は適格か。(法§68、法§177)	Q44
□ 会計監査人の資格について法人法第68条に規定されている資格となっているか、履歴書等で確認	
ウ 会計監査人の任期は適正か。(法§69、法§177)	Q41

立入検査チェックリスト		関連QA
	☐ 会計監査人の任期について定款、監査契約書、全部事項等で確認	
エ	会計監査人の解任の手続は適正か。（法§70、法§71、法§176）	
	☐ 解任された会計監査人がいた場合、手続が適正か、議事録、監査契約書等で確認	
	☐ 監事による会計監査人の解任の場合は、法人法第71条の規定によるものか確認	
オ	会計監査人の権限等は適当か。（法§107、法§197）	
	☐ 会計監査人の権限等について定款、監査契約書等で確認	
カ	監事に対する報告は適正に行われているか。（法§108、法§197）	
	☐ その職務を行うに際して理事の職務の執行に関し不正の行為又は法令若しくは定款に違反する重大な事実があることを発覚したときは、監事に報告をしているか報告の事実確認と、報告すべき内容がなかったかの聞き取り確認	
キ	定時社員総会における会計監査人の意見の陳述はなかったか。（法§109、法§197）	
	☐ 定時社員総会において、述べる意見があったか聞き取り確認。又は、意見を述べたか議事録で確認	
ク	会計監査人の報酬等の決定に関して監事が適切に関与しているか。（法§110、法§197）	
	☐ 会計監査人等の報酬等を定める場合、監事（複数の場合は過半数）の同意を得ているか同意書等で確認	
ケ	損害賠償責任の免除に関する定款の定めは適正に行われているか。（法§111～114、法§198）	
	☐ 賠償請求があった場合、法人法第114条に規定されているものとなっているか確認	
(3) 監事		Q68
ア	監事と法人との関係は適切か。（認§5-3、4）	Q43
	☐ 監事と法人の関係について特別な関係（委任関係）かどうか役員等名簿、履歴書、就任書等で確認	
	☐ 理事又は評議員を兼任していないか、役員等名簿等で確認	
イ	監事の定数は適正か。（法§61）	Q43
	☐ 監事の定数について定款、役員名簿等で確認	
ウ	監事の選任の方法は適切か。（法§63、法§177）	
	☐ 監事は、社員総会又は評議員会で選任されているか議事録等で確認	
エ	監事の資格等は適格か。（法§65、法§177）	
	☐ 監事の資格について法人法第65条に規定されている資格となっているか履歴書等で確認	
オ	監事への就任承諾は本人の意思か。	
	☐ 就任承諾は本人の意思か、就任承諾書等で確認	
カ	監事の任期は適正か。（法§67、法§177）	
	☐ 監事の任期について定款、役員等名簿等で確認	
キ	監事の解任の手続は適正か。（法§70、法§176）	
	☐ 解任された監事がいた場合、手続が適正か役員等名簿、議事録等で確認	
ク	監事の権限は適当か。（法§99、法§197）	
	☐ 監事の権限等について定款等で確認	
ケ	理事への報告義務を果たしているか。（法§100、法§197）	Q43
	☐ 理事が不正の行為をし、若しくは当該行為をするおそれがあると認めるとき又は法令若しくは定款違反する事実若しくは著しく不当な事実があると認めるときは、その旨を理事（理事会設置法人は理事会）に報告をしているか議事録等で確認。また、報告すべき内容があったか聞き取り調査	
コ	理事会への出席義務を果たしているか。（法§101、法§197）	Q43
	☐ 理事会へ出席し、必要であれば意見を述べているか議事録等で確認	
サ	社員総会に対する報告義務を果たしているか。（社団のみ）（法§102）	Q43
	☐ 社員総会に係る議案等を調査し、定款違反等があると認められる場合は、その調査結果を社員総会へ報告しているか議事録等で確認	
シ	評議員会への報告義務を果たしているか。（財団のみ）（法§197）	Q43
	☐ 評議員会に係る議案等を調査し、定款違反等があると認められる場合は、その調査結果を評議員会へ報告しているか議事録等で確認	
ス	損害賠償責任の免除に関する定款の定めは適正に行われているか。（法§111～114、法§198）	

立入検査チェックリスト	関連QA
□ 役員等が職務を行うにつき善意かつ重大な過失がない場合において責任の原因となった事実の内容、当該役員の職務の執行状況等を勘案して、特に必要と認める場合、免除できる額を限度として免除できる旨定款に規定されているか確認	
セ 責任限定契約に関する定款の定めは適正に行われているか。（法§115、法§198）	
□ 外部役員等が職務を行うにつき善意かつ重大な過失がない場合において責任の原因となった事実の内容、当該外部役員等の職務の執行状況等を勘案して、特に必要と認める場合、免除できる額を限度として免除できる旨定款に規定されているか確認	
（4）理事会	Q67、Q75、Q76
ア 理事会の設置は適切か。（法§60、法§170）	
□ 理事会の設置について定款で確認	
イ 理事会の権限等は適当か。（法§90、法§197）	
□ 理事会の権限等について定款等で確認	
ウ 競業、財団との取引等の制限は適切か。（法§92）	
□ 法人法第84条に規定されている取引が行われた場合、理事会に対して報告をしているか議事録等で確認	
エ 招集手続は適切に行われているか。（法§94、法§197）	
□ 所定の手続により招集の請求が行われているか通知書等、また、手続がされていない場合、理事及び監事全員の同意があるか同意書等で確認	
オ 法令、定款に従って定期的に開催されているか。	
□ 理事会の開催が、法令、定款のとおり定期的に行われているか、定款、議事録、開催通知等で確認	
カ 理事会の定数は適正か。	
□ 理事会の定数について定款、議事録等で確認	
キ 決議の方法は適正か。（法§95、法§197）	
□ 決議の方法は適正（本人が出席しているか（書面又は代理人による決議ではないかどうか等））か議事録、定款で確認	
ク 決議の省略は適正に行われているか。（法§96、法§197）	
□ 決議の省略があった場合、適正に行われているか議事録等で確認	
ケ 議事録は適正に作成されているか。（法§97、法§197）	
□ 議事録が（署名を含めて）適正に作成されているか議事録等で確認	
コ 理事会への報告の省略は適正に行われているか。（法§98、法§197）	
□ 理事会への報告の省略があった場合、適正に行われているか通知書等で確認	
サ 欠格事項に係る確認書の保存状況は適正か。（法§123-4）	
□ 確認した根拠資料は10年間、主たる事務所に保存してあるか確認	
20 法人の組織及びガバナンス（内部統治）の状況	Q70
（1）事務所は独立した形で設置運営されているか。	
□ 法人を支援等している企業等のビルに無料で借間している場合、貸した企業等に対して特別な利益が発生していないか会計帳簿等で確認 □ 事務処理及び職員に関する規則を定めているか確認（定款で定めている場合に限る） □ 職員を適正に任命し、配置しているか、任命に関する帳簿及び組織体系図等で確認 □ 運営委員会等の任意の機関を設置している場合、その選任は適正に行われているか、議事録等で確認 □ 職員に対する給与の額及び支給方法は適正に行われているか規則、会計帳簿等で確認 □ 事務は的確に処理されているか、規則、会計帳簿等で確認	
（2）事業・組織体系図が実態と整合しているか。	
□ 事業・組織体系図が実態と整合しているか確認（併せて事業・組織体系図に未記載の事業所等がないか確認）	
（3）任意の機関がある場合、その構成員の選任は適正に行われているか。	
□ 選任が適正に行われているか、定款、規則等で確認	
（4）職員数について、定期提出書類に記載された数と合っているか、また、常勤職員の数が定期提出書類と異なっていないか。	
□ 定期提出書類等を確認	
（5）内部監査は適切に実施されているか。	Q11

立入検査チェックリスト	関連QA
□ 定期また抜き打ちで法人内監査を行いうる権限と理事会等での報告責任の有無があるか □ 内部告発、相談等を利害関係なく保証されているか □ 職務別の「使用権限規定」があるか □ 複数の職員が在籍しており、可能であれば監査部署と契約部署は分離されているか。分離されていない場合、どのような点に注意を払っているか確認 □ 過去の監事の監査報告、公認会計士等の関与状況等も確認	
(6) 法人内の諸規則は適正に定められているか。また、規則に則って運営されているか。	Q11、Q21、Q22
□ 諸規則（会計処理規則を含む。）の整備状況の確認と運用に齟齬がないか確認	
(7) 税務申告は適正にされているか。	Q11
□ 税務申告内容の確認及び収益事業に関する届け出について税務申告書で確認	
(8) 就業規則を作成し、労働基準監督署に届けているか。（常時10名以上の労働者のいる法人）	
□ 就業規則の改訂はされているか、また、改訂されていた場合、労働基準監督署へ届け出がされているか各種届出書で確認	
(9) 法人の印の保管及び使用は適切か。	Q11
□ 法人の印の保管規定があるか、保管状況の確認、使用の実績等を確認 □ 法人の印の使用規定があれば、それに基づいたものか、規定がない場合は不正が起こりえないか確認	
(10) 法人の印が個人の恣意により使用される危険性はないか。	Q11
□ 使用に当たっては、押印者と使用者が別かを確認	
(11) 現金、有価証券、印鑑等の管理は適切か。	Q11、Q21、Q22、Q40
□ 現金等の保管方法の規定はあるか、実際の保管方法について確認	
(12) 会計処理組織は必要な人数が確保されているか。	Q11
□ 最低限、現金預金の資金担当者と管理者は区別されているか組織、系統図等で確認（規模が大きく許せれば、資金担当（決算担当者、税務担当者）と財務担当（現金出納担当者、運用担当者、債権・債務担当者）が望ましい）	
(13) 会計処理のすべてが少人数の限られた者に委ねられていないか。	Q11
□ 最低限、現金預金の資金担当者と管理者は区別されているか確認	
(14) 寄附の募集に関して禁止行為を行っていないか。（認§17）	
□ 認定法第17条に禁止されている行為をしていないか寄附の募集要領等で確認	
(15) 法人法違反、許認可官庁からの事業停止命令処分を受けているにも関わらず、営業を行ってはいないか。	Q13
□ 法人法違反がないか確認 □ 許認可官庁から事業停止処分を受けていないか確認	
(16) 情報開示は適切に行われているか。（ガイドライン）	
□ 事業計画書、財務諸表がインターネット等により積極的に公開されているか □ 外部監査を受けているか、ガイドラインに記載されている条件の者が関与しているか確認	
(17) 資産の増減及び管理状況は適切か。	Q21、Q22、Q40
□ 資産（流動資産、固定資産）について（推移を考慮した）増減と管理状況を会計帳簿等でその事実の確認	
(18) 負債の増減及び管理状況は適切か。	
□ 負債（流動負債、固定負債）について（推移を考慮した）増減と管理状況を会計帳簿等でその事実の確認	
(19) 基本財産、正味財産の増減及び管理状況は適切か。	
□ 基本財産、正味財産、積立金、引当金、公益目的のための資産取得資金、特定費用準備資金等について、（推移を考慮した）増減と管理状況を会計帳簿等でその事実の確認 □ 保有する不動産は登記されているか、登記簿謄本等で確認 □ 資産等の貸借契約書等（金銭消費貸借契約書、使用貸借契約書、賃貸借契約書等）があるか確認	
(20) 長期借入金の管理は適切か。	
□ 長期借入金はあるか、また、その管理は適切か確認 □ 長期借入金がある場合、その内容及び借入手続は適正に行われているか確認	
21　定期報告書関係の状況	Q77
(1) 定期計画書の提出	Q84

立入検査チェックリスト	関連QA
ア 事業計画書等は期限内に行政庁に提出しているか。(認§21、認規§27、認規§37)	Q84
□ 提出されていることを報告書で確認	
イ 事業計画書等は理事会の承認を得ているか。	Q84
□ 事業計画書等が理事会で承認を得ていることを議事録で確認	
ウ 事業年度途中で補正予算を組んでいるか。	
□ 補正予算による修正を経た後の事業計画書及び収支予算書で確認	
(2) 定期報告書等の提出	Q53、Q85
ア 事業報告は毎事業年度の経過3か月以内に作成されているか。(認§21、認§22、認規§38)	Q53、Q85
□ 報告書がいつ作成されているか稟議書等で確認 □ 事業報告書の内容は、収支計算書等との整合性が図られているか	
イ 事業報告書は期限内に行政庁に提出しているか。(認§21、認§22、認規§38)	Q53、Q85
□ 提出されていることを報告書で確認	
ウ 事業報告書は理事会の承認を得ているか。(法§124-3)	Q53、Q85
□ 承認を得ているか議事録で確認	
22 変更等に関する状況	
(1) 変更の認定	Q31、Q87、Q88
ア 認定法第11条第1項に定める変更の認定がされているか。(認§11-1)	Q31、Q87、Q88
□ 公益目的事業を行う都道府県の区域、公益目的事業の種類又は内容の変更及び収益事業等の内容の変更をしている場合は、現場で確認をするとともに、変更の認定を受けているかについて、変更申請書・認定書及び定款等で確認	
イ 公益目的事業の種類の変更はあるか。(認§11-1)	Q31
□ 公益目的事業の種類の変更がある場合は、変更の事業について、現場で確認するとともに、認定を受けているかについて、変更申請書・認定書及び定款等で確認	
ウ 公益目的事業又は収益事業等の内容の変更はあるか。(認§11-1)	Q31、Q88
□ 公益目的事業又は収益事業等の内容の変更がある場合は、変更の事業について、現場で確認するとともに、認定を受けているかについて、書類で確認	
(2) 変更の認可	Q91、Q92、Q100
ア 整備法第125条第1項に定める変更の認可がされているか。(整§125-1)	Q91、Q92、Q100
□ 公益目的支出計画の変更をしている場合は、変更の届出をしているかについて変更認可申請書・認可書等で確認	
イ 公益目的支出計画の事業の内容の変更があるか。	Q100
□ 公益目的支出計画の事業の内容に変更があるか確認	
ウ 継続事業の内容に変更はないか。	Q100
□ 継続事業の内容に変更があるか確認	
エ 実施事業や特定寄附を新たに追加・廃止しているか。	Q92、Q100
□ 実施事業や特定寄附を新たに追加・廃止していないか確認	
オ 公益目的支出計画の完了予定年月日の変更はあるか。	Q91、Q100
□ 公益目的支出計画の完了予定年月日の変更がある場合は、変更と届出をしているかについて変更届出書等で確認	
(3) 変更の届出	Q89、Q101
ア 認定法第13条第1項に定める変更の届出がされているか。(認§13-1-1)	Q89
□ 名称又は代表者の氏名の変更等の変更がある場合は、変更届出書、定款、登記簿謄本等で確認	
イ 法人の名称又は代表者の氏名に変更はあるか。(認§13-1-1)	Q89
□ 法人の名称又は代表者の氏名に変更がある場合は、変更届出書、定款、登記簿謄本等で確認	
ウ 認定法第11条第1項ただし書で定める軽微な変更はないか。(認規§7)	Q89
□ 認定法施行規則第7条に規定する軽微な変更がある場合は、現場で確認するとともに、定款及び関係資料で確認	
エ 公益目的支出計画の軽微な変更はあるか。(整令§35)	Q101

立入検査チェックリスト	関連QA
☐ 整備法施行令第35条で規定されている公益目的支出計画に係る軽微な変更をしている場合は、定款、計算書類等関係資料で確認	
オ　定款の変更はないか。（認§13-1）	Q89
☐ 認定法第13条第1項に規定している公益目的事業、収益事業等の内容の変更以外の定款の変更をしている場合は、変更届出書及び定款で確認 ☐ 定款で定める方法により、適切に行われているか議事録、定款等で確認 ☐ 登記は正しく行われているか登記簿謄本等で確認	
カ　理事又は会計監査人の変更はないか。（認規§11-2-1）	Q89
☐ 理事又は会計監査人の変更がある場合は、変更届出書、役員等名簿等で確認	
キ　役員等及び評議員に対する報酬等の支給基準の変更はないか。（認規§11-2-1）	Q89
☐ 役員等及び評議員に対する報酬等の支給基準に変更がある場合は、変更届出書、支給基準等により不当に高額になっていないか確認	
ク　行政機関の許認可等に変更はないか。（認規§11-2-1）	Q89
☐ 行政機関の許認可等に変更がある場合は、現場で事業内容の確認、変更届出書、行政庁の許認可書等の関係資料の確認	
ケ　補正予算が組まれているか。	
☐ 補正予算が組まれている場合は、変更認定に該当する内容か確認	
23　臨時の立入検査	
（1）公益目的支出計画の実施等	Q91、Q92、Q93、Q95
ア　公益目的支出計画は適切に実施されているか。（整§123-1）	Q91、Q92、Q93、Q95
☐ 公益目的支出計画の実施について、整備法第119条第2項第1号に規定している公益の目的のための支出をしているかについて、公益目的支出計画、計算書類等で確認（その際併せて、実施事業等を行うにあたり、特別の利益を与えていないか、実施事業資産の評価にあたり継続使用を前提にしていたにもかかわらず条件を満たしていないものがないか、実施事業に係る事業費にその他事業の費用が混在していないか、多額の新規借入がされている場合、収支見込みに変更はないかを確認する）	
イ　公益目的財産額の算定日は移行登記の日か。（整規§2）	
☐ 公益目的財産額の算定日は移行登記の日かについて、現場での説明を受けるとともに、計算書類、登記簿謄本等で確認	
ウ　公益目的財産額を期限内に行政庁に提出したか。（整規§33）	
☐ 移行登記後3か月以内に公益目的財産額を行政庁に提出したかについて、提出書類、登記簿謄本等で確認	
エ　計画書の作成及び提出等は適切に行われているか。（整§127）	
☐ 整備法第127条に規定している公益目的支出計画実施報告書の作成及び提出等がされているかについて、計算書類、提出資料を正しく作成・提出されているか確認するとともに、主たる事務所に備え置かれ、閲覧が可能かについて確認	
（2）変更認可等	Q91、Q92、Q94
ア　移行認可後に支出計画の変更をしているか。（整§125）	Q91、Q92、Q94
☐ 整備法第125条に規定している公益目的支出計画の変更をしている場合は認可を受けているかについて、変更認可申請書・認可書、計算書類等で確認	
（3）臨時立入	Q103
ア　法人の業務運営に重大な支障を及ぼすものはないか。	Q103
☐ 業務運営に重大な問題があると認められる点について、関係資料及び備置書類等で確認 ☐ 指導、勧告等に対して改善されているか確認	
24　その他	
（1）命令・指導後の状況	Q86
ア　勧告、命令等に対して改善は行われているか。（認§28）	Q86
☐ 行政庁から勧告、命令等を受けた後、指摘された事項について、改善をしたかについて、行政庁から勧告書、命令書及び改善された箇所について確認	
（2）認定取消	Q86
ア　公益認定の取り消し等に伴う贈与は適切に行われているか。（認§30）	Q86

立入検査チェックリスト	関連QA
☐ 公益認定取消し後1か月以内に他の公益法人に公益目的取得財産残額を贈与したかについて、財産目録、贈与した公益法人との贈与書等で確認	
（3）合併	Q82、Q94
ア 合併契約の締結は適切に行われているか。（法§242）	Q94
☐ 他の一般法人と合併した場合は、合併契約を締結しているか合併契約書等で確認	
イ 合併の制限は遵守されているか。（法§243）	
☐ 他の法人と合併している時は、法人法第243条に規定している合併であるか、合併契約書等で確認	
（4）吸収合併契約等	Q94
ア 吸収合併契約は適切に行われているか。（法§244）	Q94
☐ 他の一般法人を吸収合併した時には、法人法第244条に規定した事項を吸収合併契約の際に定めているか、吸収合併契約書等で確認	
イ 吸収合併の効力の発生等は適切か。（法§245）	
☐ 他の一般法人と吸収合併した存続法人は、効力発生日に消滅法人の権利義務を継承しているか吸収合併契約書等で確認	
（5）吸収合併存続法人の手続	Q94
ア 吸収合併契約に関する書面等の備え置き及び閲覧は適正に行われているか。（法§250）	Q94
☐ 他の一般法人と吸収合併した存続法人は、吸収合併契約書を法人法第250条に規定の期間、主たる事務所の備付け及び閲覧されているかについて、吸収合併契約書及び閲覧方法で確認	
イ 吸収合併に関する書面等の備え置き及び閲覧は適正に行われているか。（法§253）	
☐ 他の一般法人と吸収合併した存続法人は、継承した消滅法人の権利義務等に関する書類を法人法第253条の規定の期間、主たる事務所の備付け及び閲覧されているかについて、吸収合併契約書及び閲覧方法で確認	
25 欠格事由	
（1）欠格事項に係る確認書の内容及び保存状況は適正か。（認§6-1、2、3、4、5、6）	Q86
☐ 確認した根拠資料は、10年間は主たる事務所に保存してあるか確認 ☐ 事業所、支部等の課税状況を聴取（資産の有無や事業所単位での給与計算）し、納税証明書の提出もれがないか確認 ☐ 認定後、理事、監事及び評議員のうち次のいずれかに該当する者がいないか役員等名簿、履歴書、宣誓書、就任承諾書、議事録等で確認 ・法人法等の規定に違反したことにより、罰金の刑に処せられ、その執行を終わり、又は執行を受けることがなくなった日から5年を経過しない者 ・禁固以上の刑に処せられ、その刑の執行を終わり、又は刑の執行を受けることがなくなった日から5年を経過しない者 ・暴力団等がいないか ☐ 過去5年間以内に公益認定を取り消された法人において、取消しの原因となる事実があった日以前1年以内にその法人の「業務を行う理事」であった者が、現在、理事、監事及び評議員を務めていないかについて、当時の「業務を行う理事」が記載されている役員等名簿、現在の役員等名簿で確認 ☐ 定款又は事業計画書の内容が法令又は法令に基づく行政機関の処分に違反していないかについて確認 ☐ 事業を行うに当たり法令上必要となる行政機関の許認可等を受けることができないものはないかについて、事業の内容の説明を受けるとともに、許認可等で確認 ☐ 国税又は地方税の滞納処分の執行がされているもの又は当該滞納処分の終了の日から3年を経過していないかについて、提出されたもの以外の納税証明書で確認 ☐ 事業活動が暴力団員等により支配されていないかについて、事業内容の説明を受けるとともに、事業を行っている場所で確認	
26 資料の備え置き及び公開状況（主たる事務所）	
次に掲げる資料の存在確認と備え置き場所の確認	
（1）定款等	Q6、Q47
ア 定款（閲覧請求対象）（法§14、法§156） イ 定款の細則 ウ 寄附申入書	

立入検査チェックリスト	関連QA
（2）規則等	Q6、Q45、Q60
ア　役員等報酬規定等（閲覧請求対象）（認§21-2） 　イ　職員給与規定等 　ウ　就業規則 　エ　会計処理規則 　オ　事業に関する規則 　カ　組織に関する規則 　キ　その他の規則等	
（3）名簿	Q6
ア　社員名簿（社団のみ）（閲覧請求対象）（法§32） 　イ　役員等名簿（閲覧請求対象）（認§21-2） 　ウ　評議員名簿（財団のみ） 　エ　理事、監事、評議員及び職員の履歴書 　オ　入会申込書、入会通知書及びその異動状況が分かる書類等 　カ　その他の名簿	
（4）議事録	Q4、Q5、Q6
ア　社員総会の開催状況と議事録（法§57-2） 　イ　理事会の開催状況と議事録（法§97） 　ウ　評議員会の開催状況と議事録（法§193-2） 　エ　その他の重要会議の開催状況と議事録	
（5）会議に関する資料	
ア　社員総会の代理権を証明する書面（法§50-5） 　イ　議決権行使書面（法§51-3、法§52-4） 　ウ　社員総会の決議の省略に関する書面（法§58-2） 　エ　その他の書類	
（6）会計及び資産に関する帳簿（法§120-2、法§199）	Q6、Q21、Q22
ア　仕訳帳 　イ　総勘定元帳 　ウ　補助記入帳 　エ　現金出納帳 　オ　当座預金出納帳 　カ　小口現金出納帳 　キ　受取手形記入帳 　ク　支払手形記入帳 　ケ　売上帳 　コ　仕入帳 　サ　補助元帳 　シ　売掛金元帳（得意先元帳） 　ス　買掛金元帳（仕入先元帳） 　セ　商品有高帳 　ソ　支払関係書類（出金伝票、小切手、手形振出、口座送金通知、領収書等） 　タ　収入関係書類（入金伝票、小切手、手形振出、口座入金通知、領収書等） 　チ　取引に関する稟議又は決裁書類 　ツ　契約関係書類（契約書、見積書、請求書、納品書等） 　テ　その他の書類（手許現金有高票、収入簿、事項別台帳、支出簿、固定資産負債台帳、基本財産台帳、特定資産台帳、会費台帳、指定正味財産台帳、有価証券台帳、備品台帳、在庫品台帳、給与台帳、会費台帳、源泉徴収票等）	

立入検査チェックリスト	関連QA
(7) 計算書類等	Q6、Q12、Q26、Q27、Q40
ア　財産目録（閲覧請求対象）（認§21-2） 　イ　貸借対照表（閲覧請求対象）（法§123-4） 　ウ　損益計算書（閲覧請求対象）（法§123-4、法§129） 　エ　収支計算書 　オ　計算書類の附属明細書（閲覧請求対象）（法§123-4） 　カ　キャッシュフロー計算書（閲覧請求対象）（認§21-2） 　キ　事業活動に係る計算書類 　ク　監査報告等 　ケ　その他の書類（収支予算差引簿、収支予算書、合計残高試算表、精算表、収益事業の税務報告書等）	
(8) 事業計画書	
ア　事業計画書（閲覧請求対象）（認§21-1） 　イ　収支予算書（閲覧請求対象）（認§21-1） 　ウ　その他経費の見込みに関する書類 　エ　事業計画書添付書類（閲覧請求対象）	
(9) 事業報告書等	
ア　事業報告書（閲覧請求対象）（法§123-4） 　イ　滞納処分に係る国税及び地方税の納税証明書 　ウ　キャッシュフロー計算書関連の記載書類 　エ　その他事業報告書添付書類（閲覧請求対象）	
(10) 認可、変更認可等	
ア　移行認定を含めた公益認定申請書 　イ　変更認定申請書 　ウ　認可書 　エ　変更認可書 　オ　届出書	
(11) 合併等	Q94
ア　吸収合併存続法人の吸収合併契約書等 　イ　吸収合併消滅法人の吸収合併契約書等 　ウ　吸収合併存続法人等の吸収合併書類 　エ　新設合併設立法人の新設合併書類 　オ　新設合併消滅法人の新設合併書類 　カ　清算に関する書類	
(12) その他	Q13
ア　許認可等に関する書類 　イ　登記に関する書類 　ウ　寄附申込書 　エ　会計帳簿及び事業に関する重要な資料 　　□　会計帳簿の閉鎖の時から10年間、会計帳簿及びその事業に関する重要な資料を保存しているか、保存状況の確認（電磁的記録であった場合、印刷ができるかも併せて確認） 　オ　機関誌、会誌、パンフレット等 　カ　その他定款等で定める書類	
27　資料の備え置き及び公開状況（従たる事務所）	
次に掲げる資料の存在確認と備え置き場所の確認	
(1) 定款等	
ア　定款（法§14、156）	
(2) 規則等	
ア　役員等報酬規定等（認§21-2）	
(3) 名簿（写）	
ア　役員等名簿（認§21-2）	
(4) 議事録（写）	
ア　社員総会の開催状況と議事録（法§57-3） 　イ　評議員会の開催状況と議事録（法§193-2）	

立入検査チェックリスト	関連QA
（5）計算書類等（写）	Q40
ア　財産目録（認§21-2）	
イ　キャッシュフロー計算書（認§21-2）	
（6）事業計画書（写）	
ア　事業計画書（認§21-1）	

　本表は、一部の行政庁が公表している立入検査のチェックリストをもとに、検査の各チェック項目と本書の関連するQ番号との関係を示したものです。
　なお、立入検査に関連する第5章に収録されているQについては、すべての項目に関連するため、本表へのQ番号の記載は省略しています。

■ 編著者紹介

・新日本有限責任監査法人

長 光雄（ちょう みつお）　公認会計士
公益法人・一般法人の会計監査、公益法人制度改革支援業務等を担当。日本公認会計士協会非営利法人委員会委員長、内閣府公益認定等委員会参与等を歴任。

菅田 裕之（かんだ ひろゆき）　公認会計士
公益法人・一般法人の会計監査、公益法人制度改革支援業務等を担当。著作に「公益法人・一般法人の会計税務」（清文社、2013年、編集責任者）等がある。

齋藤 健（さいとう つよし）　公認会計士
公益法人・一般法人の会計監査、アドバイザリー業務、セミナー講師等を担当。元内閣府公益認定等委員会事務局課長補佐。日本公認会計士協会非営利業務支援専門部会専門委員。

田中 淳（たなか じゅん）　公認会計士
公益法人・一般法人の会計監査、アドバイザリー業務、セミナー講師等を担当。著作に「公益法人・一般法人の会計税務」（清文社、2013年、執筆者）等がある。日本公認会計士協会非営利業務支援専門部会専門委員。元地方公共団体職員。

・梶谷綜合法律事務所

梶谷 篤（かじたに あつし）　弁護士
平成12年4月弁護士登録（第52期）（第一東京弁護士会）、平成25年4月～順天堂大学大学院医学研究科（博士課程・病院管理学研究室）在籍。主な取扱い分野として、企業法務全般、倒産法、医事法等、著作に「第三者委員会 設置と運用」（金融財政事情研究会、2011年）、「一般法人・公益法人のガバナンスQ＆A」（金融財政事情研究会、2012年）等がある。

上田 慎（うえだ しん）　弁護士
平成12年4月弁護士登録（第52期）（第一東京弁護士会）、平成22年～一般財団法人霞山会監事、平成24年～公益社団法人日本プロサッカーリーグ（Jリーグ）法務委員会 委員。主な取扱い分野として企業法務全般、倒産法等、著作に「倒産事件処理マニュアル」（新日本法規、2011年）、「民事訴訟法判例インデックス」（商事法務、2015年）等がある。

■ 執筆者一覧（50音順）

- **新日本有限責任監査法人**（第1章、第3章～第5章担当）

青木 大祥	飯田 直矢	岩澤 浩司
浮地 康治郎	大場 賢一	加藤 渓
鎌田 恭司	河野 和可子	小宮山 雅敏
島田 千晶	中川 由紀子	野本 裕子
保戸塚 崇	前田 康雄	三間 康司
虫賀 秀之	横溝 知主	

- **梶谷綜合法律事務所**（序章、第2章担当）

伊藤 一哉	梶谷 陽
喜多 由香利	久保 文吾

■ 法人紹介

EY | Assurance | Tax | Transactions | Advisory

新日本有限責任監査法人について
新日本有限責任監査法人は、EYメンバーファームです。全国に拠点を持つ日本最大級の監査法人業界のリーダーです。監査および保証業務をはじめ、各種財務アドバイザリーの分野で高品質なサービスを提供しています。EYグローバルネットワークを通じ、日本を取り巻く経済活動の基盤に信頼をもたらし、より良い社会の構築に貢献します。詳しくは、shinnihon.or.jpをご覧ください。

EYについて
EYは、アシュアランス、税務、トランザクションおよびアドバイザリーなどの分野における世界的なリーダーです。私たちの深い洞察と高品質なサービスは、世界中の資本市場や経済活動に信頼をもたらします。私たちはさまざまなステークホルダーの期待に応えるチームを率いるリーダーを生み出していきます。そうすることで、構成員、クライアント、そして地域社会のために、より良い社会の構築に貢献します。

EYとは、アーンスト・アンド・ヤング・グローバル・リミテッドのグローバルネットワークであり、単体、もしくは複数のメンバーファームを指し、各メンバーファームは法的に独立した組織です。アーンスト・アンド・ヤング・グローバル・リミテッドは、英国の保証有限責任会社であり、顧客サービスは提供していません。詳しくは、ey.comをご覧ください。

本書は一般的な参考情報の提供のみを目的に作成されており、会計、税務およびその他の専門的なアドバイスを行うものではありません。新日本有限責任監査法人および他のEYメンバーファームは、皆様が本書を利用したことにより被ったいかなる損害についても、一切の責任を負いません。具体的なアドバイスが必要な場合は、個別に専門家にご相談ください。

■ 事務所紹介

梶谷綜合法律事務所について
梶谷綜合法律事務所は90年余の歴史を持つ伝統ある法律事務所です。
現在、大手町の東京サンケイビルにて16名の弁護士が所属し、岡正晶（平成27年度日本弁護士連合会副会長、第一東京弁護士会会長）が事務所代表として業務全般を統括しています。前主宰者梶谷剛（平成16・17年度日本弁護士会連合会会長）、前々主宰者梶谷玄（平成11年〜17年最高裁判所判事）も引き続き事務所に所属し業務をともにしています。

当事務所は、我が国を代表する多くの上場、非上場の企業、各種法人から顧問弁護士としてご依頼をいただいており、その業種は、製造業、金融機関、商社、百貨店、新聞社、建設会社、ソフトウェア開発会社等多岐にわたり、財団法人、社団法人、個人企業や、個人からのご依頼もいただいております。取扱業務は、コーポレイト関連法務、訴訟案件、事業再生・倒産処理、危機管理・不祥事対応、人事労務、知的財産権、その他、企業や法人が直面するあらゆる分野における法律問題を取り扱っています。

当事務所は、人間としての温かみを忘れることなく、案件を通じて依頼者の方々とも喜びや苦しみを共にすることで、永きに亘る強固な信頼関係を構築していきたいと願っています。そのためにも、当事務所は、所属弁護士の個々の力を更に鍛えると共に、事務所としての総合力を一層高め、全員が、事務所創設者堀江専一郎弁護士の「依頼者の権利保護のため、誠心誠意、骨身を削る」「弁護士は自己の天職を自覚し、気節と品格を兼ね備えた紳士でなければならぬ」との言葉を胸に、常にプロフェッショナルとしての気概をもって案件に取り組み、クライアントの方々に良質で高度な法務サービスを提供し続けられるよう全力を尽くしています。

詳しくは、http://www.kajitani.gr.jpをご覧下さい。
（2015.5.1現在）

公益法人・一般法人の運営と立入検査対応 Q&A 110

2015年6月15日　発行

編　著　　新日本有限責任監査法人／梶谷綜合法律事務所　Ⓒ

発行者　　小泉　定裕

発行所　　株式会社 清文社
　　　　　東京都千代田区内神田1-6-6（MIFビル）
　　　　　〒101-0047　電話 03(6273)7946　FAX 03(3518)0299
　　　　　大阪市北区天神橋2丁目北2-6（大和南森町ビル）
　　　　　〒530-0041　電話 06(6135)4050　FAX 06(6135)4059
　　　　　URL http://www.skattsei.co.jp/

印刷：倉敷印刷㈱

■著作権法により無断写複写複製は禁止されています。落丁本・乱丁本はお取り替えします。
■本書の内容に関するお問い合わせは編集部までFAX（03-3518-8864）でお願いします。

ISBN978-4-433-54365-5